ELLIOT PAUL

Mickey Finn

KRIMINALROMAN

AUS DEM AMERIKANISCHEN
VON
MICHAEL SCHULTE

WILHELM HEYNE VERLAG
MÜNCHEN

HAFFMANS KRIMINALROMANE BEI HEYNE
Herausgegeben von Gerd Haffmans und Bernhard Matt
Nr. 05/10. Im Juni 1993.

Die Originalausgabe ›The Mysterious Mickey Finn;
or, Murder at the Café du Dôme;
an International Mystery‹
erschien 1939 bei Modern Age Books, New York

Einzig berechtigte Taschenbuchausgabe
Wilhelm Heyne Verlag GmbH & Co. KG, München
Printed in Germany 1993
Konzeption und Gestaltung: Urs Jakob
Umschlagillustration: Nikolaus Heidelbach
Umschlaggestaltung: Atelier Ingrid Schütz, München
Gesamtherstellung: Ebner Ulm

ISBN 3-453-06472-0

Inhalt

Lieber Leser,

ich schreibe dieses Buch in der Absicht, Sie zu unterhalten. Dieser Absicht wird es kaum dienlich sein, wenn schon gleich zu Anfang jemand ermordet wird, der Ihnen völlig fremd ist. Aber keine Angst – bereits während der Lektüre der ersten Seiten wird jemand sterben. Und noch ehe wir das Schlußkapitel erreicht haben, dürfen wir jede Menge Opfer beklagen.
Falls es Ihnen jedoch nicht behagt, daß wir uns nicht jener beklagenswerten Mode beugen, die bei Erzählungen dieser Art heutzutage so beliebt ist, verspreche ich Ihnen, daß ich beim nächsten Mal bereits im Vorwort eine Leiche einführen werde, ehe das Buch überhaupt richtig angefangen hat.

DER AUTOR

Mit Rücksicht auf den allgemeinen Familiengebrauch mußten die Handlungsträger dieses Buches ein wenig zahmer geschildert werden, als sie in Wirklichkeit waren, aber ansonsten entsprechen sie so ziemlich ihrem Bild während der Blütezeit der amerikanischen Invasion des Montparnasse in den Jahren nach dem Ersten Weltkrieg.

1. Kapitel

MORGENRÖTE AUF DEM MONTPARNASSE

Um elf Uhr in der Früh geht es auf der *terrasse* des Café du Dôme noch recht langweilig zu. Die Frühaufsteher vom Montparnasse haben bereits ihren Frühstückskaffee geschlürft, während die Mehrheit, die in Paris weilt, um zu faulenzen und ihren Durst zu löschen, bis zum Nachmittag im Bett zu verweilen pflegt. Die Franzosen dieses Stadtteils, Inhaber kleiner Krämerläden, Metzgerjungen, Milchmädchen, Steuereintreiber und so weiter hasten hin und her, ihre Tagesgeschäfte im Kopf.

An jenem Frühlingsmorgen befand sich Homer Evans unter den wenigen Gästen, die vor dem berühmten Cafè saßen, da er noch nicht im Bett gewesen war. Er war ein großer, breitschultriger, junger, blonder Mann, der robust, doch keineswegs athletisch und trotz einer gewissen Trägheit durchaus aufgeschlossen wirkte. Er saß lässig auf seinem Stuhl, ohne sich deswegen wie eine Mark-Twain-Figur hinzurekeln, und erst recht nicht nahm er die aufrechte, asketisch-sittliche Körperhaltung eines amerikanischen Geschäftsmannes ein. Allem Anschein nach führte er ein bequemes und sorgloses Leben, war er weder reich noch arm, doch niemand auf dem Montparnasse wußte, was er machte, woher sein Geld kam, oder kannte seine Geschichte. Seine Freunde – die Legion waren – fragten sich, warum ein Mann von derartiger Brillanz und Weltgewandheit seine Gaben einfach brachliegen ließ. Denn obwohl es erhebliche Zweifel an den künstlerischen Verdiensten und Fähigkeiten vieler Bewohner dieses Stadtteils gab, konnte sich Evans als

Schriftsteller und Maler mit den Besten messen, aber er schuf wenig. Er hatte eine kurze Monographie mit dem Titel »Demokratien – einst und heute« geschrieben und ein einziges Bild gemalt, ein Portrait seines Freundes und Saufkumpans Hjalmar Jansen, eines Künstlers norwegisch-amerikanischer Abstammung. Er hatte Hjalmar wie vielen anderen Malern Modell gesessen, und nachdem der beleibte Norweger sein Werk vollendet hatte, lieh sich Evans die Farben, Lumpen und Pinsel und brachte ein Kunstwerk hervor, daß andere, hart arbeitende Künstler vor Neid beinahe platzen ließ. Die dralle Rosa Stier beispielsweise hätte fast einen Wutanfall bekommen.

»Verdammt noch mal, Homer, du hast kein Recht, so was zu machen«, sagte sie. Und selbst Hjalmar Jansen hatte mißgünstig gegrunzt. »Wenn ich dran denke, welche Mühe es mich gekostet hat, Hand und Auge zu üben, wenn du mal an all die armen Kerle hier im Viertel denkst, die ihr rechtes Auge hergeben würden, wenn sie so malen könnten...«

»Bei allem, was mir heilig ist, ich schwör, daß ich nie wieder einen Pinsel anrühren werde«, sagte Evans und hielt Wort.

Die Musik bedeutete Evans mehr als alle anderen Künste, weswegen er selten darüber sprach. Jedes Jahr verbrachte er den Januar und Februar in Marokko, gewöhnlich in Melilla, wo er ein arabisches Café kannte, in dem die Musiker die ganze Nacht lang ihre hämmernden Rhythmen und endlosen, einfachen Melodien spielten. Dann kehrte er nach Paris zurück, um die Höhepunkte der Konzertsaison nicht zu versäumen.

Er mochte sich ständig wiederholende Fingerübungen besonders gern. Er liebte es, im Bett zu liegen und diesen musikalischen Arabesken zu lauschen, die sich ständig wiederholten und nur eine leichte Variation zuliessen. Zwei Jahre lang, bis zum vergangenen Dezember, hatte er eine Musikstudentin engagiert, die jeden Tag zwischen elf und ein Uhr

Fingerübungen auf seinem Flügel spielen mußte, und als das hübsche und ernsthafte Mädchen aus Montana nach Hause zurückgekehrt war, um zu unterrichten, fühlte er sich wochenlang unbehaglich, obwohl ihm erst später auffiel, daß er noch nicht einmal ihren Namen kannte.

An dem Dienstagmorgen, an dem unsere Geschichte beginnt, war Evans die Nachtruhe nicht aufgrund alkoholischer Exzesse, die selbst das Ende der Party überdauerten, versagt geblieben. Er hatte seinem Verleger und ein paar Amerikanern auf Europareise das Nachtleben der Stadt gezeigt. Sie hatten sich an mundigen Speisen und an einer phantastischen Vielzahl berauschender Getränke gütlich getan und hatten Leute bei der lobenswertesten aller Tätigkeiten beobachtet, der beständigen Nahrungszufuhr. Um seine Gäste an den Umstand zu gemahnen, daß unter dieser gesellschaftlichen Glasur Schichten lagerten, die keinen Spielraum zur Verteidigung menschlicher Würde zuließen, hatte er sie kurz nach zwei Uhr zu dem riesigen Platz vor der städtischen Klinik geführt, zu jener Stunde also, da die Pennbrüder und Obdachlosen aus den schmierigen Bars und von ihren Quartieren unter den Brücken gejagt wurden. Im Schutz der großen Kathedrale hatten die Amerikaner zugesehen, wie die verstohlene Armee der Enterbten über den Platz auf den Markt schlich, wo die einen vielleicht ein paar Sous verdienen, die anderen Karotten und Kohlblätter ergattern konnten. In seltenen Anwandlungen von Selbstdisziplin mischte sich Evans zuweilen unter diese Unglücklichen und Elenden, und gewöhnlich tat er es alleine. Aber sein Verleger und dessen Freunde wollten alles sehen, daher führte Homer ihnen nach dem Abendessen im Café de Paris, einem Stündchen in den Folies Bergère, nach einem oder zwei Drinks im chez Weber und nach der anregenden Szenerie um den Place Clichy, unerwartet die niedrigsten der Niederen vor, und das in der Stunde des größten Verdrusses. Möglicherweise war das seinem Sinn fürs Dramatische zuzuschreiben, aber vermutlich steckte mehr dahinter. Wie auch immer, seinem Verleger hatte das einen derartigen Schock versetzt, daß er später wie benommen auf die Karotten- und Blumenkohlpyramiden starrte, auf den mit Erdbeerkörben übersäten Place St. Eustache und auf die Börse, die von fünfzigtausend Pilzen gesäumt war, und Evans in jedem Marktcafé mit einer donnernden Strafpredigt belegte, ihn des Müßiggangs schalt, ihm vorrechnete, wieviele Bücher er bereits hätte schreiben können, ihn beschuldigte, seine breitgefächerten Talente zu verschwenden, was biblischer Weisung und den Gepflogenheiten rechtschaffen denkender Menschen überall widerspreche. Nachdem die Morgendämmerung die Farben Grün und Gold hinter die Kirchturmspitzen von Notre Dame gezaubert hatte, nachdem die letzte Fledermaus zwischen den Häusern der Rue de la Huchette entflattert war, hatte sich Evans wieder in sein eigenes Viertel, den Montparnasse, zurückgezogen, um darüber nachzudenken. Er dachte also darüber nach und kam mal wieder zu dem Schluß, auf dem richtigen Weg zu sein. Keine Bücher, keine Gemälde, kein Ruhm. Wenn er so schrieb, wie er schreiben konnte, würde es niemand veröffentlichen, am wenigsten der adrette junge Direktor der Acorn Press, und selbst wenn das Zeug veröffentlicht würde, würde es niemand lesen. Und würde es jemand lesen, würde er es vermutlich nicht verstehen. Und falls er es zufällig doch verstünde, wäre Unbehagen die Folge.

Ein negativer Beschluß ist dem Schlaf kaum förderlich, weswegen Evans ruhig auf der *terrasse* des Select sitzenblieb und zusah, wie sich der Himmel hinter dem Coupole blau färbte. Zu gegebener Stunde dann wechselte er ins Dôme über, und gerade als er beschlossen hatte, nach dem Lunch ein wenig zu ruhen, erschien Hjalmar Jansen.

›Erschien‹ ist zweifellos ein zu leichtes Verb in Zusammenhang mit dem klotzigen norwegischen Maler. Er stapfte über die Straße, wobei ihm die Autos geschickt auswichen, und noch ehe er sich auf fünfzig Meter genähert hatte, konnte Evans sehen, daß seinen Freund etwas bedrückte.

»Was zum Teufel?« fragte Evans. »Wenn man dich ansieht, könnte man meinen, daß dich dieses englische Mädchen gezwungen hat, sie zu heiraten.«

»Viel schlimmer«, sagte Jansen und setzte sich krachend auf einen Stuhl an Evans' Tisch.

»Es gibt nichts Schlimmeres«, sagte Evans. »Ihre Füße...«

»Die Lage ist ernst«, sagte Jansen. »Hugo Weiss ist in der Stadt.«

2. Kapitel

DAS ENDE DES FISKALISCHEN JAHRES

In jeder Hauptstadt der westlichen Welt war Hugo Weiss als Multimillionär, Philanthrop und Gönner der schönen Künste bekannt. Sein Heim war New York, sein Zufluchtsort Paris. Er finanzierte zwei Symphonieorchester, hielt sich verschiedene kleinere Opernensembles, die in Amerika umherreisten, und war treibende Kraft eines halben Dutzends bedeutender Museen. Die bloße Erwähnung des Namens Hugo Weiss beschwor eine Welt aus Dollarnoten und astronomischen Zahlen, glitzernden Diamanten und Koloraturen, aus Kilometern enger Galerien, die mit düsteren Gemälden angefüllt waren, die derart anders als die des Café du Dôme an einem Frühlingsmorgen war, daß Homer Evans zunächst gar nicht begriff, was sein Freund da eben geäußert hatte. Es war, als hätte Hjalmar nur gesagt: »Heute früh schrubben sie die St. Paul's Kathedrale«, oder »In dieser Stunde muß jeder aufrechte Mann seiner Partei zur Hilfe eilen.« Dann fiel Homer plötzlich ein, daß Hjalmar Jansen von Hugo Weiss einen Vorschuß über tausend Dollar erhalten hatte, ohne die er das vorige Jahr in Paris nicht hätte malen und leben können, das fiskalische Jahr sozusagen, das sich nun einem kläglichen Ende näherte.

»Er ist also hier?« sagte Evans.

»Er ist gestern angekommen«, sagte Jansen und sank in noch tieferen Trübsinn, der gelegentlich von der Erkenntnis durchwühlt wurde, daß drastische Schritte unternommen werden müßten.

Nun war Hjalmar Jansen jemand, den man als ernsthaften

Künstler bezeichnen könnte. Das heißt, wenn er ein Bild gemalt hatte, das deutlich unter seinen Ansprüchen lag, warf er es weg, zuweilen sogar mitsamt dem Keilrahmen. Hugo Weiss hatte er auf einer New Yorker Cocktailparty beeindruckt, wo er sich durch seine sonore Stimme, seine ungeschlachte Gestalt und sein erstaunliches Trinkvermögen von den anwesenden Stadtmenschen unterschied. Sie hatten zusammen die Party heimlich verlassen und den Abend bei Luchow's verbracht.

Es wäre unfair zu behaupten, Hjalmar habe seit seiner Niederlassung auf dem Montparnasse keine Arbeit geleistet, aber sein künstlerisches Bewußtsein hatte sich bedeutend schneller als sein Können entwickelt, weshalb die meisten seiner Leinwände aus dem Fenster geschmissen wurden, nicht selten, ehe es geöffnet wurde. Nach jedem Mißerfolg betrank er sich gewöhnlich kraftvoll und brach eine Schlägerei vom Zaun, sofern er jemanden auftreiben konnte, der kräftig genug war. Wenn sein rebellischer Geist dann noch immer nicht gebrochen war, sprang er auf einen belgischen Lastkahn, um durch die wundervollen Kanäle Nordfrankreichs zur Grenze zu fahren, wobei er darauf bestand, fast alle Arbeit zu übernehmen und den Wein zu bezahlen. Das dauerte ungefähr zwei Wochen, danach begab er sich wieder an die Arbeit. Sein bestes Bild, ein Portrait des Inhabers des Dôme, hing im Café und war des Besitzers ganzer Stolz. Er hatte es zur Begleichung der Zeche akzeptiert, die, in aufeinandergestapelte Untertassen umgerechnet, etwa der Höhe des Eiffelturms entsprochen hätte. Dank solcher Hilfsmittel war es Hjalmar gelungen, ein üppiges Leben zu führen und seine tausend Dollar gut einzuteilen, aber sie waren arg zusammengeschmolzen. Genau gesagt, waren es nur noch sieben Francs fünfzig, und davon sollte noch das Mittagessen für ihn und die hartnäckige Engländerin mit den enormen Füßen bezahlt werden.

Die beiden Freunde saßen schweigend im Dôme. Während Evans die Umstände überdachte, rutschte Hjalmar Jansen auf seinem Stuhl hin und her, drehte sein *béret* in den riesigen Händen und versuchte zu überlegen, was zu tun sei. Wenn er sich das Portrait auslieh, das im Café hing (und das der Inhaber fast so sehr schätzte wie seine Lizenz), hätte Hjalmar drei Bilder, die er seinem Wohltäter zeigen könnte – drei Bilder als Ergebnis eines ganzen Jahres harter Arbeit: das Portrait Chalgrins, auch unter dem Namen M. Dôme bekannt, in schwarzem Gehrock und mit schwarzer Krawatte, ein wenig im Stil Fantin-Latours, eine Aktstudie der Engländerin mit den roten Haaren und mit jenen ausdrucksvollen britischen Füßen im Vordergrund; und ein Stilleben von irgendwelchen alten Stiefeln, die es ihm angetan hatten. Konnte er Hugo Weiss klarmachen, daß er ungefähr einen Hektar Leinwand zugepinselt und bei jedem Zentimeter etwas dazugelernt hatte? Was sollte er bloß machen? Was sollte er bloß machen? Sein Verstand wollte an diesem Morgen nicht in Gang kommen, was zum Teil der unerwarteten Ankunft seines Wohltäters zuzuschreiben war, und zum Teil hatte sich Maggie Dickinson, das englische Mädchen, beim Frühstück besonders tränenreich und lästig benommen und hatte ihm klargemacht, daß sie beabsichtigte, ihn, zu seinem eigenen Besten, zur Gründung eines Hausstands zu nötigen.

»Hör zu, alter Knabe«, sagte Evans schließlich. »Ich war die ganze Nacht auf und mit allerlei beschäftigt. Mein Verleger hat mich gepiesackt, ich habe Hunger inmitten des Wohlstands erblickt. Ich habe den Sonnenaufgang hinter den Türmen von Notre Dame und eine furchteinflößende Raubfledermaus gesehen. Soviel steht fest; 1) daß Hugo Weiss nicht eigens nach Paris gekommen ist, um deine Meisterwerke in Augenschein zu nehmen; 2) daß er morgen noch hier sein wird, denn wie ich der Frühausgabe des ›Herald‹ entnahm, ist er in drei Tagen Ehrengast beim Bankett der *Société des Artistes Français*; 3) daß ich dich besser beraten kann, wenn ich zwei Stunden friedlich geschlafen habe. Triff mich heute abend um fünf hier, dann soll, falls die Sonne noch scheint, gegen einen ausgiebigen, kühlen Drink nichts einzuwenden sein.«

»Danke. Sehr verbunden. Ich komme«, sagte Jansen, erhob sich schnell und warf zwei Stühle um, während er die Terrasse durchmaß. »Bis dann. Schlaf gut. Um fünf dann«, dröhnte er vom Bürgersteig her, und von den zwölf Köpfen, die hinter ausgebreiteten Zeitungen steckten, sah nur einer hoch, um sich dann kurz in die Richtung, in der Homer Evans saß, umzudrehen. Und dieser Kopf gehörte Ambrose Gring.

Niemand wußte, wo Ambrose Gring das Licht der Welt erblickt hatte oder welche Nation ihm einen Paß ausgestellt hatte. Er besuchte häufig jene Kunstgalerien, die mit sündhaft überteuerten alten Meistern handeln, und schien die Händler und die Wärter auf und ab der Rue la Boétie und auf der Place Vendôme gut zu kennen. Er hatte in Yale studiert und einen Lyrikpreis gewonnen, kannte Konstantinopel und sprach Türkisch, war Koltschak nach Nordrußland gefolgt, obwohl niemand sich ihn als Kämpfer vorstellen konnte, und war in eine stadtbekannte Affaire verwickelt gewesen, die damit endete, daß eine amerikanische Witwe von ihrer männlichen Verwandtschaft gewaltsam aus seiner Wohnung entfernt und einem privaten und kostenintensiven Maison de Santé überantwortet wurde, bis sie wieder klaren Kopfes war und von Ambrose abließ. Gring hörte, was Hjalmar sagte, da er aus Gewohnheit immer zuhörte. Was er auch sah oder hörte, er prägte es sich zu späterer Verwendung ein, und öfter als man vermuten könnte, waren ihm die kleinsten und aberwitzigsten Informationen nützlich, um sich irgendwo einzuschmeicheln oder sich für Kränkungen zu rächen, denn er war sehr eitel.

Heute nachmittag um fünf, wiederholte Gring für sich und beschloß, an einem nahegelegenen Tisch zur Stelle zu sein. Ihm war nicht entgangen, daß Hjalmar erregt und völlig nüchtern war, ein Zusammenspiel zweier höchst ungewöhnlicher Gegebenheiten, die darauf hinwiesen, daß etwas Bedeutendes in der Luft lag. Und schon immer hatten die Lüftchen des Montparnasse Ambrose wenigstens eine Tasse Kaffee zugeweht oder die Bekanntschaft irgendeines naiven amerikanischen Mädchens, das erstmals in Paris war und der Führung bedurfte.

Homer Evans war nicht entgangen, daß Ambrose zwei Tische vor ihm saß, aber das verleidete ihm nicht den Vormittag. Er tolerierte Ambrose Gring, ebenso wie er jeden anderen tolerierte. In der Tat hatte er oft Grings aalglatte Gabe bewundert, ohne jede Arbeit oder sichtbare Leistung über die Runden zu kommen, ohne seine Vergangenheit zu enthüllen, seine Gegenwart zu kommentieren oder einen Gedanken an seine Zukunft zu verschwenden. Die meisten Schnorrer arbeiteten schwer, so schwer, daß sie in bürgerlichen Berufen erfolgreich hätten sein können. Jedoch nicht Ambrose. Die Lilien auf dem Feld waren Galeerensklaven, verglichen mit ihm, und selbst der glorreiche Solomon hatte nie einen bessersitzenden Anzug oder eine feschere Krawatte getragen. Es stimmte, daß vor ein paar Jahren in der Zeitschrift ›Art for Art's Sake‹, einem Fachblatt, das alle wichtigen Versteigerungen und Transaktionen registrierte, einige von Gring signierte Artikel erschienen waren, doch niemand hatte gesehen, wie er sie schrieb.

Als Homer Evans den Ober herbeiwinken wollte, sah er zu seinem Schrecken, daß Maggie Dickinson, das englische Mädchen auf seinen Tisch zusteuerte. Sie sah ernster und abgehärmter aus als jemals zuvor.

»Ich muß Sie unbedingt sprechen«, sagte sie und fuhr mit ihren knochigen Fingern durch ihren roten Schopf.

Er hatte sich höflich erhoben und seinen Unwillen verbergend ihr einen Platz angeboten.

»Sie sind Hjalmars einziger Freund, der über Vernunft

und Anstand verfügt«, platzte sie raus, und zwei Tische weiter wuchsen Ambrose Grings Ohren um den Bruchteil eines Millimeters.

»Was ist los?« fragte Evans.

»Er vergeudet sein Talent, er wirft sich weg... oh, glauben Sie nicht, daß ich eifersüchtig bin, von mir aus kann er mit anderen Mädchen rumziehen, aber er braucht jemanden, der sich um ihn kümmert, um seine Wäsche, sein verdrecktes Atelier, jemand, der ihn aus dem Bett treibt, ihm Frühstück macht, dafür sorgt, daß seine Aktmodelle pünktlich kommen, daß er regelmäßig ißt und seine Finanzen in den Griff bekommt. Ich habe nichts dagegen, daß er trinkt. Vielleicht liegt das ja in seiner Natur. Aber er sollte arbeiten, und er braucht geordnete Verhältnisse.«

»Schwer zu sagen, was jemand braucht«, sagte Evans nervös.

»Er sagt, daß er dicke Frauen mag, daß ich zu dürr sei, aber das sagt er in der Früh. Nachts hegt er keinerlei Abneigung gegen mich. Freilich ist er nachts betrunken, aber er mag mich.«

»Natürlich mag er Sie«, sagte Evans.

Sie blickte noch verzweifelter drein, und einen Moment lang sah es aus, als wäre sie drauf und dran, auf die Knie zu sinken. Mit gefalteten Händen sagte sie flehentlich:

»Sprechen Sie mit ihm. Sagen Sie ihm, daß er mich heiraten soll. Das wär seine Rettung. Er bekäme endlich Halt und würde aufhören, sein Leben zu verschwenden. Er kann malen. Sie wissen es auch. Aber er tut es nicht, und wenn er malt, wirft er die Bilder weg. Ich versteh ja nichts davon, aber ich bin sicher, daß die Bilder, die er wegwirft, genauso gut sind, wie die, die er behält. Ich kann beim besten Willen nicht den geringsten Unterschied entdecken... Sie sprechen doch mit ihm, oder?«

Diesmal wuchsen Grings Ohren um einen vollen Millimeter, und ein katzenartiges Lächeln huschte über sein Gesicht.

»Hören Sie, Maggie«, sagte Evans freundlich. »Ich weiß, daß Sie Hjalmar ins Herz geschlossen haben und nur sein Bestes wollen. Aber im Moment kann ich nicht nachdenken. Ich war die ganze Nacht auf...«

»Ich möcht mal wissen, warum ihr immer die ganze Nacht wach bleibt. Bis auf das künstliche Licht, ist es doch genau wie am Tag«, sagte sie mit aufgestauter Wut.

»Was halten Sie davon, wenn wir uns um sieben im Dingo treffen...«

»Ich werde um sieben da sein«, sagte sie und ging von dannen, wobei sie sich mit einem zerknüllten Taschentuch die Augen tupfte.

»Teufel, ich muß ins Bett«, sagte Evans. »Wenn ich mich bloß von den Czerny-Etüden in Schlaf wiegen lassen könnte. Guter alter Czerny und seine Schule der Geläufigkeit. Ich wette, daß er ganz solide war. Keine heulenden Exjungfrauen in seinem Leben, da bin ich ganz sicher. Oder? Ich muß es nachschlagen...«

Er zahlte und machte sich auf den Weg in die Rue Campagne Première, in Gedanken schon ganz bei kühler Bettwäsche und wohliger Ruhe. Der gestrige Tag und die letzte Nacht waren für seinen Geschmack zu ereignisreich gewesen. Alles in Maßen, lautete seine Devise. Wenn es sein mußte, konnte er ein Ereignis pro Tag verkraften, allenfalls zwei. Aber drei waren entschieden zuviel.

Er hatte seinen Wohnungsschlüssel bereits in der Hand, aber er steckte ihn nicht ins Schloß. Statt dessen hörte er zu. Vom Klavier ertönten die vertrauten Fünffingerübungen, und einen Augenblick lang glaubte Evans Herzklopfen zu verspüren. Das Mädchen aus dem Westen, dessen einlullende Musik er so schmerzlich vermißt hatte, war zurückgekehrt. Er konnte ihr Profil sehen, die stolze Art, den Kopf zu halten, die anmutige Rundung ihrer Schultern. Sie spielte Czerny, wie sie ihn nie zuvor gespielt hatte, mit mikroskopischer Präzision und Klarheit.

Die Uhr schlug eins, sie hob die Hände von der Tastatur und sah ihn an.

»Guten Morgen«, sagte sie.

»Sieh mal einer an! Guten Morgen«, antwortete er. Er war so froh, sie zu sehen, daß er sonst nichts sagen konnte.

»Sie scheinen überrascht zu sein«, sagte sie ein wenig verwirrt.

»Angenehm überrascht«, sagte er.

»Haben Sie meinen Brief nicht bekommen?«

»Ihren Brief?« Offenbar hatte er ihn nicht bekommen. Mit dem Anflug eines schuldigen Lächelns öffnete er wieder die Tür, ging in den Flur und öffnete den Briefkasten. Inmitten einer zwei Wochen alten Häufung aus Briefen und Wurfsendungen fand er einen Brief mit dem Poststempel ›Billings, Mont‹ .

»Ich hätte mir gleich denken können, daß Sie ihn nicht lesen«, sagte sie, da Evans konsequent der Lebensregel anhing, Post sollte dann gelesen werden, wenn dem Empfänger danach ist, und nicht, wenn es irgendein Tom oder Dick oder eine Harriet gerade für richtig hält.

Homer machte sich daran, den Umschlag aus Billings, Montana, aufzureißen.

»Lesen Sie ihn nicht jetzt«, sagte sie, errötete und versuchte ihn mit einer Geste zurückzuhalten.

»Warum denn nicht?«

Sie zögerte und errötete noch tiefer. »Sie sind müde«, sagte sie. »Sie waren nicht zu Bett.«

»Ist der Brief so schlimm?«

»Das war nicht meine Absicht, aber man weiß ja nie, wie der Empfänger einen Brief...«

Evans hatte es stets abgelehnt, von Frauen umhätschelt zu werden, vielleicht weil ihm dies derart zusagte, daß er befürchtete, es könnte zur Gewohnheit werden. »Es stimmt, daß ich müde bin, ich habe einen höllischen Tag hinter mir. Wenn das so weitergeht, werde ich noch den Times

Square aufsuchen, um ein wenig Ruhe und Frieden zu finden«, sagte er.

»Tut mir leid«, sagte sie. »Es ist eh nicht so wichtig.«

»Sie wissen ganz genau, daß ich nicht schlafen gehen kann, bevor ich ihn nicht gelesen habe«, sagte er.

»Dann sollte ich es vielleicht besser erzählen«, sagte sie.

Er warf den ungeöffneten Brief auf ein Tablett. »Fassen Sie sich kurz«, sagte er. »Ich habe um fünf und um sieben eine Verabredung... Gütiger Himmel. Ich könnte ebensogut Roxy oder Charley Schwab heißen.«

»Da gibt es nicht viel zu erzählen«, sagte sie.

Das brachte ihn zur Besinnung. Er trat vor und legte die Hände auf ihre wohlgeformten Schultern. »Miss... Wie heißen Sie eigentlich?«

»Leonard... Miriam Leonard«, stammelte sie.

»Miss Leonard, ich bin kein Idiot, obwohl ich mich wie einer benommen habe. Ich mag ein Müßiggänger, Phantast und Exilant sein. Aber meine Beobachtungsgabe ist intakt, und ich kann kombinieren. Sie haben Probleme. Irgendwie ist das meine Schuld, obwohl mir beim gegenwärtigen Stand der Dinge nicht so recht klar ist, warum...«

»Ich habe nie behauptet, daß Sie schuld seien«, sagte sie. »Ich weiß nicht, warum ich hierhergekommen bin.«

Evans fuhr sich über die Stirn. »Ich habe Kopfweh«, sagte er. »Wir sollten was trinken. Sie müssen das loswerden... vermutlich sind Sie verliebt...«

»Es hat nichts mit Liebe zu tun«, sagte sie bestimmt.

»Gott sei Dank«, sagte er und begab sich in die Küche, um zwei Drinks zu mixen. Für sich selbst Cognac mit Soda und für Miss Leonard einen Vermouth-Cassis, ersteres, um die Müdigkeit zu fördern, letzteres, um den Appetit anzuregen.

»Ich halte Sie vom Schlaf ab«, sagte sie nervös.

»Das ist so eine Art Regionalsport geworden«, sagte er. »Nehmen Sie sich jetzt zusammen und versuchen Sie nicht, mich zu schonen. Ich weiß, daß Sie weder hysterisch noch schüchtern oder falsch sind. Ich schulde Ihnen eine ganze Menge, was ich erst so recht nach Ihrer Abreise gemerkt habe...«

»Ich wollte, ich wäre hiergeblieben«, sagte sie.

»Ging aber nicht«, sagte er. »Karriere. Glänzende junge Pianistin. Begegnet einem Mann aus dem Westen, wo Männer noch Pferde lieben. Schwankt zwischen Karriere und Ehe... Auswegloser Konflikt...«

»So war es ganz und gar nicht.«

»Wie war es dann?«

»Ich kann nichts anderes als Fingerübungen spielen«, brach sie hervor und biß sich auf die Lippen, um nicht in Tränen auszubrechen.

Plötzlich ging Evans ein Licht auf, und er verspürte sogleich wahres Entsetzen. Das ständige und allzu gewissenhafte Spiel der Czerny-Etüden hatte die Virtuosität des Mädchens auf ein rein mechanisches Maß reduziert. Wenn sie Partituren las, fühlte sie die Dramatik eines Bach und die Poesie eines Chopin, aber sobald sie am Klavier saß, verfiel sie ins monotone Einerlei der Fingerübungen.

»Ich konnte nicht unterrichten, ich konnte nicht spielen. Ich konnte nicht zu Hause bleiben und nichts tun. Was soll ich bloß machen?« fragte sie.

»Glauben Sie mir, es tut mir schrecklich leid«, sagte Evans. »Ich bin überzeugt, daß wir eine Lösung finden, aber im Moment fällt mir nichts ein. Ich schlafe erst mal ein paar Stunden, dann können wir uns um neun im Select treffen... Vielleicht haben wir dann eine Idee.«

»Sie sind sehr nett«, sagte sie.

»Ihretwegen komme ich mir wie ein Scheusal vor«, sagte Evans düster und begab sich ins Schlafzimmer.

3. Kapitel

OLIVENÖL UND DESSEN SELTSAMER GEBRAUCH

Um vier Uhr wachte Homer Evans erfrischt auf. Er war froh, in seiner Wohnung zu sein, die ganz seinem Geschmack entsprach; er war dankbar, daß sich die Wohnung auf dem Montparnasse befand. Beim Aufwachen fiel ihm ein, daß er einigen seiner Freunde versprochen hatte, Ratschläge zu erteilen, doch war das kein Grund zur Beunruhigung. Er zog an einer Kordel, die neben seinem Bett hing, so daß eine kleine amerikanische Flagge vor einem seiner Schlafzimmerfenster flatterte. Dann streckte er sich und ging unter seine Strahldusche.

»Die gewöhnliche Dusche ist eine jämmerliche Nachahmung der Natur«, pflegte er zu sagen. »Die Strahldusche, die einen mehr oder weniger horizontal besprüht, ist überlegenes Menschenwerk. Außerdem stört sie einen nicht beim Singen.«

Die amerikanische Flagge war ein Signal für seinen Friseur auf der gegenüberliegenden Straßenseite. Sobald sie vor dem Fenster flatterte, kam Henri mit seinen Gerätschaften rüber, da Evans es haßte, sich selbst zu rasieren. Eine Rasur zwang einen Mann, unwürdige Grimassen zu schneiden. Überdies beraubte man die Friseure ihres Auskommens.

Während er rasiert wurde, durchdachte Homer seine diversen Probleme. Hjalmar Jansens mißliche Lage war das Problem ›a‹, und es bereitete Evans keinerlei Schwierigkeiten, eine Lösung zu finden. Der Norweger brauchte mehr

Bilder. Das war fast zu einfach. Da gab es erst einmal das Portrait Hjalmars von Evans selbst. Er würde es ihm ausleihen. Bei Rosa Stier konnte man mit einem halben Dutzend Landschaften und Stilleben rechnen. Harold Simon müßte eigentlich ein Dutzend vollendeter Werke zur Hand haben. Snore Sturlusson, der Finne, würde ungefähr zehn Bilder beisteuern. Evans wußte, daß Gwendolyn Poularde für ihre Ausstellung in Chicago gerade fünfzehn Gemälde fertiggestellt hatte.

Aber was war mit den Signaturen? Evans mußte einen Augenblick überlegen. Er erinnerte sich, einmal gelesen zu haben, daß Tizians getreue Schüler die Farben mit Oliven- statt mit Leinsamenöl anmischten, um die Korrekturen des greisen Genies, durch die er seine Meisterwerke regelmäßig zu verderben pflegte, wieder ohne Mühe abwischen zu können.

Olivenöl soll's sein, sagte er sich. Also, das Coupole hat wunderbares, extra aus Spanien importiertes Olivenöl. Rasiert und angekleidet machte er sich dorthin auf, in völliger Harmonie mit der lauen Frühlingsluft und der anonymen, bunten Menschenmenge, die fröhlich schwatzend die Trottoirs und Straßen belebte.

Nachdem er einen Platz auf der dichtbesetzten *terrasse* des Coupole gefunden hatte, kam der Inhaber, M. Delbos, an seinen Tisch, um ihn zu begrüßen.

»Guten Abend, Monsieur Evans«, sagte M. Delbos.

»Was macht das Geschäft?« fragte Evans vergnügt.

»Nicht übel. Wir haben den Weltrekord in zerbrochenem Glas und Geschirr gebrochen. Für zehntausend Francs in einer Woche, wie neun Züge mit Touristen nach Paris kamen.«

»Das ist ja schrecklich«, sagte Evans.

»Im Gegenteil. In den Wochen, wenn Geschirr für nur fünftausend Francs zu Bruch geht, sind die Einnahmen entsprechend niedrig. Zerbrochene Gläser bedeuten massenweise Kundschaft, gehetzte Kellner... ich berechne den Kellnern den Bruch nicht einmal.«

Friedlich genoß Homer seinen Drink. Problem ›a‹ war so gut wie gelöst, nur Maggies Gegenwart in Paris, oder Problem ›b‹ bereitete ihm noch Kopfzerbrechen. Er dachte angestrengt darüber nach, da Maggie, nach Hjalmars Worten, sich gerade auf den Tag freute, da Hugo Weiss' Goldregen versiegte, und Hjalmar vor die Wahl gestellt blieb, zu arbeiten oder zu hungern... Der Zustand des englischen Mädchens war am Rand der Verzweiflung, und Evans hatte allen Grund zu der Befürchtung, daß ihr jedes Mittel recht war, aus Jansen einen Heiratskandidaten und nützlichen Bürger zu machen. Wieweit durfte er sie täuschen, ohne unfair zu werden? Könnte er ihr sagen, daß, wenn sie für zwei Wochen zu ihren ehrbaren Eltern in Hampshire zurückkehrte, er Hjalmar mit allem Nachdruck die Vorteile des Ehestandes unterbreiten würde? Er würde es versuchen, entschied er, als eine nahe Uhr fünf schlug.

Gleichzeitig bemerkte Evans, daß Ambrose Gring in Richtung Café du Dôme übers Trottoir strich und beim Ertönen der Uhr seine Schritte beschleunigte.

»Genau pünktlich«, sagte Evans amüsiert, aber seine Zufriedenheit war ihm dennoch ein wenig vergällt. Gring war die reinste Pest. Wenn er herausfand, was gespielt wurde, würde er es Hugo Weiss vielleicht heimlich verraten, in der Hoffnung, für sich selbst finanzielle Beihilfe herauszuschlagen, oder er würde von allen, die an dem Täuschungsmanöver teilhatten, für sein Schweigen ärgerliche Gefälligkeiten erpressen. Erfrischt wie Evans nun einmal war, entwickelte er jedoch sofort einen Plan, um alle und jeden gegen Grings Machenschaften zu feien. Miriam Leonard sollte Grings ganze Aufmerksamkeit beanspruchen, während die Maler des Viertels Hjalmars Atelier mit Gemälden füllten, die größtenteils nicht viel besser sein würden als jene, die der große Norweger aus dem Fenster geworfen hatte. Er würde Gring weismachen, Miss Leonards Vater sei auf Öl gestoßen und habe sie daher von der Notwendigkeit befreit, in den Vereinigten Staaten zu bleiben und Klavierunterricht zu geben. Er war sich ihrer Hilfe völlig sicher.

Hjalmar wartete, zappelte unruhig auf seinem Stuhl und zögerte, eine Bestellung aufzugeben, weil der Lunch seine sieben Francs fünfzig auf null Francs fünfundsiebzig reduziert hatte und es nichts gab, was man für fünfundsiebzig Centimes im Café du Dôme hätte erwerben können. Er war ganz und gar damit beschäftigt, einem Glas mit einem berauschenden Getränk entgegenzufiebern. Als er Homer Evans sich ihm nähern sah, der so liebenswürdig lächelte, als sei die Welt auf einmal frei von Kummer und Sorge, rupfte er knurrend eine Handvoll Stroh aus der Lehne seines Stuhles und warf es ihm entgegen. Ambrose Gring saß vier Tische weiter – einen besseren Platz hatte er auf der überfüllten *terrasse* nicht finden können –, doch entging ihm nicht die geringste Regung des ruppigen Norwegers.

Während sich Evans seinen Weg durch die Menge bahnte, nickte er lächelnd seinen zahlreichen Bekannten zu und blieb dann kurz stehen, um mit Gring ein paar Worte zu wechseln, was diesen dermaßen überraschte, daß er wie ein Schulmädchen zu stottern anfing. Als Evans schließlich an Hjalmars Tisch angelangt war, begrüßte er seinen Freund fröhlich.

»Nun, was soll's sein?«

Hjalmar scharrte verlegen mit den Füßen.

»Ober«, rief Evans. »Einen amerikanischen Whiskey. Nein, lieber gleich einen doppelten. Und für mich einen Vermouth-Cassis.«

Hjalmar fing zu knurren an, aber Evans unterbrach ihn.

»Wegen der Zeche mach dir mal keine Sorgen«, sagte Evans. »Noch diese Woche wirst du in Geld schwimmen.«

Gring ließ seine Abendausgabe des ›Boulevardier‹ fallen und als er sie wieder aufheben wollte, stieß er seinen *crème de cacao* um. Die Vokabel Geld brachte Ambrose Gring regelmäßig aus der Fassung. Menschen waren für ihn lediglich eine andere Form von Dollars und Cents; desgleichen Musik, Bücher und Bilder. Darum schätzte er die alten Meister so sehr. Wenn er bei einer Auktion im Hôtel Drouot gewesen war, verharrte er emotional völlig ausgelaugt, allein durch das akustische Erlebnis der genannten Summen. Hätte er Miriam Leonard, die er von nur bescheidener Finanzausstattung wähnte, neben Mrs. B. Berry McGluck aus Grand Rapids, Michigan, sitzen sehen, wäre Miss Leonard für ihn nichts weiter als ein farbloser Schatten gewesen; während die McGluck-Millionen der Fabrik für serienmäßige Kieferholzmöbel die verschrumpelte und strohdumme Witwe für ihn in ein bestrickendes Traumbild der Anmut verwandelt hätten.

Grings Mißgeschick mit seinem *crème de cacao* gemahnte Evans, daß er tunlichst nicht hier mit Hjalmar die anstehenden Probleme diskutieren sollte, weswegen Evans, nachdem man drei Vermouth-Cassis und drei doppelte Whiskey gebechert hatte, den Weg in eine nahegelegene Taxifahrerkneipe wies. Dort verstand kein Mensch Englisch, und Gring würde es wegen der grobschlächtigen Stammkundschaft nicht wagen, einen Fuß hineinzusetzen.

»Ich hab's«, sagte Evans, um der bangen Ungewißheit seines Freundes ein Ende zu setzen. »Es ist alles ganz einfach. Du brauchst Bilder, mit denen du bei Hugo Weiss Eindruck schinden kannst. Und Bilder sind in diesem Stadtviertel weiß Gott keine Mangelware. Ich weiß nicht, wieviel Stück Kohle es in Newcastle gibt, aber ich gehe jede Wette ein, daß die Bilder auf dem Montparnasse in der Überzahl sind. Und dem flüchtigen Blick des Millionärs und Museendirektors werden die Bilder fast so ähnlich erscheinen wie die berühmten Kohlen.«

Er unterbrach sich, um ein Blatt Papier vom Wirt zu erbitten, der sich glücklich schätzte, daß zwei der eher sympathischen Bewohner des Viertels sein bescheidenes Unternehmen beehrten.

»Laß mich mal sehen. Angenommen, du hättest pro Woche eine Leinwand bemalt, dann hättest du jetzt fünfzig. Ich leih dir meinen einzigen Versuch in dieser Richtung, den du einfach ›Selbstportrait‹ nennen kannst. Übrigens sind alle Bilder Selbstportraits, auch wenn es der Künstler gar nicht weiß. Bei Rosa schreibe ich mal sechs Bilder hin. Harold Simon wird für mindestens ein Dutzend sorgen und Moroni Smith, sagen wir, zehn. Gwendolyn hat fünfzehn für ihre Ausstellung in Chicago fertig. Fehlen also noch sechs. Wem sollen wir die Ehre zuteil werden lassen, von Hugo Weiss begutachtet zu werden? Wie wär's mit Larry Valley?«

»Nicht dieser Blödmann«, sagte Hjalmar. Er hegte keine übertriebenen Hoffnungen, doch hatte er sich auf Gedeih und Verderb Evans anvertraut.

»Flonzaley?«

»Der ist Kubist. Kann was, aber wäre zu auffällig.«

»Dann halt Pratt.«

»Tüpfelt die Farbe auf die Leinwand. Wir müssen uns an Typen wie mich halten, die alles mit dem Spachtel glattstreichen.«

»Der Finne?«

»Ich habe ihm vorige Woche einen Schneidezahn ausgeschlagen. Ich fürchte, den können wir vergessen.«

»Ach was. Skandinavier sind nicht nachtragend. Außerdem hat er dir einen Teil deines Ohrs abgebissen.«

»Ich hatte vergessen, daß ich einen Schlips trug«, sagte Hjalmar. »Man muß viel vorsichtiger sein, wenn man einen Schlips anhat.«

»Sechs von dem Finnen. Übrigens hat er einen langen Namen. Da wird man viel Olivenöl brauchen.«

»Olivenöl?«

»Natürlich. Um die Signatur zu übermalen. Du mußt fünfzigmal deinen Namen pinseln. Schaffst du das?«

Hjalmar war wieder am Boden zerstört. »Ich wußte doch, daß es einen Haken gibt. Diese Leute werden mich niemals ihre Signaturen übermalen lassen. Das würde ihre Gemälde verpatzen.«

»Ihr Maler seid doch alle gleich. Ihr kennt weder den geschichtlichen Werdegang eurer Kunst noch die technischen Kniffe. Wenn man die Farben mit Oliven- statt mit Leinsamenöl anmischt, kann man alles wieder abwaschen, und das Bild ist so gut, wenn nicht sogar besser als zuvor.«

»Bist du da sicher? Ich möchte keinesfalls Gwendolyns Chicago-Ausstellung verkorksen.«

»Keine Angst. Tizians Meisterschüler haben Olivenöl verwendet.«

»Der Teufel soll mich holen, wenn wir's nicht versuchen«, sagte Hjalmar. Er strahlte wieder übers ganze Gesicht, sein trostloser Blick war einem schelmischen Leuchten gewichen.

»Glaube nicht, daß wir uns blindlings in dieses Abenteuer stürzen«, sagte Homer. »Ich habe alle Eventualitäten bedacht... hoffentlich. Ein paar Vorsichtsmaßnahmen müssen noch getroffen werden. Zunächst müssen wir Maggie loswerden.«

Bei diesen Worten schien Hjalmars Glück vollkommen, und er legte seine schwere Hand auf Evans Schulter. »Das ginge?«

»Ich glaube, daß ich sie für zwei Wochen fortschicken könnte...«

»Länger«, brüllte Hjalmar. »Hey, Kellner. Lassen Sie die Cognacflasche auf dem Tisch stehen.«

»Du darfst dich nicht eher völlig betrinken, bis die ganze Sache vorbei ist. Dann werden wir ein Fest feiern, das man auf dem Montparnasse so schnell nicht vergessen wird.«

»Zwei Wochen«, murmelte der Norweger selig. Dann umwölkte sich sein Gesichtsausdruck wieder. »Aber wie willst du sie fortschicken? Ich habe alles versucht, außer sie aus dem Fenster zu schmeißen.«

»Vielleicht bist du dir des Umstandes nicht bewußt, daß sie dich heiraten will«, sagte Evans.

»Sie ist verrückt, daß sie mich heiraten will. Kannst du sie nicht zur Vernunft bringen...? Sag ihr, daß ich sie wahrscheinlich umbringen würde, daß ich mich mit allen Frauen im Umkreis von zehn Meilen einlassen würde, daß sie hungern müßte...«

»Ich sage ihr, sie müsse verschwinden, damit du sie auch wirklich vermißt, während ich dich zu überreden versuche.«

»So blöd ist sie auch wieder nicht. Sie weiß, daß ich schon am Morgen, nachdem sie abgehauen ist, neben einer Nutte aufwachen würde... Manchmal glaube ich, daß Schwule weniger Probleme haben.«

»Ich werde Maggie fortschicken. Ich treffe mich mit ihr um sieben und werde ihr sagen, sie müsse wegfahren, ohne dich zu informieren, ja, ohne dich noch einmal zu sehen. Aber behalte das alles für dich. Dann werde ich die Maler aufsuchen und die Bilder einsammeln... Heute nacht um elf Uhr machen wir uns an die Signaturen. Morgen werde ich Hugo Weiss aufsuchen, ihm erzählen, wie fleißig du die ganze Zeit gewesen bist, und ihn bitten, ein paar Minuten zu erübrigen, um bei dir vorbeizuschauen. Du mußt mir aber versprechen, a) dich nicht zu betrinken...«

»Spar dir b). Ich werde meinen ganzen Willen aufbieten müssen, um a) zu erfüllen«, sagte der Norweger.

Als sich Evans in Richtung Dingo aufmachte, waren die *terrasses* des neuen und alten Dôme von Touristen und Stammgästen vollgepfercht, die von Kellnern und Hilfskellnern unermüdlich und zügig bedient wurden. An einigen Tischen wurden ernsthafte Gespräche geführt, an anderen erging man sich in alkoholisierten Spottreden. Es war ein lauer und leuchtender Vorfrühlingsabend. Gemächlich schlenderte Evans los, wobei ihm Ambrose Grings abgefeimter Blick nicht entging. Gring war derart zwischen anderen Gästen eingekeilt, daß er seinen Weg zum Dingo nicht ohne eine kleine Verzögerung antreten konnte. Als Evans eintraf, rekelte sich Maggie bereits mit hochgerutschtem Rock auf einem Barhocker, ihre hageren Finger um ein Glas Ginger-ale gekrallt.

»Maggie«, begann Evans, »ich habe über Ihre Worte nachgedacht. Wenn ich verspreche, mit Hjalmar zu reden, werden Sie dann meinen Anweisungen genau folgen?«

»Was Sie wollen. Ich werde Ihnen für den Rest meines Lebens dankbar sein.«

»Sie werden sich nicht beschweren, wenn's schiefgeht... später?«

»Ich will nur seine Frau werden. Mehr verlange ich gar nicht.«

»Ich kann nichts versprechen, aber ich werde mein Bestes tun. In der Zwischenzeit müssen Sie fortgehen...«

»Das kann ich nicht. Wäre zu gefährlich.«

»Nur für zwei Wochen. Wenn es stimmt, daß er Sie so sehr braucht, wird er Sie vermissen. Er wird all die Kleinigkeiten, die Sie für ihn tun, schätzenlernen. Ich kann einfach offener mit ihm sprechen, wenn Sie nicht da sind. Sie müssen sofort aufbrechen. Heute nacht noch. Haben Sie Geld?...«

»Selbstverständlich habe ich Geld. Aber er läßt mich keinen Cent ausgeben.«

»Also gut. Nehmen Sie den nächsten Zug nach London. Hinterlassen Sie ihm keine Nachricht, sagen Sie ihm nicht, daß Sie fortgehen. Wenn Sie zurückkommen...«

»Wenn ich zurückkomme, finde ich eine andere Frau, irgendeine schamlose Vettel, der es egal ist, ob er malt oder nicht...«

»Das einzige, was ich Ihnen wirklich verspreche, ist, daß bei Ihrer Rückkunft keine andere Frau im Haus sein wird...«

»Ich mach's«, sagte Maggie verzweifelt. Und als Ambrose Gring durch die Tür kam, wiederholte sie etwas ungestümer. »Ich mach's. Aber ich werde selbst vor einem Mord nicht zurückschrecken...«

»Beruhigen Sie sich«, sagte Evans scharf.

»Vergessen Sie nicht, was ich gesagt habe, es ist mir Ernst. Es gibt nichts, was ich nicht tun würde.« Und wie von Sinnen stob sie nach draußen.

»Ah, Gring«, sagte Evans freundlich. »Trinken Sie etwas mit mir. Wir haben uns ja schon eine Ewigkeit nicht mehr unterhalten.«

4. Kapitel

ÜBER MINERALISCHEN MESMERISMUS

»Jemand, der Sie sehr bewundert, hat sich heute nach Ihnen erkundigt«, sagte Evans mit seinem ganzen Charme.

Ambrose, der Narziß, wäre er dessen Zeitgenosse gewesen, in einem Maße überflügelt hätte, daß das berühmte Klavierstück nicht Narziß, sondern Ambrose hieße, wurde blaß vor Entzücken und Verblüffung.

»Doch nicht Hugo Weiss?« keuchte er.

»O nein. Von Hugo habe ich nichts gehört, obwohl er gewöhnlich vorbeischaut, wenn er in Paris ist«, sagte Evans.

»Hugo Weiss sucht Sie auf?«

»Ich habe ihm mal einen Gefallen getan, zumindest habe ich ihn davor bewahrt, eine Menge Geld zu verschwenden. Es handelte sich um einen gefälschten El Greco...«

Gring war einer Ohnmacht nahe. »Ein gefälschter El Greco«, wiederholte er und griff nach seinem Wasserglas. »Sagten Sie, ein gefälschter El Greco?«

Da Evans absolut nicht begriff, weshalb sein Gefährte bei der Erwähnung des kretisch-spanischen Meisters jegliche Fassung verlor, wechselte er augenblicklich das Thema.

»Ich spreche nicht von Hugo Weiss, sondern von Miriam Leonard«, sagte er schnell. »Sie erinnern sich doch an Miriam, das hübsche, junge Mädchen aus Montana.«

»Miriam Leonard«, wiederholte Gring, immer noch völlig benommen.

»Ihr Vater ist auf Öl gestoßen«, sagte Evans, und Gring erglühte auf eine Weise, die ans Übernatürliche grenzte. Seine dunklen Augen leuchteten, seine dünnen Lippen verzogen sich zu einem verklärten Lächeln. Er faltete seine Hände wie zum Gebet und keuchte. »Auf Öl gestoßen! Das bedeutet Millionen... Und sie hat von mir gesprochen?«

»Und von niemandem sonst. Der einzige Grund, nach Paris zurückzukehren, obwohl ich Ihnen das alles wohl besser verschwiegen hätte. Sie ist nämlich sehr zurückhaltend, richtig schüchtern. Ist auf einer Ranch aufwachsen. Da werden Mädchen scheu. Außerdem Einzelkind. – Nun«, unterbrach er sich mit einem Blick auf seine Uhr, »ich muß los. Machen Sie's gut, Gring. Wir werden uns bestimmt bald wieder über den Weg laufen...«

Gring sprang von seinem Barhocker, unternahm einen schwachen Versuch, Evans' Ärmel zu ergreifen, wollte ihm schon hinterhereilen, als ihn die Stimme des Barkeepers wieder barsch in die Wirklichkeit zurückholte.

»Zweiundzwanzig Francs fünfzig«, sagte der Barkeeper. Er hätte den Betrag zwar auch auf Evans' monatliche Rechnung setzen können, aber er zog es vor, Gring zur Kasse zu bitten. Der Barkeeper im Dingo war leicht vergrämt, weil er nur selten Gelegenheit hatte, Ambrose Gring seine geheiligten Francs abzunötigen.

»Du meine Güte. Ach Gott«, sagte Ambrose und starrte verzagt auf die Tür, durch die Evans gerade entschwunden war. Es blieb ihm nichts anderes übrig, als zu zahlen. Er wollte sich Evans gegenüber keinerlei Blöße geben, noch durfte er einen Jota seiner gerade eingeheimsten Wertschätzung riskieren... Öl... Millionen... »Nun, ein bißchen mehr Geduld hätte nicht geschadet. Ich brenne nicht mit Ihren zweiundzwanzig Francs fünfzig durch«, sagte Gring und zog aus der Tasche, die seinem Herzen am nächsten war, eine Lederbörse hervor, der er den genauen Betrag über zweiundzwanzig Francs fünfzig entnahm. Miriam schuldete ihm zweiundzwanzigfünfzig, merkte er sich, als er die Münzen aushändigte. Gring deponierte Münzen nie auf einem Tablett oder einem Tisch. Er übergab sie persönlich, ihrer magischen

Natur eingedenk. Nachdem das lästige Ritual des Bezahlens abgeschlossen war, wischte er sich mit einem seidenen Taschentuch die Stirn und hastete raus und drängelte sich schubsend durch die Passanten, in dem verzweifelten Bemühen, Homer Evans noch zu erwischen. In jeder Ausländerin vermutete er eine Amerikanerin, und offenen Mundes und mit freudig triefenden Augen blieb er stehen, wenn ihn eine Dame ansprach: *»èllo, chérie, où allez-vous, cher Monsieur?«*

Währenddessen erreichte Evans das Select, wo Miriam an einem der hinteren Tische auf der *terrasse* sittsam wartete. Um sich Belästigungen und anzüglicher Blicke nächtlicher Touristen zu entziehen, gab sie vor, die neueste Ausgabe der ›Saturday Review of Literature‹ zu lesen. In Wirklichkeit aber dachte sie: ›Er kommt. Er kommt wirklich. Ich bin nicht umsonst nach Paris zurückgekehrt. Und wenn man morgen aufhörte, Klaviere zu bauen, es wäre mir schnurzegal. Er war mir nicht ganz abgeneigt. Er hat mich nicht rausgeschmissen.‹

»Bin ich zu spät?« fragte Evans.

Eine nahe Kirchturmuhr schlug just die Stunde, weswegen sich eine Antwort erübrigte.

»Ich war zu früh da«, entschuldigte sie sich.

»Ich habe Sie in eine Verschwörung verwickelt«, sagte er.

Sie war nachgerade entzückt, daß er nicht versuchte, über das Piano zu sprechen. Welch einzigartiges Taktgefühl es doch verrät, sie gleich auf andere Gedanken zu bringen, sagte sie sich.

»Sie sind sehr rücksichtsvoll«, sagte sie.

»Sie werden Ihre Meinung rasch ändern, wenn ich Ihnen die Einzelheiten verrate«, fuhr er fort. »Aber lassen Sie uns erst etwas zu essen bestellen. Ich habe einen Bärenhunger. Ich habe mich heute mehr in die Angelegenheiten anderer Leute gemischt, als je zuvor in meinem Leben.«

»Wie kann ich Ihnen helfen?« fragte sie.

»Offen gesagt, Ihr Auftrag ist ziemlich übel. Sie sollen Ambrose Gring außer Gefecht setzen. Sie müssen ihn festhalten wie den Spatz vor der Schlange...«

Sie konnte ihr Entsetzen nur schlecht verbergen. »Diese Schlange! Was um aller Welt habe ich mit Ambrose Gring zu schaffen?«

»Ich muß mich darauf verlassen können, daß er seinen Tisch auf der *terrasse* des Dôme zwischen elf Uhr heute nacht und ein Uhr morgen früh nicht verläßt«, sagte Evans. »Es geht um Leben und Tod, beinahe.«

»Wäre es zuviel verlangt, wenn ich Sie um einen kleinen Hinweis bäte, warum ich diesen Quatschkopf außer Gefecht setzen soll, und falls das nicht möglich ist, könnten Sie mir vielleicht gütigerweise verraten, wie ich das bewerkstelligen soll? Er hat mich nie eines Blickes gewürdigt, und obgleich ich Ihrem Freund Ambrose nie viel Aufmerksamkeit geschenkt habe, glaube ich zu wissen, daß ihm Geld nicht gleichgültig ist. Ich bin zwar kräftiger als er, aber wenn ich ihn mit Gewalt auf seinem Platz festhalte, würde er dann nicht losschreien? Würden die Kellner und die Polizei nicht einschreiten? Ich wäre Ihnen dann eine Erklärung schuldig.«

»Ich habe gründlich vorgesorgt«, sagte Evans. »Ich habe Gring bereits erzählt, daß Ihr Vater auf Öl gestoßen ist.«

»Oh«, keuchte sie. »Das haben Sie ihm gesagt?!«

»Ich habe mir sogar noch mehr herausgenommen«, fuhr Evans fort. »Ich deutete an, daß Sie nur seinetwegen nach Paris zurückgekommen seien, daß Sie ihn mögen, daß er... em... Sie fasziniert.«

Miriam schnellte empor, gewann dann aber ihre Gelassenheit teilweise wieder. »Mr. Evans«, sagte sie hart, »jedem anderen würde ich jetzt diesen Siphon über den Schädel ziehen und dann die Stadt verlassen.«

»Bitte lassen Sie mich erklären...«

»Ein echter Trost, Sie erklären es mir.«

Schnell und bündig erzählte er ihr von Hjalmar Jansens

mißlicher Lage und der Lösung, die er vorgeschlagen hatte. Sie lachte so herzhaft, daß die Zecher an den Nachbartischen einen Blick auf das schmucke Paar warfen, alle bis auf Harold Stearns, der, wie stets, mit angemessener Ernsthaftigkeit trank und über den Atlantischen Ozean nachdachte, weil dieser zwischen ihm und der Prohibition in den Vereinigten Staaten lag.

»Ich werde mein Bestes tun, aber wie stößt man auf Öl? Ich muß über ein Minimum an Fachwissen verfügen, sonst riecht Ambrose Lunte.«

»Er wird es nicht als seltsam erachten, daß Sie ihn sympathisch finden. Er wird das für ganz normal halten. Wenn es brenzlig wird, sprechen Sie über Geld. Machen Sie ihm weis, Sie hätten es bergeweise in Münzanstalten oder Banken gesehen. Aber erwähnen Sie unter keinen Umständen Hugo Weiss, und lenken Sie ihn ab, wenn Sie Maler sehen, die mit Bildern unterm Arm Hjalmars Atelier entgegeneilen.«

»Wenn es nur jemand anderes als Gring wäre«, seufzte sie. »Na ja, ich werd's versuchen.«

Nach Beendigung ihres Abendessens hatten sie noch eine Stunde Zeit, und Evans schlug vor, eine Spazierfahrt um den See im Bois zu machen. Sein bevorzugter Taxifahrer, Lvov Kvek, ehemaliger Oberst der zaristischen Armee, war nicht aufzutreiben, weswegen sie zwischen dem Select und dem Rotonde auf und ab gingen und sich an dem kontrastreichen Stimmengewirr erfreuten, dem Chor amerikanischer Laute auf der *terrasse* des erstgenannten und den skandinavischen Modulationen, die aus dem Inneren des letztgenannten drangen. Orientalische Teppichhändler boten ihre bunte Ware feil, ein Feuerschlucker spie Flammen, langhaarige Straßenkünstler zeigten den Touristen den Inhalt ihrer Mappen und machten kein schlechtes Geschäft. Die Blätter der Bäume schimmerten gelbgrün über den Straßenlaternen. Der Montparnasse füllte sich mit dem abendlichen Leben jener vergangenen, unvergeßlichen Tage, als die Menschheit tanzte, ohne einen Gedanken an die Entlohnung des Geigers zu verschwenden.

Während Miriam neben Evans ging, stellte er mit Genugtuung fest, daß sie mit ihm Schritt halten konnte. Er erzählte ihr von Lvov Kvek, von seiner Flucht via Konstantinopel, seinen Tagen des Hungerns in Paris, da er über allzuviel Stolz verfügte und außerdem kein Wort Französisch sprach, und wie er schlußendlich im Hôtel Voltaire seiner ökonomischen Bedrängnis Herr wurde. Als das Glück Lvov endgültig verlassen zu haben schien, bemerkte er einen alten Kupferstich über seinem Bett, den er unter seinem Mantel verschwinden ließ, bei einem Bouquinisten für dreihundert Francs weit unter Preis verkaufte und dann als Ersatz für drei Francs einen zeitgenössischen Stich erwarb. Jede Woche ersuchte Ex-Oberst Kvek nun den Hotelbesitzer, ihm ein anderes Zimmer zu geben, bis er genug Französisch konnte, um als Taxifahrer zu arbeiten. Er sei so nervös, sagte er, daß er unmöglich länger als eine Woche in ein und demselben Zimmer schlafen könnte. Dem entgegenkommenden Besitzer war es zu verdanken, daß nun in allen Zimmern die Stiche ausgewechselt wurden, ohne daß das jemand bemerkt hätte. Evans hatte es sich zur Gewohnheit gemacht, für längere Fahrten Lvovs Taxi zu beanspruchen, und als es zufällig des Weges kam, half er Miriam beim Einsteigen und wechselte ein paar höfliche Worte mit dem findigen Russen. Bis zu ihrer Rückkehr zum Montparnasse sprach Evans fast überhaupt nicht, und nachdem sie den See zur Hälfte umfahren hatten, bemerkte er, daß er Miriams Hand hielt, und er beließ es dabei, um ihr das Martyrium mit Gring zu erleichtern.

Sie hatten keine Schwierigkeiten, Ambrose aufzutreiben. Er war einem Kollaps nahe, wankte von einem Café zum anderen auf der Suche nach Evans und der Ölprinzessin aus Montana. Er sah abgehärmter als die Teppichhändler aus, da er, von Geburt an mißtrauisch, die Möglichkeit befürchtete, Evans könnte ihm die Zuneigung des Mädchens und die

Millionen rauben. Seine Erleichterung, als ihm Evans und Miriam gegenüberstanden, kann eher erfühlt als beschrieben werden. Er stand an eine Platane gelehnt, hielt sein Mantelrevers umklammert, und sein verzücktes Gesicht nahm sofort wieder die Färbung eines Café crème an.

»Da sind Sie ja«, sagte Miriam und blickte ihm geradewegs in die Augen.

»Äh, äh«, antwortete er nach Worten ringend und versuchte, sich ohne Hilfe des Baumes aufrecht zu halten. Was folgte, grenzte an Mesmerismus. Das Mädchen zog Ambrose hüftwackelnd zur *terrasse* des Dôme und achtete darauf, daß er mit dem Rücken zur Straße saß. Evans, der sich das Lachen kaum verkneifen konnte, hatte sich schleunigst aus dem Staub gemacht.

Währenddessen stapfte eine einsame Gestalt den Boulevard Montparnasse entlang, eine rothaarige Engländerin mit gewaltigen Füßen und einem riesigen Koffer, die sich der Hoffnung hingab, noch einen letzten, heimlichen Blick auf Hjalmar Jansen werfen zu dürfen, ehe sie ihre traurige Reise antrat. Dem Gelingen des Plans ›a‹ war es zuträglich, daß sie Hjalmar nirgends erspähte, der sich mit einer hochwüchsigen, schwedischen Schauspielerin in einer abgeschiedenen Ecke des Rotonde befand. Sein Versprechen hinsichtlich des Rebensaftes hatte er gehalten. Er hatte sogar die Zeit im Auge behalten. Aber Hjalmar hatte noch zehn Minuten Zeit, und seine dynamische Natur, überdies von der Aussicht auf fünfzehn Maggie-freie Tage in Wallung versetzt, verlangte zusätzlichen Anreiz, und Jansen war nicht der Mann, der sich um jeden Preis kasteite.

5. Kapitel

IN DEM ZWEI SCHECKS UNTERSCHRIEBEN WERDEN

Die Zusammenkunft, die dem Signieren der Bilder diente, ging reibungslos vonstatten, obgleich Hjalmars Rechte zuweilen von dem typischen Malerkrampf bedroht war. Am nächsten Morgen machte Evans sein Versprechen wahr und besuchte Hugo Weiss im Plaza Athénée und mußte zu seiner Überraschung feststellen, daß Gring bereits vor ihm dagewesen war.

»Nur hereinspaziert, Mr. Evans«, dröhnte Hugo Weiss' kräftige Stimme. Der Multimillionär war noch in Pyjama und Pantoffeln, ansonsten mit einem Morgenrock aus persischem Brokat bekleidet. Die Reste eines üppigen amerikanischen Frühstücks lagen auf einem Tablett neben seinem Bett verstreut, auf dem Boden des geräumigen, sonnendurchfluteten Zimmers lag ein Stapel ungeöffneter Post.

»Ich hatte schon Angst, zu spät zu sein«, sagte Evans. »Die Biographen amerikanischer Millionäre wollen uns immer glauben machen, daß Leute wie Sie spätestens um halb acht oder neun Uhr am Schreibtisch sitzen.«

»Erstens bin ich kein Amerikaner, sondern Kosmopolit. Zweitens bin ich kein Millionär, sondern Multimillionär. Und einen Schreibtisch habe ich noch nie besessen... es freut mich aufrichtig, Sie zu sehen. Wo haben Sie die ganze Zeit gesteckt? Junger Mann, Sie haben mich davor bewahrt, einen Narren aus mir zu machen... von diesem Schwindler T. Prosper Stables ausgelacht zu werden...«

»Nicht der Rede wert«, sagte Evans.

»Für mich war es wichtig«, sagte Weiss. »Natürlich nicht in finanzieller Hinsicht. Es bereitet mir mehr Kopfzerbrechen, Geld auszugeben, als Geld zu verdienen. Aber ich verrate Ihnen ein Geheimnis. Ich bin eitel. Ich bilde mir etwas auf meinen Scharfsinn ein. Ich mag es nicht, wenn man mich übers Ohr haut...«

Evans spürte plötzlich die Wärme der Morgensonne und wischte sich die Stirn. »Nein. Natürlich nicht«, sagte er nervös. Der ganze Schwindel in Hjalmars Namen schien ihm durchsichtig und lächerlich. Hugo Weiss würde ihnen auf die Schliche kommen, sie entlarven und zutiefst beleidigt sein. Schlimmer noch, er würde sich verletzt fühlen. Aber Evans hatte keine Wahl, er mußte das Spiel zu Ende spielen.

»Ich habe Sie wegen eines Künstlerfreundes aufgesucht, eines gewissen Hjalmar Jansen«, fing er an.

»Jansen«, wiederholte Weiss und versuchte, den Namen unterzubringen... »Oh, Jansen«, sagte er. »Der riesige Norweger, der wie ein Pfeilhecht säuft. Wo ist er? Was treibt er? Warum hat er mich nie in New York besucht?«

»Weil Sie ihn nach Paris geschickt haben«, sagte Evans.

»Ach ja. Paris, selbstverständlich. Um zu malen? Oder ist er Bildhauer?«

»Er malt«, sagte Evans.

»Erzählen Sie mir von ihm«, sagte der Philanthrop. »Jetzt fällt's mir wieder ein... eine Dachstube in Greenwich Village... Luchow's. Ganz genau. Ich hatte einen schönen Abend mit dem Jungen verbracht, und es freut mich, daß er vorankommt. Einer von der aufrichtigen Sorte, kein Gequassel. Versuchte nicht, Eindruck zu schinden, hat einem kein X für ein U vorgemacht. So gefällt's mir, Evans. Ein Künstler voller Selbstachtung und Aufrichtigkeit, kein Angeber, kurz, ein Mann, ein Wort. Einer, der entschlossen auf sein Ziel zugeht... So ist Jansen, oder ich habe ihn falsch eingeschätzt, aber meine Menschenkenntnis täuscht mich selten«, sagte Weiss.

»Er hoffte, Sie würden sich seine Arbeiten ansehen können... er ist Ihnen sehr verpflichtet...«

»Mir verpflichtet? Unsinn. Selbstverständlich werde ich mir seine Arbeiten ansehen. Ach, übrigens, gibt es in dieser Stadt eigentlich ein anständiges Bier? Wenn ja, wird er es bestimmt wissen.«

»Sie sind äußerst liebenswürdig«, sagte Evans. »Wann dürfen wir Sie im Atelier erwarten?«

»Das ist die Schwierigkeit. Die Leute halten mich Tag und Nacht auf Trab. Genau wie Sie, ziehe ich das Herumbummeln vor. Ich genieße es, für mich allein und frei von Verpflichtungen zu sein, aber das war nicht immer so. Ich bildete mir ein, Macht haben zu wollen, aber mir ist nur Verantwortung zugewachsen... Nun zu dem Atelierbesuch... Heute geht's nicht. Verwandtschaft, Sie verstehen. Dieser Jansen wird die reinste Erholung sein; schert sich keinen Deut um die Meinung anderer. Würde nie im Leben seine Wohnung extra für mich herausputzen, wie das Verwandte tun.«

Evans stand wieder der Schweiß auf der Stirn. »Vielleicht morgen«, schlug er vor.

»Genau. Morgen. Ich schau vorbei, ehe ich zu diesem verdammten Bankett der *Société des Artistes Français* gehe. Ich hasse Banketts, und ich hasse Ansprachen, vor allem auf französisch. Was kann jemand auf französisch sagen, das nicht schon hundertmal gesagt worden ist? Und ich weiß noch nicht einmal, was sie von mir wollen. Diese Bande erzielt gute Preise für ihr Zeug. Nein, Evans. Über Männer wie Jansen, die im Verborgenen hart arbeiten, wird man sprechen, wenn wir nicht mehr sind. Prägen Sie sich meine Worte ein.«

Evans prägte sie sich nur allzugut ein. Er sah dem morgigen Tag mit bösen Ahnungen entgegen. »So um sechs rum?« fragte er.

»Lieber halb sieben. Ich lasse junge Leute nicht gerne warten... Übrigens, kennen Sie den Kerl, der kurz vor Ihnen bei mir war? Was hat er wohl im Schilde geführt? Sagte, er würde für ›Art for Art's Sake‹ arbeiten und wollte einen Artikel über mich schreiben. Sie wissen so gut wie ich, daß die Artikel in diesem Blatt keinen Pfifferling wert sind. Dienen nur als Dekoration für die Anzeigen. Vor allem wollte er wissen, ob ich vorhätte, dic Privatgalerien zu besuchen, und ob ich ihm was über alte Meister erzählen könnte, die eventuell auf dem Markt sind. Kommt mir alles verdächtig vor. Wollte mich über irgend etwas aushorchen. Was sollte das? Wer ist er?«

»Er heißt Ambrose Gring... Zumindest ist er auf dem Montparnasse unter diesem Namen bekannt. Niemand hat seinen Paß gesehen. Er hat in Yale studiert, einen Lyrikpreis gewonnen und behauptet, mit Koltschak in Rußland gewesen zu sein...«

»Wenn ich das gewußt hätte, hätte ich ihn gleich rausgeschmissen«, sagte der Philanthrop.

»Er hat auch mal für ›Art for Art's Sake‹ geschrieben, ein windiger Job, der fast nichts einbrachte. Er scheint sämtliche Galeristen zu kennen...«

»Am seltsamsten war, daß er mich fragte, ob man in Öl investieren sollte? Ob da wirklich Millionen drin seien?«

»Und was haben Sie ihm gesagt?« fragte Evans amüsiert.

»Ich sagte, das Öl gehöre der Allgemeinheit, und natürliche Ressourcen seien öffentlicher Besitz, und jeder, der sich zu seiner Bereicherung daran vergreife, sei ein Räuber und Schuft. Das habe ich gesagt. Und es schien ihn durcheinanderzubringen, ja, beinahe zu erschrecken. Offenbar befürchtete er, die Allgemeinheit würde ihm noch vor Sonnenuntergang alle Ölbestände der Welt wegschnappen. Über meine Pläne hatte ich jedenfalls nichts zu berichten. Ich werde keine Ateliers aufsuchen, sieht man von dem Ihres biertrinkenden Freundes ab.«

»Ich muß jetzt gehen«, sagte Evans. »Ich habe Ihre Zeit schon viel zu lange in Anspruch genommen.«

»Überhaupt nicht. Sie sind jederzeit willkommen. Und nochmals vielen Dank für diese El-Greco-Geschichte. Ich hätte mich zum Gespött der Kunstwelt gemacht, wenn Sie nicht gewesen wären.«

»Bis morgen um halb sieben«, sagte Evans und ging mit einem flauen Gefühl im Magen den Flur entlang, durchquerte dann die Eingangshalle und bestieg Lvovs wartendes Taxi.

Hjalmar Jansens Atelier lag unter dem Dach eines schäbigen Gebäudes in der Rue Montparnasse und überblickte die schmale Straße und die Schornsteine der niedrigeren Häuser. Aus dem hinteren Fenster konnte man auf einen kleinen Spielplatz sehen, der in den Pausen von den braven Kindern der benachbarten Pfarrschule bevölkert war. Die hinteren Fenster waren seit dem Tag vergittert, da Hjalmar aus Versehen das Gemälde eines männlichen Akts in den Hof geschleudert hatte, kurz ehe die Kinder von den Nonnen entlassen wurden. Drei Nonnen erlitten einen Nervenzusammenbruch. Seitdem achtete Hjalmar darauf, egal wie sehr ihn die Unzulänglichkeit seiner Werke ärgerte, die verworfenen Gemälde nur noch gen Norden in Richtung Straße zu schleudern. Freilich segelten nicht wenige dieser Werke ein beträchtliches Stück und fegten so manchen brüchigen Schornstein hinweg, ehe sie auf einem rußigen Dach ihre letzte Ruhestätte fanden. Doch betrachtete er derlei als das geringere von zwei Übeln.

Das Atelier war geräumig. Eine Ecke war mit Vorhängen abgetrennt und diente als Schlafgemach, einen kleinen Gasherd nebst Holztisch in einer anderen Ecke hatte er zur Küche erklärt. Die Wände waren von Regenwasser verunstaltet und von Nägeln, an denen hin und wieder ein Bild gehangen hatte. Jansens Werke, die man unter dem Begriff ›Pariser Periode‹ zusammenfassen könnte, lehnten gegen einen Ofen, der nicht die geringste Wärme verströmte. In Hjalmars Adern floß Polarblut. Mangel an künstlich erzeugter Hitze machte ihm nichts aus, während dies für die arme Maggie eine arge Prüfung darstellte, hatte sie doch, außer an brüllend heißen Sommertagen, ständig gegen ihr Zähneklappern anzukämpfen.

An dem Abend, da Weiss Hjalmars Bilder in Augenschein zu nehmen versprochen hatte, der Abend auch, an dem die *Société des Artistes Français* ihr Jahrestreffen abhielt, war es wieder Miriams Aufgabe, Gring aus dem Spiel zu halten. Als sie sich ihm auf der *terrasse* des Dôme anschloß, fand sie ihn im Zustand bebender Erregung vor.

»Äh, Öl, mein Liebling... Öl, mein Liebling. Sollten Sie Ihrem Vater nicht telegraphieren?« begann Ambrose und zeigte sich über seine eigenen Worte verwirrt. Eigentlich hatte er vorgehabt, das Thema etwas taktvoller anzugehen.

»Das hat noch Zeit, zumal ich nicht weiß, was ich Daddy telegraphieren soll«, sagte sie. »Bedenken Sie doch, in Montana ist es jetzt sechs Uhr in der Früh. Manchmal habe ich wirklich Heimweh nach der Ranch. Nach den Shorthorns und Cowboys, dem Beifuß und den Kakteen. Wirklich schade, daß der Montparnasse nicht in Nevada liegt, gerade hinter der Grenze. Man könnte einen Mustang mit dem Lasso einfangen...«

Ambrose schauderte es.

»Man könnte einen Mustang einfangen«, fuhr sie fort. »Man könnte stundenlang durch die Prärie und die Hügel reiten und dann sein Pferd beim Dôme anbinden. Das wäre das wahre Leben.«

»Ich habe in Sachen Öl einen recht beunruhigenden Hinweis erhalten, von jemandem, der davon was versteht«, murmelte Ambrose.

»Vielleicht sollte Vater seine Erdölanteile verkaufen und in Olivenöl investieren. Soll ich ihm dazu telegraphisch raten?«

Aus reiner Unrast verschüttete Gring seinen *crème de menthe*, aber Miriam wich so schnell aus, daß ihr Kleid keinen Schaden nahm.

»Nur nichts überstürzen«, bat er inständig. »Ach, Liebes.

Ich bin heute so nervös. Ich habe das Gefühl, daß irgendetwas passiert, als würden mich die Leute scheel ansehen, als sei nichts mehr sicher...«

Um ihn ganz von der Bildfläche verschwinden zu lassen, schlug sie einen Spaziergang durch den Jardin du Luxembourg vor.

Ihr Aufbruch war das Signal zu einem allgemeinen Exodus zur Rue Montparnasse. Evans Empfehlung gemäß ruhte auf der Staffelei ein noch nasses, halbfertiges Gemälde. Hjalmar hatte die Leinwand erst an diesem Nachmittag angefangen. Die Gemälde lehnten mit der Rückseite zum Betrachter in scheinbar lockerer Anordnung an den Wänden des Ateliers. Nur Evans, dem es oblag, sie auszuwählen und auf die Staffelei zu stellen, kannte die genaue Reihenfolge. Er hatte sie, seinem Laienurteil folgend, in qualitativ aufsteigender Linie von links nach rechts gestaffelt, um den künstlerischen Fortschritt augenfällig zu machen. Seinem eigenen Portrait Hjalmars jedoch hatte er den letzten Platz zugewiesen, nicht weil er es für das beste Gemälde hielt, sondern weil er heimlich hoffte, daß Hugo Weiss genug gesehen haben würde, ehe er bei seinem Portrait angelangt war. Evans wußte nicht warum, aber ihm war unbehaglich bei dem Gedanken, Hugo könnte dieses sogenannte Selbstbildnis einer genaueren Begutachtung unterziehen.

Man hatte milden Sherry erstanden, sich vom Dôme gespülte Gläser und zwei Tablette ausgeliehen, und Hjalmar hatte auch noch mehrere Küchenstühle geliehen und sie der künstlerischen Atmosphäre zuliebe mit Chromgelb und Smaragdgrün besudelt.

Pünktlich um halb sieben hielt ein Taxi vor der Haustür.

»Da ist er«, sagte Gwendolyn Poularde, die am Fenster stand.

Hjalmar warf Evans einen gequälten Blick zu. Am liebsten hätte er das Atelier Hals über Kopf verlassen und auf dem ersten besten Frachter angeheuert, hätte er es nicht für seine

Pflicht gehalten, anwesend zu sein und alles auf sich zu nehmen, falls das Ganze schiefging. Das Licht des frühen Abends erschien Hjalmar leuchtender und klarer als es noch am Mittag gewesen war.

Es klopfte, und Hjalmar öffnete eilends die Tür.

»Freut mich, Sie zu sehen«, sagte Hugo Weiss mit aufrichtiger Herzlichkeit und gab ihm seine Hand. »Vier mörderische Treppen, aber ich hab's geschafft.«

Evans gesellte sich ihnen zu, nachdem er Hjalmars schlotternde Knie gesehen hatte.

»Wie geht's Ihnen, Mr. Weiss? Ich habe mir erlaubt, ein paar Freunde einzuladen, denen Jansens Arbeit am Herzen liegt. Sie haben so viel für ihn getan, ihm dauernd Mut zugesprochen, daß ich glaubte, Sie hätten nichts dagegen...«

»Natürlich nicht. Natürlich nicht. Nur keine Umstände bitte. Laßt mich das Zeug sehen. Ich weiß jetzt schon, daß es was taugt. Bei den jüngeren Talenten läßt mich mein Riecher selten im Stich, wenn mir ab und zu ein Schnitzer unterläuft, dann bei den alten Meistern.«

Gwendolyn, Rosa, Harold Simon und Sturlusson wurden ihm einzeln vorgestellt, und nachdem Hjalmar versucht hatte, das Tablett herumzureichen und versehentlich erst mal selbst drei oder vier Gläschen Sherry gekippt hatte, bat er den Finnen, den Gästen die Drinks anzubieten.

»Leider habe ich nicht viel Zeit«, sagte Weiss. »Ich muß zu diesem infernalischen Bankett. Was soll ich denen bloß erzählen? Ich mag arrivierte Maler nicht. Sie mögen sich ja nicht einmal selbst oder gegenseitig. Wäre es überhaupt denkbar, daß von diesen Salonkünstlern vier oder fünf wie hier zusammenkämen, um einen Kollegen zu ermutigen? Niemals. Hier in den Dachstuben entsteht die redliche Kunst, werden redliche Urteile gefällt. Kein Schnickschnack, kein Schwindel...«

Sturlusson ließ vor Schreck das Tablett fallen. »Ich glaub, ich gehe jetzt«, sagte er, besann sich dann aber eines Besseren und setzte sich übellaunig in einer Ecke nieder. Evans wußte nicht so recht, womit er anfangen sollte. Angesichts des drohenden Banketts konnte man schwerlich erwarten, daß Hugo Weiss auf Stilleben mit Austern und Gorgonzola positiv reagierte, und die Präsentation der Portraits wollte Homer noch ein Weilchen hinauszögern. Landschaften. Das war dem sonnigen Abend angemessen. Er zog ein sehr überzeugendes Stück von Simon hervor und stellte es auf die Staffelei. Hugo Weiss sah es sich höflich an, und niemand sagte etwas. Evans versuchte es mit einer Baumgruppe von Gwendolyn.

»Sehr frisch«, sagte Hugo Weiss und richtete sein *pince-nez*. »Für einen alten Seebären, der Bier wie ein Wikinger säuft, scheint mir dieses Bild außerordentlich feminin zu sein.«

Evans tat es beiseite und langte nach einem anderen Stück, das ein paar Bauernhäuser darstellte.

»Mmmmmm«, brummte der Philanthrop. »Kompromißloser Realismus. Sie sind vielseitig, mein Junge. Recht vielseitig.«

Von Panik erfaßt, griff Evans aufs Geratewohl zu und zog Maggie auf lila Hintergrund hervor, der Vordergrund von ihren erstaunlichen Füßen in Beschlag genommen.

»Gott im Himmel«, entfuhr es Weiss.

Von da an lief alles sehr viel besser. Hugo Weiss, von sympathischen Bohemiens umgeben und vom Sherry wohlig gewärmt, flachste so gut er konnte herum und forderte die Anwesenden auf, sich zu den gezeigten Gemälden zu äußern. Sturlusson hatte zu Zeiten größter Hungersnot auch mal Austern auf eine Leinwand gebannt, und Weiss hielt sie für weit besser gelungen als die von Rosa gemalten.

»Was meinen Sie, Mr. Sturlusson? Hat unser Freund nicht gewaltige Fortschritte gemacht?«

»Ich finde die ersten Austern besser«, sagte Sturlusson, worauf Rosa sich nicht lumpen lassen wollte und sich auf die Seite der Zweischaler des Finnen schlug. Weniger gut klappte es, als die beiden gebeten wurden, ein Urteil über die Darstellung einer Garage von Gwendolyn und einer Doppelgarage nebst Zapfsäule von Harold Simon abzugeben.

»Man kann eigentlich eine einfache Garage mit einer Doppelgarage gar nicht vergleichen«, sagte Rosa. »Die Probleme liegen ganz verschieden, hier die Einmaligkeit der Form, dort die Wiederholung der Form.«

»Das muß ich mir merken«, sagte Hugo Weiss und schmunzelte. »Diese Feststellung, leicht variiert, hätte mir schon so manches Mal aus der Patsche helfen können.« Er zog ein kleines Notizbuch und einen goldenen Druckbleistift hervor, versuchte die Mine und lieh sich dann einen normalen Bleistift und schrieb: ›Einmaligkeit, Wiederholung, kann nicht verglichen werden.‹

»Kann ich vielleicht sogar in meine Rede heute abend einfließen lassen«, sagte er und nahm sich noch einen Sherry. »Sie haben doch nichts dagegen?«

»Es ist mir eine Ehre«, sagte Rosa und gab ihm einen Klaps aufs Knie.

Als die Portraits an der Reihe waren, hatte sich die angespannte Stimmung im Atelier gelegt, und das Licht strömte wesentlich milder durch die Fenster. Hjalmar befand sich in einer Art Trancezustand, war unfähig, auch nur ein Wort zu äußern oder sich zu rühren, was einen ausgezeichneten Eindruck auf Weiss machte, der diese Duldungsstarre natürlicher Bescheidenheit zuschrieb.

»Meine Menschenkenntnis läßt mich fast nie im Stich«, wiederholte der Millionär.

Die Stunde hatte geschlagen, da Evans nicht mehr umhinkonnte, das vorgebliche Selbstbildnis zu präsentieren, und Hugo Weiss war nachgerade elektrisiert.

»Ah! Großartig«, sagte er. »Dergleichen habe ich noch nie gesehen.« Er erhob sich, ging zur Staffelei, sah sich jeden Pinselstrich genau an, drehte sich um und musterte Hjalmar, der sich duckte, als hätte der Millionär einen Giftpfeil auf ihn abgeschossen.

»Junger Mann«, hob Hugo mit ernster Stimme an, »ich habe immer gewußt, daß Sie talentiert und fleißig sind. Jetzt aber begreife ich, daß Sie genial sind. Sie müssen unter allen Umständen weitermachen. Sie müssen arbeiten, arbeiten, arbeiten, frei von Alltagssorgen.« Mit einer spontanen Geste zog der Philanthrop sein Scheckheft und einen Füllfederhalter hervor. »Mal sehen. Ich habe Ihnen tausend Dollar gegeben. Nicht genug, mein Junge. Nicht genug. Heuer ist ein kräftiger Zuschlag fällig.«

Hjalmar bemühte sich, eine ablehnende Geste zustande zu bringen.

Mit einer schwungvollen Handbewegung zu dem Portrait sagte Weiss: »Dort steht mein Lohn. Sie haben die akademischen Ketten abgeworfen... gottlob! Und eine höchst ungewöhnliche Positur für ein Selbstbildnis. Wie zum Teufel haben Sie das bewerkstelligt, mein Junge? Ich habe Selbstbildnisse von Rembrandt, Goya und Cézanne gesehen. Aber da starrten einen die Augen immer an, wohin man sich auch begab. Leicht beunruhigend, nicht unbedingt das, was man sich im Wohnzimmer aufhängen möchte. Sie aber haben sich im Halbprofil gemalt.«

»O je. Alles im Eimer«, murmelte Rosa, und Evans zermalmte sein Sherryglas wie eine Eierschale.

»Offenbar haben Sie zwei Spiegel benutzt«, fuhr Weiss fort.

»Ja. Doppelspiegel«, keuchte Hjalmar, und man wagte wieder zu atmen.

»Meiner Treu, ich will dieses Portrait haben«, sagte Weiss und angelte wieder nach seinem Scheckheft. Er stellte einen Scheck für den Unterhalt des folgenden Jahres aus und reichte ihn Hjalmar, der ihn schamhaft in seine Tasche steckte, ohne ihn zu lesen. Dann schwang er seinen Füller und sagte: »Ich kaufe dieses Selbstbildnis...«

»Aber schließlich...« sagte Hjalmar.

»Nein, nein, keine Schleuderpreise«, sagte Weiss und erhob seine Hand. »Mein Junge, ein Bild kostet sein Geld, oder es ist nichts wert. Ich weiß, daß Sie mir jedes Bild hier schenken würden, wenn ich Sie darum bäte...«

»Aber sicher«, sagte Hjalmar, und Gwendolyn schnellte von ihrem Stuhl.

»Aber ich möchte zahlen. Warum auch nicht? Und irgendwann, mein Junge, werden Sie mich für meine Tochter portraitieren. Bislang habe ich mich immer geweigert, jemandem Modell zu sitzen. Aber wenn Sie sich schon selbst so virtuos portraitieren können, möchte ich wissen, was Sie dann erst bei mir erzielen.« Mit diesen Worten reichte er Hjalmar einen zweiten Scheck, schüttelte jedem die Hand und begab sich mit dem Gemälde zur Tür. Nur Evans verfügte noch über genügend Geistesgegenwart, ihn nach unten zu begleiten. Lvovs Taxi war zur Stelle. Evans half Weiss in den Wagen des Russen, verabschiedete sich, dankte ihm überschwenglich und sagte Oberst Kvek:

»Zum *Cercle Interalliée*.«

Das Taxi setzte sich in Bewegung, bog in den Boulevard Raspail ein. Evans blickte hinterher und verspürte ein seltsames Gefühl, in dem sich Erleichterung und Scham mischten. Er stieg wieder die Treppen empor, ging ins Atelier und gesellte sich zu der Runde, die allmählich ihre Fassung wiedergewann.

»Zeig mal die Schecks. Ich möchte sehen, was du für dieses Meisterportrait bekommen hast«, sagte Rosa.

Hjalmar reichte ihr die Schecks. Die Beträge hatte er noch immer nicht gelesen, doch er badete in der Gewißheit, daß er fortan und ewiglich finanziell abgesichert war, daß Maggie in unerreichbarer Ferne weilte, daß Evans ihn vor Exil und Entbehrung errettet hatte und daß Hugo Weiss schwer in Ordnung war. Er wurde von einem spitzen Schrei Rosas aus seinen Gedanken gerissen. Rosa keuchte, warf die Schecks Evans zu und eilte zur Pernodflasche.

»Mein Gott. Er hält eine ganze Menge von diesem Gekleckse«, sagte Evans verblüfft.

»Was er auch gezahlt hat, es gehört dir«, sagte Hjalmar. »Ich weiß, daß dir einiges an dem Ding liegt, aber ich sitze dir noch mal Modell...«

»O nein«, sagte Evans. »Nie wieder. Du weißt, daß ich genug Geld habe. Die Beute sei dein.«

»Dann will ich sie mit den anderen hier teilen«, sagte Hjalmar.

Sie protestierten allesamt. Sie wollten ihre selbstlose Tat durch nichts getrübt wissen. Sie fanden allmählich Gefallen an der ganzen Angelegenheit und freuten sich auf einen epochemachenden Abend. Die Schecks beliefen sich auf je zweieinhalbtausend Dollar, waren beide auf Hjalmars Namen ausgestellt und trugen dasselbe Datum.

»Gring ist zurück. Wir müssen Miriam befreien«, sagte Evans, »aber erst müssen wir uns auf einen Treffpunkt einigen. Wir sind noch nicht gänzlich außer Gefahr. Gring hat schon in Hugo Weiss' Hotel rumgeschnüffelt, und wenn er Lunte riecht und Weiss, der nichts mehr verabscheut, als hintergangen zu werden, einen Wink gibt, sind wir erledigt.«

»Ich löse diese Schecks am besten noch heute abend ein«, sagte Hjalmar.

»Das solltest du. Aber wo?«

»Chalgrin wird den einen nehmen, Delbos den anderen. Ich schulde beiden genug, daß es sich für sie lohnt«, sagte Hjalmar.

6. Kapitel

DER PHILANTHROP VERSCHWINDET

Es war acht Uhr in dem geräumigen *salon* des prangenden *Cercle Interalliée*. Im gesamten Bereich der mittleren Greenwich-Zeit war es zwar ebenfalls acht Uhr, aber niemand schien deswegen nervös zu sein. Der Geruch des aufwendigen Mahls, das da vorbereitet wurde, genauer, so gut wie zum Verzehr bereitstand, mischte sich mit dem Duft der Tulpen, Rosen, Hortensien und der Maiglöckchen. Man sprach über Kunst, nicht um der Kunst, sondern um der vornehmen Versammlung willen, die ausschließlich aus schwarzgekleideten Männern mit tadellos gestutzten Bärten bestand, Männern, die fast durchwegs die *rosette* der Ehrenlegion protzig im Knopfloch trugen. Die anwesenden Künstler wußten, daß Hugo Weiss der wichtigste Gast des Abends war, und sie waren alle überzeugt, die Kosten für das Diner sei eine lohnende Investition gewesen, würde diese ihnen doch wieder in Form großherziger Spenden zur allgemeinen Stabilisierung der Kunstwelt um ein Vielfaches zufließen. Nur zwei Männer, der Präsident und der erste Vizepräsident der *société*, denen infolge eines freundschaftlichen Arrangements bei der jährlichen Ausstellung des *salon* immer wieder abwechselnd der erste und zweite Preis zugesprochen wurde, wußten, zu welchem edlen Zweck man den Multimillionär um eine Spende angehen würde.

Der erste Vizepräsident, Christophe Paty de Pussy, hatte den Plan ausgearbeitet. Ihm war bekannt, daß seine Kollegen ihre liebe Not bei der Anlage ihres Geldes hatten. Etablierte Künstler hatten im finanziellen Sektor mit ständigen Nachteilen zu kämpfen. Wenn sie ihre Einkünfte sorglos verschleuderten, sagten die Bankdirektoren: »Gebricht es jemandem dermaßen an praktischem Verstand, kann er kein erstklassiger Maler sein. Schließlich sind auch wir Künstler. Wir gestalten mit Geld. Der Geldfluß muß so subtil oder kühn wie der Fluß einer Linie sein. Monsieur Soundso, der sich von mir so ohne weiteres übers Ohr hauen ließ, muß ein schlechter Maler sein.« Wenn ein Künstler-Investor andererseits zu viel Scharfsinn an den Tag legte, schüttelten die Finanzfachleute auch wieder voll Besorgnis ihre Köpfe: »*Maître Un Tel* hat noch andere Dinge als seine Modelle im Kopf. Man kann nicht gleichzeitig der Kunst und dem Mammon dienen.« Wie auch immer, der Maler war der Gelackmeierte. Darum war Monsieur Paty de Pussy auf den Gedanken verfallen, Hugo Weiss und ein paar andere Magnaten, die den Geldbeutel der Welt verwalteten, sollten ein ›*Institut Artistique de la Prudence et de la Sécurité*‹ ins Leben rufen, das die Geldmittel der Aussteller des Salons betreut und allen Mitgliedern einen wenigstens zehnprozentigen Profit garantiert, deren Gemälde in Augenhöhe plaziert werden, und siebeneinhalb Prozent für jene, deren Werke ein wenig darüber hängen. Postimpressionisten, Kubisten, Surrealisten und alle subversiven Maler sollten an diesen Segnungen natürlich nicht teilhaben dürfen, und Pointillisten konnten nur mit Zweidrittelmehrheit zugelassen werden. Wenn Hugo Weiss den Vorsitz und die damit verbundenen Kosten übernimmt, würde man das neue Institut als Gegenleistung ›*Hugo Schussicker Weiss Institut Artistique de la Prudence et de la Sécurité*‹ benennen.

»Französische Künstler werden nie und nimmer Hilfe von einem Institut mit deutschem Namen annehmen«, sagte der Präsident, M. Haute Costa de Bellevieu.

»Ich habe noch nie erlebt, daß sie etwas ablehnen, das auch nur entfernt an Geld erinnert«, erwiderte M. Paty de Pussy.

»Es ist bereits nach acht Uhr, und dieser undankbare Kerl

ist noch immer nicht aufgetaucht«, sagte der Präsident. Damit hatte er ausgesprochen, was all die anderen Künstler und der Mitarbeiterstab dachten. Das Komitee war angehalten worden, sich als Gastgeber mächtig anzustrengen. An alles hatte man gedacht. Die Speisenfolge umfaßte das Beste, das Frankreich zu bieten hatte, und jeder Gang sollte von einem passenden Wein begleitet werden. Mitgliedern, die dazu neigten, nach dem Essen einzunicken, hatte man Plätze in sicherer Entfernung vom Redner zugewiesen, und sie sollten durch die Rosen und Hortensien abgeschirmt werden, da Maiglöckchen infolge ihrer kurzen Stengel nicht tauglich waren. Die Sache hatte ein hübsches Sümmchen gekostet, und einige der jüngeren Maler, also jene unter fünfundsechzig, waren hungrig und verfielen einer gereizten Stimmung.

Um halb neun nannten sie Hugo Weiss ein Schwein und noch vor neun Uhr hatten sie alle niederigeren Tierarten durch. Um neun Uhr bat M. Paty de Pussy den *maître d'hôtel*, das Plaza Athénée anzurufen und nachzufragen, ob M. Weiss das Gebäude verlassen habe.

»Monsieur Weiss hat das Hotel um Viertel nach sechs alleine verlassen«, berichtete der *maître d'hôtel.*

»Viertel nach sechs? Lächerlich! Das Bankett sollte um acht anfangen«, sagte der Präsident.

»Vielleicht hat er eine Geliebte«, meinte Paty de Pussy.

»Eine Geliebte um Viertel nach sechs? Mit Weinsorten wie Lafitte 1907 und Montrachet '21 in Aussicht? Barbarisch. Aber bei diesen Amerikanern weiß man ja nie, aus welchem Land sie auch immer stammen mögen.«

»Finden Sie raus, ob er eine Geliebte hat«, blaffte der Präsident den *maître d'hôtel* an. Nach kaum fünf Minuten kam der *maître d'hôtel* zurück.

»Nicht in Paris«, sagte er. Der Präsident und der Vizepräsident grunzten verächtlich.

»Der Mann ist ein Idiot«, sagte M. Costa de Bellevieu.

Paty de Pussy war wütend, aber er war auch besorgt. »Vielleicht ist etwas passiert«, sagte er.

»Was denn? – Ist vielleicht etwas passiert?« schnauzte der Präsident den *maître d'hôtel* an. Dieser entfernte sich und war fünf Minuten später wieder zurück.

»Möglicherweise ist etwas passiert«, sagte er. »Eine Telephonistin im Plaza Athénée und der russische Pförtner haben zusammen am Telephon mitgehört, wie Monsieur Weiss um sechs Uhr einer Cousine mitteilte, er mache sich jetzt zum Montparnasse auf.«

»Montparnasse?« rief der Präsident. »Großer Gott! Was zum Teufel treibt er auf dem Montparnasse?«

In diesem Augenblick schwankte ein Reporter des New Yorker ›Herald‹, der sich in der Bar umgesehen und nicht bemerkt hatte, daß es schon fast zehn Uhr war, in den Speisesaal und näherte sich dem Präsidenten, wobei er mit anerkennenswertem Geschick den Tücken des rutschigen Bodens Herr wurde.

»Wann essen wir?« fragte der Reporter. »Ich habe Hunger.«

»Ja, wann?« explodierte Paty de Pussy. »Ja, wann? Unser Ehrengast, Ihr Landsmann, treibt sich auf dem Montparnasse herum, während die Elite französischer Kunst sich die Beine in den Bauch steht und ein Diner, wie es nicht mal König George vorgesetzt bekommt, in der Küche verrottet. Das ist eine Beleidigung Frankreichs. Der Kerl sollte ausgewiesen werden.«

»Können wir nicht trotzdem anfangen?« fragte der Reporter.

»Würde ihm recht geschehen«, sagte der Präsident. Ein Drittel der Mitglieder war bereits eingeschlafen.

»Ich glaube, Monsieur le Président, es wäre eine kluge Maßnahme, die Polizei zu verständigen«, schlug der *maître d'hôtel* höflich vor.

»Unsinn«, sagte der Präsident.

»Nach dem Essen«, sagte der Reporter. »Das ist seit langem mein erster Auftrag mit Aussicht auf ein anständiges Essen. Lassen Sie uns die Futterbeutel umschnallen, dann gehe ich zum Montparnasse und treibe den Mann auf. Es gibt nur vier Möglichkeiten – das Dôme, das Coupole, das Rotonde oder das Select.«

»Vielleicht auch das Falstaff oder das Dingo. Im Dingo gibt es einen hervorragenden Bohnenteller«, sagte der *maître d'hôtel.*

»Sprechen Sie nicht über Bohnenteller. Ich sterbe vor Hunger«, sagte der Reporter. »Wie wär's mit einem Kompromiß? Wir essen und rufen gleichzeitig die Polizei an. Die suchen Weiss, und wenn sie ihn auftreiben, bringen Sie ihn her.«

Widerstrebend stimmte der Präsident zu und wies den Oberkellner an, die schlafenden Mitglieder aufzuwecken und hinsichtlich der zahlreichen Gäste in der Bar seinem geübten Auge zu vertrauen.

»Ich bin auf die Idee mit der Polizei gekommen, da Monsieur Weiss in den letzten zehn Jahren hier sieben Mal gespeist hat und stets pünktlich war, auf die Minute pünktlich. Nur 1919 hatte er sich wegen einer Besprechung mit dem Finanzminister um fünf Minuten verspätet; es ging um unsere nationale Verteidigung...«

Ungeduldig unterbrach der Präsident den Redeschwall des *maître d'hôtel.* »Genau. Ich muß etwas bekanntgeben.« Er bat gebieterisch um Ruhe und sagte vernehmlich: »*Chers maîtres!* Zu meinem Bedauern muß ich Ihnen mitteilen, daß unser Ehrengast, Monsieur Hugo Weiss, wegen einer dringenden Angelegenheit in Sachen unserer nationalen Verteidigung verhindert ist...«

Nach höflichem Applaus begaben sich die Mitglieder unverzüglich auf ihre Plätze, und die Kellner servierten die dampfende *Crème de Pommes d'amour Campbell*, eine Spezialität des Küchenchefs. Gleichzeitig war der *maître d'hôtel* in einen Meinungsaustausch mit dem Polizeipräfekten verwickelt. Der Präfekt war keineswegs beunruhigt. Amerikanern sei alles zuzutrauen, sagte er. Doch zeigte er sich willens, das dem Dôme nächstgelegene Kommissariat zu verständigen und die Suche nach dem abhandengekommenen Multimillionär in die Wege zu leiten.

In der Zwischenzeit hatten sich seltsame Dinge auf dem Montparnasse zugetragen. Nachdem Homer Evans das Taxi, das Hugo Weiss beherbergte, mit gemischten Gefühlen im Boulevard Raspail hatte entschwinden sehen, und er erfahren hatte, daß der gutherzige Philanthrop zwei in jeder Hinsicht identische Schecks ausgestellt hatte, rief er Miriam in dem Wissen an, daß die Telephonzellen im Dôme einigermaßen schalldicht sind und daß Gring, so beunruhigt er auch sein mochte, nicht wagen würde, ihr in die Zelle zu folgen. Homer bat sie, ihn in einer Viertelstunde im Café du Départ am Place St. Michel zu treffen. Man war übereingekommen, daß Hjalmar eine Party schmeißen sollte, und Evans hatte vorgeschlagen, sich in der Rue de la Huchette gleich beim Place St. Michel zu treffen, wo er ein Hotel kannte, dessen kommerziell wenig genutzte Kellergewölbe aus Revolutionszeiten so tief im Erdreich lagen, daß dort Zechgelage abgehalten werden konnten, ohne daß der geringste Laut nach außen drang. Der Besitzer, ein gewisser Monsieur Julliard, ein begnadeter Koch und Feinschmecker, werde zweifellos seine Zustimmung erteilen, ein unvergeßliches Mahl bereiten und das Feinste aus seinem Weinkeller auftischen, der in Robespierres Tagen als Gefängniszelle diente. Homer hatte die übrigen Teilnehmer gebeten, sich zu zerstreuen, einzeln zum Hôtel du Caveau zu gehen und die Neuigkeiten für sich zu behalten. Man hatte sich auf neun Uhr geeinigt.

Hjalmar, dessen Lebensgeister wieder erwacht und dessen Bedenken in all der Aufregung abhanden gekommen waren, befand sich in wahrer Hochform. Geld in rauhen Mengen, als einziger Maler von Hugo Weiss auf der Schwelle zum

Ruhm und Maggie dreihundert Meilen entfernt. Er eilte zum Dôme und zeigte seinen Scheck dem verblüfften M. Chalgrin, der Hjalmar wirklich mochte und sich über dessen Glück freute. Selbstverständlich werde er den Scheck einlösen. Wer habe nicht von Hugo Weiss gehört? Nachdem er den Wechselkurs nachgeschlagen hatte, entschuldigte er sich, ging in seine Wohnung hinauf und kehrte mit 125.000 Francs zurück, die Hjalmar achtlos in seine diversen Taschen stopfte. M. Chalgrin war drauf und dran, auf die Knie zu sinken.

»Ich bitte dich, ich flehe dich an. Laß es mich für dich aufbewahren«, sagte er, aber Hjalmar wollte wenigstens einmal wissen, wie man sich mit unbegrenztem Reichtum in den Taschen fühlt.

»Verrate niemandem ein Sterbenswörtchen davon«, sagte Hjalmar, und M. Chalgrin versprach es, wie Espenlaub zitternd. In diesem Moment stürmte Ambrose Gring herein.

»Wo ist sie? Wo ist Miriam? Sie ist fort!« schrie er und rang die Hände.

»Wie wär's mit einem Drink? Wer ist fort?« fragte Hjalmar, dem klar war, daß Miriam entwischt war und vermutlich neben Evans auf dem Place St. Michel saß.

Verzweifelt, ein Bild schieren Elends, wandte sich Gring an M. Chalgrin. »Sie ist durch den Seiteneingang geschlüpft! Was anderes ist gar nicht möglich! Den Haupteingang habe ich keine Sekunde aus den Augen gelassen.«

»Durch diese Türen gehen Tausende von Leuten. Meinen Sie, ich könnte mich an jeden einzelnen erinnern? Bleiben Sie geduldig sitzen, und sie wird zweifellos zurückkommen, wer auch immer es sein mag, den Sie da suchen.«

Ambrose keuchte, drückte die Hände gegen die Stirn und schoß über die Straße in Richtung Rotonde. Hjalmar schluckte noch zwei Gläschen Apfelschnaps, schüttelte M. Chalgrin die Hand und rumpelte über die *terrasse,* wobei er zwei Touristen, einen Tisch und drei Bier umstieß. Einer der Touristen, der nicht um Hjalmars Kampfeslust wußte und im Lauf des Abends seiner Fähigkeit verlustig gegangen war, Größenverhältnisse abzuschätzen, setzte dem Norweger hinterher und verlangte eine Entschuldigung. Den Stammgästen des Dôme stockte der Atem, und alle im Umkreis von zehn Metern suchten das Weite, um der Gefahr zu entgehen, von durch die Luft fliegenden Gästen niedergestreckt zu werden. Doch zu jedermanns Überraschung und Erleichterung packte Hjalmar den schmächtigen Mann, umarmte ihn ungestüm und küßte ihn auf beide Backen. Dann machte er sich eilenden Schritts in Richtung Coupole auf.

Im Coupole fand er M. Delbos vor, der bereitwillig den zweiten Scheck einlöste und Hjalmar 125.000 Francs in 5000-Francs-Scheinen aushändigte. Kaum waren die Scheine in Hjalmars berstenden Taschen verschwunden, kam Gring reingetost, ungehaltener denn je.

»Ich kann Evans auch nicht finden! Er hat sie geraubt. Ich weiß, daß er sie geraubt hat... Warten Sie nur. Ich werde sie finden und mit ihm abrechnen. Da können Sie Gift drauf nehmen. Ihr steckt alle unter einer Decke. Ihr seid alle gegen mich«, sagte Ambrose.

»Wie wär's mit einem Calvados?« sagte Hjalmar. »So schlimm wird's ja auch wieder nicht sein.« Er verfügte über ein großherziges Naturell, und wenn er selbst so frohgemuter Laune war, konnte er andere nicht leiden sehen.

»Evans kann sie nicht geschnappt haben«, sagte Hjalmar in der Annahme, diese werde Gring trösten. »Evans tafelt mit Hugo Weiss. Keine Frauen zugelassen. Irgend ein piekfeines Diner. Ich habe sie zusammen fortgehen sehen.«

Das schien Ambrose neue Kraft zu verleihen, und von entsetzlichen Ahnungen gepeinigt, raste er über die Straße zum Select.

Um Viertel nach neun war kein einziger Mensch, der in Hjalmars Atelier gewesen war, um Hugo Weiss hinters Licht zu führen, auf dem Montparnasse zu sehen. Sie waren ausnahms- und spurlos verschwunden. Gelbgrünes Licht kletterte aus den Straßenlaternen, und das verwirrende Geglitzer des Quartiers färbte die Wolken rosa. Die Teppichhändler bahnten sich ihren Weg durch die frohgemute Menge, und der Feuerschlucker ließ seine erste Feuerfontäne aufsteigen. Auf den *terrasses* der Cafés war kein einziger Platz mehr frei, und man hatte zusätzliche Tische und Stühle herbeigeschleppt. Taxis kamen an und fuhren wieder. Ein jeder war frei von Sorgen und leichten Herzens, Ambrose Gring ausgenommen, der von Café zu Café taumelte und inbrünstige Bittgebete aussonderte.

Um zehn Uhr konnte er sich nicht länger bändigen. Er eilte zum nächstbesten Telephon, rief den *Cercle Interalliée* an und bat, Evans sprechen zu dürfen.

»Ein Monsieur Evans ist heute abend nicht anwesend«, erwiderte der *maître d'hôtel.*

»Mein Gott! Er muß da sein! Dann lassen Sie mich mit Hugo Weiss sprechen.«

Der *maître d'hôtel* wahrte einen klaren Kopf. Er ließ durch einen Assistenten den Polizeipräfekten verständigen, damit dieser mithören und den mysteriösen Anrufer lokalisieren könne. Der Rest des Dialogs zwischen dem zerknirschten Ambrose und dem *maître d'hôtel* wurde also von dem Präfekten und einem Stenographen abgehört, während eine Wachmannschaft dem Dôme entgegenraste, um Gring in Gewahrsam zu nehmen.

»Ich bestehe darauf, Monsieur Weiss zu sprechen... Mein Mädchen ist verschwunden, es besteht Gefahr, daß mir das Öl vor der Nase weggeschnappt wird. Ich kann Miriam nicht finden, ich kann Homer Evans nicht finden...«

»Könnten Sie diese Namen wiederholen?« bat der *maître d'hôtel* mit Rücksicht auf die lauschenden Polizeibeamten.

»Homer Evans. Es handelt sich um eine Verschwörung! Ich weiß mir nicht mehr zu helfen. Ich habe überall gesucht. Homer Evans ist mit Hugo Weiss in Ihren Club gegangen.

Das weiß ich ganz genau... Nein, ich habe ihn nicht gesehen. Hjalmar hat es mir erzählt.«

»Diese ausländischen Namen sind die reinste Pest«, sagte der Stenograph.

»H wie Henriette, J wie Julienne. Ja, genau. J. Hjalmar Jansen, ein Maler. Er sagte, Homer sei mit Mr. Weiss zusammen. Daß sie gemeinsam zum Club gegangen sind... Klupp. Hilfe. Mamma!«

Das Gespräch endete in einer Reihe erbarmungswürdiger Kreischlaute, als die heftigen Hände vierer Bullen Ambrose aus der Telephonkabine zogen und ihn über die dichtbesetzte *terrasse* in den Wagen jagten.

7. Kapitel

DIE FAHNDUNG LÄUFT

Miriam saß neben Evans an der Ecke des Café du Départ, den Rücken Notre Dame zugewandt, die *conciergerie* zu ihrer Rechten und steuerbords den St. Michel-Brunnen.

»Ohne Ihre Hilfe hätten wir nichts unternehmen können«, sagte Evans. Dennoch wurde er die Befürchtung nicht los, daß Gring etwas rausbekommen könnte. »Sind Sie sicher, daß er keinen Verdacht geschöpft hat?« fragte er.

»Ich hab ihn nicht aus den Augen gelassen«, sagte Miriam. »Allerdings haben gestern abend zwei Männer, die ich nie zuvor im Quartier gesehen hatte, mit ihm gesprochen. Ich konnte nicht hören, was sie sagten, aber sie wollten was von Ambrose. Einmal glaubte ich das Wort ›Greco‹ zu hören, ich kann mich aber auch täuschen. Jetzt fällt mir ein, daß dieselben Typen ihn heute abend wieder aufsuchten, und ich glaube, sie waren enttäuscht und verstimmt über das, was Ambrose getan oder nicht getan hatte.«

»Denken wir nicht mehr an Gring. Sie waren großartig«, wiederholte er.

»So was von Zielstrebigkeit wie bei dem armen Ambrose ist mir noch nicht untergekommen«, sagte sie. »Wäre er mir noch in anderer Hinsicht zugetan gewesen, hätte ich es nicht ausgehalten. Ich bin mir noch nie derart als menschliche Hülse vorgekommen. Es war, als sei ich die Petrolgöttin in Technicolor zwischen Bohrlöchern und prallen Banktresoren. Wenn ich von derartigem Eifer besessen wäre, würde sich Brailowsky im Vergleich zu mir wie ein Klavierstimmer ausnehmen. Und Sie... Ach, Homer, mit Ihren Geistesgaben könnten Sie doch... ach, Sie könnten...«

»Was könnte ich sein, wenn ich mich disziplinieren würde?«

Sie gab auf. »Ich mag Sie eigentlich nur so, wie Sie sind«, sagte sie.

»Der große Faulenzer. Das möchte ich sein. Ich habe ein Buch geschrieben und ein Portrait gemalt, nur um mir selbst zu beweisen, daß ich nicht faulenzen muß, wenn ich nicht will. Aber genau das will ich. Mir gefällt das. Aktivität und Geschäftigkeit sind mir verhaßt. Mir liegt nichts daran, die Fackel der Zivilisation weiterzutragen.«

»Natürlich nicht. Neben Ihnen komme ich mir so unbedeutend vor«, sagte sie. »Noch vor wenigen Tagen dachte ich, nichts sei wichtiger als auf Klavieren rumzuklimpern. Jetzt bedeutet mir das rein gar nichts mehr.« Sie seufzte derart glücklich, daß es Evans ein klein wenig ungemütlich wurde. Er hörte einen fernen Schrei und sah, wie zwei aufgescheuchte Fledermäuse aus der Rue de la Huchette durch die Lüfte tosten. »Offenbar ist Hjalmar unterwegs«, sagte er. »Zeit, zum Caveau zu gehen.«

Es war tatsächlich Hjalmar, und nicht weit hinter ihm war Rosa Stier, der es irgendwie gelungen war, sich der Folgen der nachmittäglichen Pernods zu entledigen und die bereit war, wieder von vorne anzufangen. Der rüstige Phönix war nichts im Vergleich zu ihr, nur daß der legendäre Vogel sich aus Asche zu erheben pflegte, während es Rosa nach wesentlich feuchterer Materie verlangte. Wenig später erschien der Finne in Begleitung der schwedischen Schauspielerin, und sie gruppierten sich alle um M. Julliards hübsch verzinkte Bar, wo sich ihnen Harold Simon und sein Lieblingsmodell zugesellten, eine Schwarze aus Martinique, die auf den Spitznamen ›Cirage‹ hörte.

»Begeht ihr irgendeinen amerikanischen Feiertag?« fragte M. Julliard, wobei er Drinks einschenkte und peinlich darauf achtete, sich nicht zu überanstrengen. Immerhin hatte er eine Nacht Schwerstarbeit vor sich, der die Küche des *Cercle Interalliée* nicht so recht gewachsen war, aber in angenehmer Gesellschaft arbeitete er gerne und vor allem für Evans und Hjalmar, die in seinem bescheidenen Unternehmen schon so oft Zuflucht gesucht hatten. Ein Stammgast des Montparnasse, der sich zu einer Gasse hinter dem Place St. Michel begibt, ist hier so unauffindbar, als sei er auf den Marquesas-Inseln.

Als Hjalmar und seine Freunde nicht länger an der Bar stehen mochten, stiegen sie über zwei finstere Treppen in ein Gewölbe, an dessen Ende sich der Speiseraum befand, der Robespierre einst als Gerichtssaal gedient hatte. Dort waren sie gegen Spitzel und Eindringlinge doppelt gesichert. Selbst eine Persönlichkeit vom Schlage Robespierres konnte dort nach Belieben schalten und walten, ohne daß man auf den Straßen da oben oder selbst im nahen Polizeikommissariat auch nur ahnte, was in diesen Kellerkammern ausgekocht wurde. Und in dem Maße wie die freundlichen Weinflaschenbatterien die ehemalige Gefängniszelle nebenan transformierten, verstand es unsere Schar wohlgelaunter Zecher, diese Stätte düsterer Tribunale in eine Örtlichkeit kulinarischer Lustbarkeit zu wandeln. Der erste Gang war keineswegs eine *Crème de Pommes d'amour en boîte à la Campbell*, wie man sie den befrackten Akademikern aufgetischt hatte, sondern ein St. Germain, von M. Julliard voller Poesie hergerichtet und mit den vorgeschriebenen Ingredienzien versehen. Miriam wurde allgemein zur Heldin des Tages erklärt, und in so mancher Sprache wurden ihr Trinksprüche entgegengebracht, die skandinavische nicht ausgeschlossen.

Wird man es uns verübeln, wenn wir diese glückliche Schar einen Moment lang allein lassen, um uns Ambrose Gring zuzuwenden? Mit angstverzerrtem Gesicht und derangierter Kleidung saß Ambrose auf dem Rand einer Hartholzpritsche und starrte auf eine nackte Zementwand. Ab und zu beäugte ihn eine argwöhnische Ratte, um sich dann wieder in ihr Loch zurückzuziehen. In dieser Umgebung gab es weder Tulpen noch Rosen, noch Hortensien und Schneeglöckchen. Wenn ein Lufthauch durch die Gitterstäbe zog, hätte Ambrose trotz seines unbeschreiblichen Geizes zehn Francs für das magerste Knospenzweigchen gezahlt. Er war recht unsanft in den Wagen gestoßen und über Kopfsteinpflaster und Schlaglöcher ins Revier transportiert worden, wo er im blendenden Licht einer Lampe endlose Fragen über Hugo Weiss beantworten mußte. Er erzählte alles, was er wußte, und gab sich größte Mühe, noch alles mögliche hinzu zu erfinden, aber die Beamten waren der Meinung, er habe ihnen noch nicht genug erzählt. Noch längst nicht. Der *commissaire* spie Feuer und Galle, Detektive brüllten ihn an, bedrohten und beschwatzten ihn. Was einem auch immer in Polizeirevieren zustößt, wenn sie dem wachsamen Auge der Öffentlichkeit entzogen sind, war Ambrose Gring an diesem Abend zugestoßen, und Ambrose konnte lediglich berichten, er habe Hugo Weiss vor zwei Tagen im Plaza Athénée um ein paar Verkaufstips gebeten und seitdem nicht mehr gesehen. Er erzählte an die hundertmal, daß ein Maler des Namens Hjalmar Jansen, den der Polizeistenograph als Iallemaire Gonso notiert hatte, ihm (Ambrose) mitgeteilt habe, Hugo Weiss und ein gewisser Homer Evans (Jaume Ivan in der Schreibweise des *commissaire*), angeblich ein Nordamerikaner, doch ohne näher bestimmbare Einnahmequellen, ein Taxi bestiegen hätten, das von einem gefährlichen Russen gelenkt wurde, einem Lvov Kvek (selbst der *commissaire* vermochte diesen Namen nicht weiter zu verunstalten), und verschwunden seien.

»Sie sind also sicher, daß dieser Iallemaire ›verschwunden‹ gesagt hat?« hakte der *commissaire* mit schauerlicher Eindringlichkeit nach.

»Nicht verschwunden. Er sagte, sie seien ›fortgefahren‹.«

»Erst so, dann so. Was genau hat dieser... dieser verfluchte Maler gesagt?«

»Er sagte bloß, sie seien in ein Taxi gestiegen«, sagte Ambrose.

»Sperrt diesen Idioten ein«, brüllte der *commissaire*, »und dann bringt mir diesen unaussprechlichen Künstler. Und diesen Jaume Ivan und den Russen Kvek. Und auch Iallemaires *concierge*, falls er überhaupt eine *concierge* hat. Wenn nicht, werden wir uns diesen Greeng Ambrose noch mal vorknöpfen.«

»Sie lassen mich nicht nach Hause gehen?« fragte Ambrose in schierem Entsetzen. »Ich habe doch nichts getan. Ich wollte nur mein Mädel finden, das auf Öl gestoßen ist.«

»Aha. *Crime passionnel.* Ihr Name?«

»Muß ich das sagen?«

»Wenn Ihnen Ihre Knochen lieb sind«, sagte der *commissaire*.

»Ihr Name ist Miriam... Öl... Montana.«

»Aha, spanisch. Schreiben Sie das nieder. Mademoiselle Montana. Treiben Sie sie auf und auch ihre *concierge*.«

»Ja, bitte. Ich muß sie finden. Sie werden sie doch finden, oder?«

»Geduld, *nom de Dieu*. Wir müssen den halben Montparnasse auftreiben, und vermutlich kann keiner mehr als zwei Worte Französisch. – Da Sie keinen Paß haben, können wir Sie dreißig Tage hierbehalten und danach noch mindestens sechs Monate, weil Sie nicht angegeben haben, daß Sie keinen Paß haben. Wenn bis dahin Hugo Weiss nicht tot oder lebendig aufgefunden worden ist, werden Sie guillotiniert oder auch nicht, je nach den Umständen. Ab in die Zelle mit ihm.«

Sie zerrten den halb ohnmächtigen Ambrose hinter eine vergitterte Tür und zogen davon. Unterstützt von zwei Detektiven begab sich dann praktisch die gesamte Belegschaft des Montparnasse-Reviers auf die Suche nach den Zeugen Gonso oder Gonsi, Ivan Jaume, L. Kvek und Mademoiselle Montana. Kaum eine Stunde später hatte Sergeant Frémont, in dessen Personalakte nur Erfreuliches zu lesen stand, eine *concierge* aufgetrieben, die unter ihren Mietern einen Künstler wußte, den sie als gentil, wenn auch äußerst stämmig und gewalttätig beschrieb. Der Maler, sagte sie, habe an diesem Nachmittag irgendeinen Empfang gegeben, an dem ein ungewöhnlich gut gekleideter und offenbar wohlhabender Gentleman teilgenommen habe. Dieser wohlhabende Amerikaner sei in einem Taxi vorgefahren und habe die *concierge* nach der Wohnung des Malers gefragt, sei dann die vier Treppen hochgekeucht und habe nur zweimal kurz innegehalten, um Luft zu schöpfen.

»Gemessen an seinem Körpergewicht war er recht hurtig«, sagte die *concierge*.

»Und ist er später noch mal aufgetaucht?«

»Ungefähr um halb sieben. Vielleicht ein bißchen später«, sagte die *concierge*. Sie beharrte jedoch darauf, daß ihr Mieter nicht Iallemaire oder Gonzo heiße, sondern Johnson, wie viele Nordamerikaner.

Sergeant Frémont winkte zur Begleitung einen Beamten herbei und erklomm das Treppenhaus. Er blieb nur einmal stehen, um Atem zu schöpfen, da er einem durchreisenden Millionär nicht unterlegen zu sein wünschte. Die Ateliertür im vierten Stock war nur angelehnt, und ohne einen Moment zu zögern, trat Sergeant Frémont in der sicheren Erwartung ein, diesen Gonso oder Johnson bei einer strafbaren Handlung zu ertappen. Statt dessen empfing ihn ein riesiger, leerer Raum, an dessen Wänden Bilder gestapelt waren und der ansonsten mit kaum mehr als einem Bett und einem Gasofen ausgestattet war, sah man von einer zerbrochenen Fensterscheibe auf dem Boden und einer leeren Staffelei ab. Aber keine Flaschen oder Gläser, da diese von einem Kellner des Dôme bereits fortgeschafft worden waren. Der Sergeant unterzog das Atelier einer stummen und gründlichen Untersuchung und drehte eines der Gemälde um. Es war zufällig Maggie, weswegen er es rasch wieder an seinen Platz zurückstellte. Der Beamte stand in der Tür und harrte weiterer Anweisungen. Die *concierge*, von unbezähmbarer Neugier gepeinigt, tauchte plötzlich auf.

»Wo treibt sich dieser Gonso rum? Er ist nicht da«, sagte der Sergeant.

»Um diese Zeit ist er nie da. Er wird um vier Uhr morgens wieder auftauchen, wahrscheinlich mit einer neuen Frau, weil sein Mädel nicht da ist«, sagte die *concierge*.

»Heißt sein Mädchen Miss Montana?« fragte der Sergeant mit scharfer Stimme.

»Das weiß der Himmel. Ich habe sie nie gefragt«, sagte die *concierge*. »Hätte ich wohl tun sollen, ich weiß, aber die Mädchen wechseln so rasch ab, daß ich geglaubt habe, daß sie schon wieder auf und davon ist, ehe ich sie dem Revier gemeldet habe. Die ist allerdings dann doch länger als die anderen geblieben. Jedenfalls ist sie keine Schönheit.«

»Wann ist sie fortgegangen und wohin?«

»Sie ist vorgestern weg, abends. Wollte nach Amerika oder England. Machte einen ziemlich unglücklichen Eindruck und versicherte, wieder zurückzukommen.«

»Heute abend kann ich sie nicht mehr auftreiben, soviel steht fest.« Er zog sein Notizbuch hervor und strich Mademoiselle Montana aus. »Und wir können nicht bis zum Morgengrauen auf diesen Scheißmaler warten«, sagte er. »Wo könnte er stecken?«

»In einem der großen Cafés. Wenn er nicht schläft oder malt, säuft er praktisch die ganze Zeit.«

»Wer war heute noch hier?«

»Ein paar andere Maler und Malerinnen, zum Beispiel so 'ne kleine, untersetzte Frau, die wie ein Stuhl aussieht, und eine Französin, die Bäume und Garagen malt. Ich hab ein paar ihrer Bilder gesehen, als ich geholfen habe, die Dinger hochzutragen.«

»Dann sind die Bilder hier nicht unbedingt alle von diesem Gonsohn oder Iallemaire?«

»Die haben alle Gemälde hochgeschleppt«, sagte die *concierge.* »Die Stuhlfrau hat ein paar Austern und Hummer mitgebracht, die einem fast Appetit gemacht haben. Die malt fast nur Lebensmittel, glaube ich. Da hat jeder seine eigenen Motive.«

»Wenn die Bilder signiert sind, habe ich bald alle Namen zusammen«, sagte der Sergeant. »Bonnet, ordnen Sie bitte alle Gemälde der Größe nach und zeigen Sie mir Stück für Stück die Signaturen.«

Der Beamte und die *concierge* machten sich an die Arbeit, und Frémonts Züge verfinsterten sich, als klar wurde, daß alle Bilder mit H. Jansen signiert waren. Die *concierge* blickte erschrocken und schuldbewußt drein.

»Madame«, sagte der Sergeant streng, »vielleicht hätte ich Sie darauf aufmerksam machen sollen, daß wir es hier mit einer Entführung und höchstwahrscheinlich auch mit Mord zu tun haben. Sie haben mich aus unerfindlichen Gründen glauben gemacht, diese Bilder seien das Werk mehrerer merkwürdiger Leute, Bewohnern dieses Viertels, die Sie vom Sehen kennen. Als vorläufiges Untersuchungsergebnis darf ich feststellen, daß dieser Gonso kein einziges gemalt hat, sondern alle von einem H. Jansen stammen.«

»Das könnte Johnson sein. Es ist schwierig, diese ausländischen fremden Namen zu buchstabieren. Und ich habe die reine Wahrheit gesprochen, als ich sagte, daß das französische Mädchen mir Garagen und Bäume gezeigt hat, die sie gemalt hat, und daß die Stuhlfrau angeblich die Hummer und Früchte gemalt hat. Und ich weiß genau, daß mein Mieter, den ich mir nie und nimmer als Mörder vorstellen kann, dieses nackte Mädchen mit den Füßen gemalt hat, weil es das Mädchen ist, das nach Amerika gefahren ist, und ich habe sie hier splitternackt und vor Kälte zitternd liegen gesehen, als Monsieur Johnson oder Jansen an dem Gemälde arbeitete«, sagte die *concierge* mit Nachdruck.

»Sie werden noch Gelegenheit haben, das alles dem *commissaire* zu erzählen«, sagte der Sergeant.

»Meinetwegen erzähle ich's auch dem Präsidenten der Republik. Ich würd es auch auf dem Sterbebett dem Priester erzählen, weil's die Wahrheit ist«, sagte sie.

»Ich bin geneigt, Ihnen zu glauben, obwohl es mich keinen Schritt weiterbringt. Sie sagten, Bilder seien hergebracht worden und diese Nudistin sei Mademoiselle Montana, die sich gegenwärtig in England oder den Vereinigten Staaten aufhält. Sind auch Gemälde weggebracht worden?«

»Nur eines«, sagte die *concierge*.

»Wer hat es mitgenommen und wann?«

»Der wohlgekleidete, vornehme Gentleman hat eines um halb acht mitgenommen, ein Bild von Monsieur Johnson, das genau wie er aussah«, sagte die *concierge*.

»Glück muß der Mensch haben«, sagte der Sergeant. »Hat dieser Gonstein noch andere dieser Bilder gemalt? Nein? Hab ich mir gleich gedacht. Ich muß Sie mitnehmen, damit Sie ihn identifizieren können. Wir machen mal einen Zug durch die Cafés.«

»Wie Sie wollen. Sie werden sehen, daß er in Ordnung ist, wenn man davon absieht, daß er gerne boxt, wenn er betrunken ist, und daß er bei Frauen eine gewisse Lässigkeit an den Tag legt, was bei einem Mann seines Alters und Berufs verzeihlich ist.«

»Er muß uns Hugo Weiss auftreiben, ganz zu schweigen von Kvek und dem amerikanischen Amateur namens Ivan und all den anderen, die heute nachmittag auf dieser Party waren. Auch um uns etwas über diese jämmerliche Gestalt ohne Papiere zu erzählen, die sich Greeng Ambrose nennt. Wenn der kein Gigolo ist, dann bin ich kein Detektiv«, sagte der Sergeant.

»Es gibt jede Menge Gigolos«, sagte die *concierge*, »und zu viele Detektive.«

Frémont wandte sich an den Beamten. »Packen Sie das ganze Zeug (auf die Bilder deutend) in ein Auto und bringen Sie es ins Revier. Und seien Sie vorsichtig, da diese Dinger gut oder sogar wertvoll sein könnten... Ah, jetzt hab' ich's«, sagte er. »Der Amerikaner im Gehrock ist von dieser Meute reingelegt worden. Er kam, um Bilder zu kaufen. Sie haben alle gewußt, daß er kommt. Zweifellos erzielt dieser Gonzo, dessen Komplizin Mademoiselle Montana ist, höhere Preise als das französische Mädchen oder die Stuhlfrau oder die anderen. Darum signiert er all diese Gemälde, und der Amerikaner glaubt einen Gonzo erworben zu haben, zieht aber in Wirklichkeit mit einem Bild ab, das praktisch jeder auf dem Montparnasse gemalt haben könnte. Ich bin überzeugt, daß Mademoiselle Montana, wie auch dieser Ivan und Kvek Kunden ködern, während Gonzos Kumpane wie am Fließband Gemälde produzieren. Was man ›Massenfertigung‹ und ›dynamisches Kundenbeknien‹ zu nennen pflegt.«

»Ich glaube, daß das Monsieur Johnson erklären kann«, sagte die *concierge*.

»Hoffentlich«, sagte der Detektiv.

Sie betraten das Dôme, wo M. Chalgrin neben der Kasse stand und dem Klimpern der Münzen lauschte. Dank Hjalmars Atelierparty hatte das Dôme einen glänzenden Start bezüglich zerbrochener Gläser gehabt, und der Wirt hegte berechtigte Hoffnung, für vierundzwanzig Stunden den Weltrekord zu brechen, den gewöhnlich das Coupole hielt. Chalgrins Definition gemäß, war das Dôme ein alteingesessenes Café, das Coupole hingegen bloß ein schnöder Eindringling.

»Ja, guten Abend, Sergeant«, sagte M. Chalgrin. »Ich habe Sie seit der Aufdeckung der Rosenkranzgeschichte nicht mehr gesehen. Herzlichen Glückwunsch. Jetzt werden wir nichts mehr über den freundlichen Iren hören, der sich auf dem Weg nach Rom befindet.«

»Es gibt Tausende von Iren, leider«, sagte Frémont. »Jetzt fahnde ich nach jemandem namens Gonzo...«

»Nicht Gonzo, Johnson«, sagte die *concierge*. »Sie wissen schon. Der dicke Maler, der immer boxt, wenn er betrunken ist...«

»Ach, Sie meinen Jansen, den Norweger. Warum? Stimmt was nicht mit ihm?« M. Chalgrin fing plötzlich zu keuchen an, griff in seine Tasche, lehnte sich gegen die Bar, da seine Beine nachzugeben drohten.

»Ich bin sicher, daß er kein Betrüger oder Mörder ist«, sagte die *concierge*.

»Ich will ihn, und ich will ihn jetzt. Wo steckt er?« sagte Sergeant Frémont.

Chalgrin stotterte etwas und fing dann an am ganzen Körper zu zittern. Das Stottern wich verzagten Artikulationsversuchen, und das Zittern legte sich, so daß ihm Frémont den Scheck entreißen konnte, den er in der Hand gehalten hatte. Der Sergeant warf einen Blick auf den Scheck, dann war es um seine vorbildliche Beherrschung geschehen.

»Sie haben den Scheck eingelöst? Sie haben diesem Gonzo eine Riesensumme Geldes ausgehändigt?«

»Warum denn nicht? Er ist ein alter Stammkunde, hat sogar mein Portrait gemalt...«

»Höchstwahrscheinlich nicht.«

»Jetzt hören Sie mal, ich saß selbst in seinem Atelier, als er es malte. Jeden Morgen habe ich ihm stundenlang Modell gesessen. Hugo Weiss hat diesen Scheck unterschrieben. Jeder kennt Hugo Weiss. Warum sollte ich ihn nicht einlösen?« fragte M. Chalgrin.

»Da könnte ich Ihnen ein Dutzend Gründe nennen, aber dazu habe ich jetzt keine Zeit. Um wieviel Uhr haben Sie diese Dummheit begangen?«

»Ungefähr um Viertel vor acht.«

Frémont stöhnte. »Gütiger Himmel. Er ist uns dreieinhalb Stunden voraus. Er kann schon in Belgien sein oder Luxemburg oder auf dem Kanal, um sich mit Mademoiselle Montana zusammenzutun... Hundertfünfundzwanzigtausend Francs...«

»Aber der Scheck. Was ist denn mit dem Scheck nicht in Ordnung?«

»Hugo Weiss ist verschwunden, hat sich in Luft aufgelöst. Weit und breit keine Spur von ihm.«

»Macht das den Scheck ungültig?«

»Den Scheck nehme ich«, sagte der Sergeant. »Zeigen Sie mir jetzt diesen Gonzo.«

»Auf der *terrasse* ist er nicht. Seit ich ihm das Geld gegeben habe, habe ich ihn nicht mehr gesehen. Von hier aus hat er sich zum Coupole aufgemacht.«

»Warum haben Sie das nicht gleich gesagt? Wir haben kostbare Zeit verschwendet«, sagte der Sergeant mißgelaunt und hastete zum Coupole, die *concierge* in seinem Gefolge. Dort stand M. Delbos auf dem Trottoir und blickte besorgt in Richtung Dôme. Er hatte gehört, daß der Rekord in zerbrochenen Gläsern auf dem Spiel stand, und war äußerst beunruhigt.

»Monsieur Delbos«, sagte der Sergeant, »befindet sich unter Ihren Gästen ein Maler, ein Schwede namens Gonso?«

»Nicht Gonso, Johnson«, sagte die *concierge.*

»Meinen Sie Jansen, Hjalmar Jansen?«

»Vielleicht. Er hört auch auf den Namen Iallemaire. Führen Sie mich augenblicklich zu ihm.«

»Stimmt was mit Monsieur Jansen nicht?« fragte M. Delbos, und seine Ängste, den Glasbruchrekord betreffend, waren wie fortgeblasen. Er fing zu jammern an und fuhr sich in den Kragen.

»Eigentlich nicht. Sehen Sie sich das mal an«, sagte der Detektiv und gab ihm Weiss' Scheck über 2.500 Dollar.

»Wo haben Sie den her? Wie konnte ich nur so unachtsam

sein?« fragte Delbos und griff rasch in seine Tasche. Zu seiner Verblüffung und zu seinem Schrecken fand er seinen Scheck noch vor. Er zog ihn heraus, schwenkte ihn durch die Luft, und der Sergeant umklammerte sein Handgelenk.

»Soll das heißen, daß es gleich zwei von diesen Dingern gibt?« Er entriß ihm beide Schecks und verglich sie. »Identisch oder eine gekonnte Fälschung«, sagte er. »Wir dürfen keine Minute verlieren. Führen Sie mich zu diesem Gonzo.«

»Er ist fort. Er ging um Viertel vor acht«, sagte Delbos. »Sergeant! Was soll ich machen? Den Scheck, den ich da eingelöst habe, hat der Multimillionär Hugo Weiss unterschrieben. Monsieur Jansen ist ein guter Kunde, außerdem hatte er eine ziemliche Latte anschreiben lassen.«

Sergeant Frémont war sichtlich verärgert. »Monsieur Delbos, ich glaube, ich sollte Ihnen mitteilen, daß wir es mit Entführung und vermutlich auch Mord zu tun haben. Dieser Monsieur Gonzo ist verteufelt schlau, aber er konnte unmöglich gleichzeitig an zwei Orten sein. Ihr Nachbar im Dôme, Monsieur Chalgrin, hat ausgesagt, daß er den 2.500-Dollar-Scheck um Viertel vor acht eingelöst und diesem Gonzo das Geld ausgehändigt hat, und daß sie sechs Gläser Calvados zusammen getrunken haben. Jetzt erzählen Sie mir, daß dieser Gonzo um Viertel vor acht *hier* war. So schnell kann niemand sechs Gläser Calvados kippen.«

»Da kennen Sie Monsieur Johnson aber schlecht«, sagte die *concierge*.

Delbos war derart entsetzt, daß er weder sprechen noch denken konnte. »Ist der Scheck gültig oder nicht?«

»Unsere Experten werden feststellen, ob er gefälscht ist, und unsere Rechtsberater werden sich mit den Präzedenzfällen befassen. Ich muß den Scheck an mich nehmen... Bonnet!« sagte er. »Gehen Sie zur Rotonde und zum Select und sammeln Sie alle 2.500-Dollar-Schecks ein, die Hugo Weiss' Unterschrift tragen.«

Der Beamte salutierte und überquerte die verkehrsreiche Straße.

»Wer sind die Freunde dieses Gonzo? Kennen Sie Mademoiselle Montana oder einen Amerikaner Ivan oder einen angeblichen Taxifahrer namens Lvov Kvek?«

»Kvek kenne ich. Er ist ein ehemaliger Oberst der ehemals zaristischen Armee und fährt ein Citroën-Taxi. Was Mademoiselle Montana betrifft, sie hat rote Haare, ist ziemlich schlank...«

»Das ist sie. Wissen Sie, wo sie ist?«

»Heute abend war sie nicht mit Jansen zusammen. Seltsam. Gewöhnlich hält sie sich in seiner Nähe auf, um ihn vor Scherereien zu bewahren.«

»Welchen Umgang pflegt Gonzo?«

»Allen möglichen«, sagte Delbos. »Aber sein Freund Mr. Evans ist ein feiner Kerl.«

»Das muß Ivan sein. Wo ist er?«

»Ich habe ihn heute abend noch nicht gesehen. Seltsam.«

»Was ist seltsam? Sie haben gründlich abgesahnt und sind ebenso gründlich abgehauen. Sie und Monsieur Chalgrin haben ihnen das nötige Geld verschafft...«

»Sagen Sie das nicht!« sagte M. Delbos.

»Nicht nur Entführung und Mord, sondern auch ein ausgekochter Schwindel mit der Herstellung und dem Verkauf moderner Kunst. In Gonzos Atelier habe ich stapelweise Gemälde vorgefunden, die er nicht gemalt, aber alle signiert hat. Der amerikanische Multimillionär Hugo Weiss wurde zuletzt gesehen, als er von Gonzo kam und in einem von dem Komplizen Kvek gelenkten Taxi davonfuhr. Mademoiselle Montana ist schon zwei Tage früher geflohen. Andere Mitglieder der Bande... Übrigens, hat einer Ihrer Kellner auf der Atelierparty heute nachmittag bedient?«

»Ich glaube, das war ein Kellner vom Dôme«, sagte die *concierge*.

»Warum haben Sie das nicht gleich gesagt?« sagte Frémont und eilte zum Dôme zurück.

Teppichhändler und Sandwichmänner mischten sich unter die fröhliche Menge auf den Trottoirs, die Laternen verströmten gelbgrünes Licht durch das Laub der Bäume, und überall durchkämmten *agents de police*, alleine, paar- oder gruppenweise, zu Fuß, auf Fahrrädern und in Autos die Gegend nach Gonzo, Ivan, Kvek und Mademoiselle Montana. Und Ambrose Gring lehnte geschwächt an den Gitterstäben, die Augen auf die Tür geheftet, stets hoffend, den Klang einer vertrauten Stimme zu vernehmen und murmelte: »Miriam. Erdöl.« Alle fünfzehn bis zwanzig Minuten näherte sich ein Aufsichtsbeamter seiner Zelle, nur um ihn finster anzublicken.

»Ihr Ammenmärchen hat Ihren Komplizen Gelegenheit zur Flucht verschafft. Kein einziger ist mehr auf dem Montparnasse«, brüllte der *commissaire*.

»Heißt das, daß sie fort ist? Ist das Mädchen verschwunden?«

»Ihr lieber Schatz ist vorgestern nach Amerika abgefahren«, sagte der *commissaire*.

»Das ist unmöglich. Ich habe noch heute abend mit ihr gesprochen«, schluchzte Ambrose. »Evans hat sie geraubt. Evans ist an allem schuld. Können Sie nichts unternehmen? Können Sie ihm nicht das Handwerk legen, ehe es zu spät ist? Das Mädchen gehört mir.«

»Wenn ein Multimillionär entführt oder ermordet worden ist, haben wir Besseres zu tun, als uns um irgendein Künstlerflittchen zu kümmern. Ich sage Ihnen, Ihr Herzblatt hat das Land vorgestern verlassen, und alle, die Sie erwähnt haben, sind seit acht Uhr heute abend nicht mehr gesehen worden. Ein Glück, daß wir wenigstens Sie geschnappt haben, sonst könnten wir dem amerikanischen Botschafter überhaupt nichts vorweisen.«

»Ich will keinem Botschafter vorgewiesen werden«, sagte

Gring, der so blaß und abgehärmt aussah wie noch nie. »Ich will Miriam... Ich will ihren Vater warnen...«

»Wie bitte?«

»Die Leute sind hinter dem Öl her. Das Proletariat...« stammelte Gring in einem kläglichen Versuch, die Lage zu schildern.

»Werter Herr, wir sind nicht von gestern«, sagte der *commissaire.* »Falls Sie glauben, der Guillotine entrinnen zu können, indem Sie den Geistesgestörten spielen, muß ich Sie enttäuschen. Es nutzt nichts, uns was über Flittchen oder Öl vorzubrabbeln, ganz zu schweigen vom Proletariat. Ich kann Sie noch mal zusätzlich sechs Monate da behalten, nur weil Sie das Wort Proletariat in den Mund genommen haben. Ich nehme an, daß Sie das wissen.«

Vor Verzweiflung warf sich Gring auf die harte Holzpritsche und fing an zu heulen.

Frémont machte auf dem Montparnasse Fortschritte, zumindest glaubte er das. Er hatte den Kellner ausfindig gemacht, der die Flaschen und Gläser zu und von Hjalmars Atelier getragen hatte, und von ihm erfuhr er die Namen Rosa Stier, Gwendolyn Poularde und Snorre, einem Schweden oder so was ähnliches, dem zwei Schneidezähne fehlten. Frémonts Ermittlungen ergaben jedoch lediglich, daß auch der Rest von Snorre fehlte und ebensowenig aufzutreiben war wie Mme Stier, Mlle Poularde und ein Exzentriker namens Simon, ein religiöser Fanatiker, der seine Zeit damit zubrachte, das Evangelium in Holzplatten zu schnitzen.

Der Sergeant ließ eine gewaltige Mannschaft zurück, die nach den vermißten Personen Ausschau halten sollte und begab sich wieder zum Revier, wo er sich noch mal Gring vornehmen wollte, den er in einem Zustand völliger Auflösung vorfand.

»Seien Sie vorsichtig«, sagte der *commissaire.* »Er ist alles, was wir dem Botschafter und übrigens auch dem Präfekten vorweisen können. Dem Präfekten ist es ziemlich egal, aber der Botschafter wäre entsetzt, wenn unsere Verdachtsperson in schlechter Verfassung ist. Ich hätte daran denken sollen, ehe ich soviel über die Guillotine redete. Die bloße Erwähnung der Guillotine hat den Ärmsten richtig fertiggemacht.«

»Es ist nicht gerade ein harter Mann«, sagte der Sergeant.

Die Gemälde waren in der Zelle neben Gring untergebracht, und *agent* Schlumberger, ein etwas wunderlicher Elsässer, der keine schönere Beschäftigung wußte, als Landschaften und Kirchen zu malen, ging sie alle einzeln durch.

»Nanu, an diesem hier ist erst kürzlich etwas geändert worden«, sagte der *agent.* Er schaltete das blendend weiße Licht an, das gewöhnlich nur als Hilfsmaßnahme bei Vernehmungen benutzt wurde, hielt ein Stilleben mit Austern und Hummern hoch und sagte: »Sehen Sie mal her, Sergeant. Unter dem H. Jansen ist noch eine andere Signatur. Ich glaube, wir sind einer Schmugglerbande auf der Spur. Aller Wahrscheinlichkeit nach handelt es sich um alte Meister, die übermalt worden sind, damit sie wertlos erscheinen. Das ist schon vorgekommen, wissen Sie. Ein Dutzend italienischer Renaissancemeister gelangte vorigen Monat durch den New Yorker Zoll, nur weil auf alle Originale ein Garibaldi-Portrait gepinselt worden war.«

»Ich werde sie allesamt dem Louvre zur Begutachtung übersenden«, sagte der Sergeant. »Ich werde der Sache auf den Grund gehen, und wenn es den Rest meiner Tage aufzehrt.«

Das Telefon läutete, und nach beendigtem Gespräch sagte der *commissaire*: »Der Justizminister mischt jetzt mit. Er läßt die Seine nach dem vermißten Taxi durchkämmen.«

»Sagen Sie ihm bitte, daß in dem Taxi ein Gemälde von Gonzo ist. Die Greifhaken könnten es verhunzen, und wenn sich dann rausstellt, daß es so was wie die Mona Lisa war, kriegt das Department eins aufs Dach. Bei Kunstwerken reagiert die Öffentlichkeit empfindlich. Den Mann auf der Straße kümmert es wenig, was Menschen zustößt, sofern es sich nicht um Verwandte oder Nutzbringer handelt. Aber wenn etwas mit einem Kunstwerk passiert, ist die ganze Welt in Aufruhr.«

Wieder läutete das Telefon. »Jedes Taxi in Paris ist überprüft worden, und nur eines, der Citroën von Kvek, wird vermißt«, sagte der *commissaire*.

»Sind alle Bahnhöfe überwacht worden?«

»Selbstverständlich, und alle Straßenbahnen, Busse und Flugzeuge. Wie ein Dutzend Verdächtiger entkommen konnte, als gäbe es in ganz Paris keinen einzigen Polizisten, ist mir schleierhaft«, sagte der *commissaire*. »Wir haben mit einem internationalen Skandal zu rechnen.«

»Zuerst dachte ich, unsere Namensliste sei ein Hirngespinst dieses Greeng, aber offensichtlich existieren diese Leute oder existierten bis heute abend um acht.«

»Ich mache Sie für ihre Auffindung verantwortlich«, sagte der *commissaire*. »Der Präfekt wird mir eins auf den Deckel geben, und das Justizministerium wird ihn an die Kandare nehmen. Der amerikanische Botschafter wird dem Außenministerium einheizen, und die Regierung der Vereinigten Staaten wird sich an den Botschafter halten.«

»Ich werde sie finden«, sagte Frémont und begab sich wieder zum Montparnasse.

8. Kapitel

KEINE GRÜNE AU

Im Keller des Hôtel du Caveau in der Rue de la Huchette wurde gerade Gänsebraten aufgetragen. Die Künstler und ihre Freunde, die kaum ahnten, was auf den Straßen und Botschaften, in den Amtsstuben, Konsulatskanzleien, *préfectures* und den Cafés auf Montparnasse vor sich ging, hatten herzhaft den Vorspeisen und Weinen zugesprochen, die denen im *Interalliée* in nichts nachstanden. M. Julliard, der Besitzer, hatte vom nahegelegenen Tanzlokal einen Geiger und einen Dudelsackpfeifer engagiert, wodurch er nicht nur Musik herbeigezaubert hatte, sondern auch zwei Kavaliere für Rosa Stier und Gwendolyn Poularde. Letztere hielt in ihren wohlgeformten Händen ein Buch, das den Titel ›*Les attributions des huiles diverses*‹ trug, doch ihre Besorgnis wegen der Ausstellung in Chicago schwand allmählich dahin.

Hjalmar, der die Tausend- und Fünftausendfrancscheine, die aus seinen Taschen quollen, gelegentlich aus Versehen als Serviette oder Taschentuch benutzte, saß frohgemut am Kopf des Tisches, Miriam zu seiner Rechten und Cirage zu seiner Linken.

»Skol«, rief er hin und wieder.

Auch Homer Evans zeigte sich vergnügt, wenn auch auf weniger ungestüme Weise. Weder brüllte er rum noch öffnete er Flaschen mit den Zähnen, um dann gleich aus ihnen zu trinken, noch rezitierte er Barbara Frietchie auf schwedisch, auch sprang er nicht auf den Revolutionstisch, wenn er Barbara darstellte und wieder runter, um ihr als Stonewall

Jackson zu antworten. Außerdem kippte er keinen Rotwein in Pfeifen, unterließ es, Fragmente aus dem 23. Psalm in die Holzverschalung des Pianos zu schnitzen. Er war von kontemplativer Wesensart, und während der wenigen ruhigen Momente dachte er über Miriam beziehungsweise Problem ›c‹ nach. Als seine Augen in der rauchigen Luft zu tränen anfingen, schlug er vor, ein wenig frische Luft zu schnappen. Oben las M. Julliard mittlerweile die druckfrischen Frühausgaben der Zeitungen.

»Gibt's was Neues?« fragte Evans im Vorbeigehen.

»Nicht viel«, antwortete der Savoyarde. »Irgend so ein Amerikaner ist verschwunden.«

»Die sollten die Alpen meiden«, sagte Evans auf dem Weg zur Tür. Die Sonne ging grün und golden hinter den Türmen von Notre Dame auf.

»Wie schön! Wie unglaublich schön«, sagte Miriam. »Lassen Sie uns zum Ende der Straße gehen, um dann auf dem Rückweg der Kathedrale und der Sonne entgegenzuspazieren. Mir ist es, als hätte ich noch nie zuvor Kathedralen oder die Sonne gesehen.«

Evans hob an, eine Warnung auszusprechen, besann sich aber dann und nahm sie wieder bei der Hand. ›Was soll's?‹ sagte er sich. ›Warum soll ich ihr die Freude verderben? Schließlich habe ich ihre Karriere auf dem Gewissen... ‹

Ein Schrei unterbrach seine Gedanken. Miriam und er gingen Arm in Arm an dem Kommissariat vorbei, in dem Ambrose Grings Zelle zur Straße hin lag. So gelang dem gepeinigten Insassen ein kurzer Blick auf seine Ölprinzessin und den gefürchteten Rivalen.

»Was war das?« fragte Miriam erschrocken.

»Nur ein Betrunkener«, sagte Homer beruhigend. »Die Pariser Polizisten gehen verständnisvoll und sanft mit Betrunkenen um, aber natürlich kommt es vor, daß ein Betrunkener mal aufschreit.«

An Grings vergitterter Zellentür spielte sich eine dramatische Szene ab. Der Beamte, der zu Ambroses Bewachung abgestellt war, verstand kein Englisch, und Ambrose war derart erregt, daß er vergaß, Französisch zu sprechen. Er zeterte und kreischte, raufte sich die Haare, knüllte seine Kleidung, knirschte mit den Zähnen und entfaltete noch weitere Symptome emotionaler Labilität, und durch die schmutzigen Beamtenfinger, die Grings Mund zuhielten, drangen Laute, die sich mit den Lachkrämpfen zweier, gerade ins Fangnetz der Polizei geratener Männer vermischten, Jackson, der Reporter vom ›Herald‹, sowie ein junger Franzose mit einem Cowboyhut.

»Da läuft er! Das ist der Mann, den Sie suchen! Er hat Miriam geraubt. Er hat sich mit dem Proletariat verbündet. Er ist hinter dem Öl her... dem Petroleum... den Bohrlöchern...«

Der kurzzeitig eingedöste *commissaire* wurde durch diesen Tumult aufgeweckt und eilte fluchend herbei und verlangte von dem wachhabenden Beamten derart barsch Auskunft, daß dieser augenblicklich verstummte.

»Was brüllt denn dieser Scheißkerl so rum?« fragte der *commissaire* Jackson, der im Revier sofort beliebt war, weil er einigermaßen Französisch konnte.

»Er glaubt, daß ihm jemand sein Mädel weggenommen hat, und daß das Mädchen und der fragliche Mann gerade vorbeigegangen sind«, sagte Jackson. »Dann ist da noch von einem Ölfeld die Rede, aber was das soll, habe ich nicht verstanden.«

»Simulierter Schwachsinn«, sagte der *commissaire* und seufzte. »Ich habe ihm gesagt, daß das keinen Zweck hat, aber er gibt nicht auf. Früher oder später wird es ihm zu blöd werden, und wenn der Botschafter auftaucht, wird er uns brutaler Behandlung bezichtigen.«

»Der Botschafter wird mich identifizieren und dafür sorgen, daß Sie mich freilassen«, sagte Jackson.

»Wie kann ich Sie freilassen? Sie sind der einzige in dem

Haufen hier, der Amerikanisch und auch Französisch kann. Seien Sie vernünftig. Bringen Sie doch nicht ausgerechnet in dem Moment eine Beschwerde gegen Ihre Gefangennahme ein, wo ich Sie brauche. Sie dürfen sich jede Menge Essen und Tabak in die Zelle bestellen. Ich versorge Sie auch mit Mädchen, Büchern und Illustrierten.«

»Nun ja, so gesehen, darf ich Sie wohl nicht im Stich lassen«, sagte Jackson. »Genau betrachtet, gefällt es mir hier allmählich.«

»Das ist reizend«, sagte der *commissaire*. »Leider wissen nur wenige Leute zu würdigen, was wir für sie tun.« Er wandte sich dem Beamten zu, der noch immer seine Hand auf Grings Mund und Nase gepreßt hielt, ungeachtet des Umstands, daß der unglückselige Ambrose bereits so gut wie ohnmächtig war. »Schlumberger«, bellte er. »Ich werde jetzt wieder versuchen, ein Nickerchen zu machen, und ich erwarte, daß Sie jedes unnötige Geräusch im Keim ersticken.« Und schon war der *commissaire* hinter seinem Pult verschwunden, tief schlafend die Ellbogen auf die Tischplatte und den Kopf in die Handflächen gestützt. Wenige Sekunden später stieß Jackson eine Folge markerschütternder Schreie aus.

»Evans! Homer! Hör doch, alter Knabe. Ich bin im Knast. Ich sitze bis zum Kragen in der Tinte. Ich bin eingelocht, nur weil ich Amerikanisch und auch Französisch spreche.«

Jackson war der irrigen Meinung, daß seine Rufe unverfälscht nach außen drangen, da er Evans Arm in Arm mit einem strahlenden Mädchen kaum vier Fuß vor dem offenen Eingang des Kommissariats gesehen hatte. Doch nur ein langgezogenes ›Ehhhhh‹ drang zur Straße, der Rest erstickte in Schlumbergers sehniger Hand. Diesmal wollte der Beamte den *commissaire* unter keinen Umständen gestört wissen. Er griff nach einem nahegelegenen Knüppel, und mit genau der Schlagkraft, die vonnöten war, seinen Kunden zu betäuben, ohne ihm die Schädeldecke zu zertrümmern, senkte er ihn auf Jackson, der, wie er meinte, in einen langen Tunnel eintauchte. Als Jackson jedoch wieder sein Bewußtsein erlangte, weckte er den *commissaire*, um ihm mitzuteilen, daß Evans oder der Amerikaner Ivan, der Mann, den ganz Paris fieberhaft suchte, gerade direkt am Eingang vorbeigegangen war. Zwei Minuten später wimmelte das Quartier von Polizisten zu Fuß, auf Fahrrädern, Motorrädern mit und ohne Beiwagen, auf Pferden, in Autos mit und ohne Sirenen und sogar in Lastwagen. Wären Evans und Miriam nicht zufällig in die nahe und dämmerige Kirche St. Séverin getreten, um dieses vollendeste Beispiel gotischer Architektur in Paris zu bewundern, wären sie mit Sicherheit festgenommen worden. Sie entgingen der Aufmerksamkeit der Polizeibeamten, die ohnehin damit beschäftigt waren, in den Keller des Hôtel du Caveau zu dringen, wo sie eine bedenkliche Versammlung mehrerer Männer und Frauen antrafen, die bis zu den Knien in leeren Flaschen standen, allesamt ohne jegliche Papiere waren und sich außerstande sahen, eine schlüssige Erklärung ihrer Anwesenheit oder nationalen Zugehörigkeit zu liefern. Einer schien der Rädelsführer zu sein. Volltrunken wie er war, schleuderte er erst mal ein paar Polizisten durch die Luft, ehe er merkte, daß die Herren Uniformen trugen. Aus seinen Taschen quollen Tausendfrancscheine, die die Beamten für Blüten hielten. Eine Pause entstand, da die Beamten das Hôtel du Caveau vom Keller bis zum Dach nach der Falschmünzerwerkstatt durchfilzten. Dann wurden Hjalmar, Rosa und der Dudelsackpfeifer, Harold Simon und Cirage, Snorre Sturlusson und die schwedische Schauspielerin (die nichts weiter anhatte als Schuhe, Handschuhe und einen violetten Schlüpfer), Gwendolyn und ein ihr zugetaner Geiger sowie der protestierende M. Julliard in einen Polizeiwagen gepackt und geradewegs zur *préfecture* transportiert, wo sie das Vergnügen hatten, den entkräfteten Ambrose Gring zu treffen, ferner einen jungen Franzosen mit einem arg zugerichteten Cowboyhut und Jackson, dem das alles großes Vergnügen zu bereiten schien. Die Phalanx der Verdächtigen und Zeugen überstieg das Fassungsvermögen des *commissariats*, weswegen sie in der geräumigeren *préfecture* untergebracht wurde.

Schließlich schlenderten Evans und Miriam wieder zur Rue de la Huchette zurück, gingen ins Hôtel du Caveau und glaubten, M. Julliard sei, da er nicht hinter seinem poliertem Empfangstresen stand, im Keller anzutreffen. Sie stiegen die Wendeltreppe hinunter, suchten sich ihren Weg durch enge Flure und steinerne Gewölbe bis hin zu jenem Gekämmer, in dem Robespierre einige seiner übelsten Fehler begangen hatte.

»Sehr seltsam«, sagte Evans. Der Raum war leer, sah man von ein paar Hundert Flaschen, einem erschlafften Dudelsack, einer zertrümmerten Geige und einem Klavier ab, in das die Worte geschnitzt waren: »Der Herr ist mein Hirte, ich will keine grüne Au.«

Sie gingen wieder die Treppe hoch, stärkten sich an der Bar mit einem Brandy und fingen an, die Frühausgaben der Zeitungen zu lesen. Miriam überflog die Schlagzeilen und Artikel und schmiegte sich dann an Evans' Arm. Plötzlich wurde Evans etwas klar. Hugo Weiss war verschwunden, so unglaublich das auch klang. Alle Zeitungen berichteten das, wie sie auch einmütig vermeldeten, daß ein russischer Taxifahrer samt seinem Citroën ebenfalls verschwunden war. Zuerst wollte Homer gleich zurück zum Montparnasse eilen, Hjalmar warnen und dann alles der Polizei erklären. Aber was eigentlich erklären? Daß Weiss reingelegt und hintergangen worden war, daß Gemälde umgemodelt und unter Vorspiegelung falscher Tatsachen zu Irrsinnspreisen verkauft worden waren, daß eine Gruppe bekannter Künstler bei einem Betrug mitgemacht und falsches Zeugnis abgelegt hatte? Es würde auch nicht ganz einfach zu erklären sein, warum zwei identische Schecks ausgestellt und warum zwei prominente Kaffeehausbesitzer überredet wurden, sie auf der

Stelle einzulösen, aber das wäre noch wesentlich leichter zu erklären, als der Umstand, daß sämtliche Beteiligten, mit Ausnahme der Vermißten, sich unverzüglich in einem Gewölbe unterhalb der Seine verbargen. Homers geistige Fähigkeiten erlaubten es ihm, die Lage hinsichtlich seiner selbst und seiner Kumpane zu erfassen. Montparnasse war auf den Kopf gestellt worden, um alle fraglichen Personen aufzuspüren, das Fangnetz war über ganz Paris und seine Vororte geworfen worden, und schließlich hatte man Hjalmar, Rosa, Gwendolyn, Snorre Sturlusson und Harold Simon in den Fleischtöpfen gefunden, die dem alten Ägypten in seinen fröhlichsten Tagen alle Ehre gemacht hätten. Da der Keller keinerlei Blutspuren aufwies, meinte Evans, daß Hjalmar friedlich abgezogen war. Zweifellos war der gute M. Julliard mitgegangen, um ihre Freilassung zu erwirken, oder lastete auch auf M. Julliard ein Verdacht? Natürlich. Er hatte das Versteck zur Verfügung gestellt. Bei näherem Hinsehen bemerkte Evans, daß auch der Barraum in derber Weise durchsucht worden war.

»Wir müssen irgendwohin, wo ich ungestört nachdenken kann«, sagte Evans. »Ich habe Hugo Weiss einen üblen Streich gespielt und einige meiner Freunde in eine Gaunerei reingezogen. Aber hinter seinem Verschwinden steckt mehr, als wir wissen. Das Mindeste, was ich tun kann, ist Weiss und Lvov finden, aber wenn mich die Polizei festhält, kann ich nichts machen.«

Er blickte die enge Rue de la Huchette hinunter und hatte plötzlich eine Idee. Das Café des Hirondelles war um die Ecke, der Treffpunkt der arabischen Teppichhändler, wo Marokkaner und Mauren die Tagesstunden verdösten, ihre Feze und Beduinenmäntel an Haken hingen und sich überhaupt wie dienstfreie Straßenhändler benahmen.

»Kommen Sie«, sagte er zu Miriam. Sie gingen Arm in Arm zur Ecke der Rue des Deux Ponts, überquerten die Straße und waren augenblicklich in einen dunklen Eingang getaucht, der sie zur Rezeption des Hôtel des Hirondelles führte. Dort kamen Evans' Kenntnisse Marokkos und der Marokkaner ihm trefflich zustatten.

»Salam alaikum«, begrüßte er den Besitzer.

»Alaikum salam«, erwiderte Ben Sidi. »Was steht Mr. Evans zu Diensten? Eins meiner unwürdigen Zimmer?« Und höflich reichte er ihm einen Schlüssel.

Evans errötete, und Miriam kicherte.

»Ich mag diesen Mann zwar«, sagte sie. »Aber wir müssen arbeiten.«

»Ihre Gastfreundschaft ehrt mich«, sagte Evans zu Ben Sidi, »aber ich habe hier einen wichtigen Auftrag zu erledigen.«

»Das gefällt mir«, sagte Miriam entrüstet. »Ich will ja nicht drängeln, aber was wirklich wichtig ist...«

»Friede, Frau«, sagte Evans, arabischem Sprachgebrauch verfallend. Und dann wandte er sich wieder Ben Sidi zu: »Ich muß sofort Ban Abou sprechen. Ist er da?«

»Ich werde ihn rufen«, sagte Ben Sidi und zog sich würdevoll zurück.

9. Kapitel

EIN BLICK AUF EINEN KERZENLICHT-GRECO

Der Reviermediziner Dr. Hyacinthe Toudoux und Sergeant Frémont hatten in der *préfecture* eine häßliche Auseinandersetzung, und beide waren zuvor vom Präfekten gründlich beschimpft worden.

»Wenn Julliard, der Eigentümer des Verstecks, sich wahrheitsgemäß über das Ausmaß des Alkoholkonsums geäußert hat, wird man den Rädelsführer Gonzo, alias Johnson oder Jansen, bis zum Abend nicht aufwecken können, so zwischen acht Uhr und Mitternacht«, beharrte der Doktor.

»Das sollte selbst meiner Mordkommission genügend Zeit lassen, den Amerikaner Evans oder Ivan und sein Mädchen zu finden«, sagte Frémont verächtlich.

Die Experten des Louvre hatten die neunundvierzig verdächtigen Gemälde erhalten. Nachdem die Werke durchnumeriert und tabellarisch verzeichnet worden waren, kamen sie wahrscheinlich in die Labors, wo nach etwa zwei Wochen ein vorläufiges Gutachten erstellt werden würde. Es gab also im Moment nichts zu tun auf der *préfecture*, und wenn etwas auf Frémonts Nerven ging, dann waren es erzwungene Pausen während wichtiger Fälle. Diese Pause jedoch wurde durch das höchstpersönliche Erscheinen des Präfekten jäh unterbrochen, der ein Paar Daumenschrauben mit sich führte, die er vom Carnavalet Museum ausgeliehen hatte, und einen Eimer Eiswasser aus einer nahegelegenen Bar.

»Der Botschafter ist auf dem Weg hierher«, schnarrte der

Präfekt. »Ich werde diesen Mann um jeden Preis aufwecken.«

»Das ändert nichts an meiner Diagnose. Gonzo wird sich nicht rühren«, sagte der Doktor.

Der Doktor sollte recht behalten. Hjalmar blinzelte nicht einmal, als das Eiswasser über ihm ausgegossen wurde, noch gab er Lebenszeichen von sich, als man ihn an den Ohren hochzog und seinen Kopf auf die Bodenfliesen fallen ließ. Dafür fing Gring in einer Nachbarzelle an zu jammern und quieken, und der ungewaschene, unrasierte, an den Gittern klammernde Ambrose bot keinen hübschen Anblick.

»Raus mit ihm«, brüllte der Präfekt. »Dem Gesandten einer befreundeten Nation ist derlei nicht zuzumuten.«

Gring protestierte, aber wurde ohne viel Federlesens rausgeworfen. Einen Moment später ertönte vom Ende des Flurs eine freundliche Stimme: »Spricht hier irgend jemand englisch?«

Jackson und Frémont bejahten.

»Nanu, Jackson, *hello*«, sagte der Botschafter. Er war ein stattlicher, kräftiger Mann mit Walroßschnurrbart, und er lächelte, während er den Zellen entgegenschlenderte.

Jackson erklärte kurz, was ihm widerfahren war. Vom *Cercle Interalliée* hatte er sich auf den Weg gemacht, um Hugo Weiss aufzutreiben. Evans, den er gerne zu Rate gezogen hätte, war nicht zu Hause gewesen. Auch im Dôme hatte er ihn nicht angetroffen, wo sich eine Meute Zivilbeamter Jacksons zu bemächtigen suchte. Der Reporter entkam, indem er mehrere Siphons in die Luft warf und im Schutz der darauf folgenden Explosionen den Rückzug antrat, nur um im Plaza Athénée verhaftet zu werden. Unter all den Verdächtigen mangelte es Jackson am ärgsten an Papieren. Er hatte keinen Ausweis, keine Aufenthaltsgenehmigung, und sein amerikanischer Paß, der durch ein versehentliches Bad in französischem Brandy leicht verunstaltet war, befand sich in der Tasche eines Anzugs, der seit sechs Wochen in der Reinigung hing.

»Soll Sie wohl hier rauspauken. Ach, diese Jugend«, sagte der Botschafter.

»Meinetwegen bleibe ich noch eine Zeitlang«, sagte der Reporter. »Aber legen Sie doch bitte ein gutes Wort für den jungen Franzosen ein. Er ist nur eingelocht, weil wir bei dem Aufruhr im Dôme unsere Hüte vertauscht haben. Übrigens, das Dôme hat einen neuen Glasbruchrekord aufgestellt. Hat das Coupole mit vierzehn Kilo Glas und Geschirr überrundet.«

»Was Sie nicht sagen!?« bemerkte der Botschafter. »Nun, bleiben Sie noch ein Weilchen, wenn Sie möchten. Aber kommen Sie wenigstens aus dieser Zelle raus und übersetzen Sie für mich. Ich muß dem Präfekten meine Aufwartung machen und erfahren, was sie in Sachen Hugo Weiss unternommen haben. Vermutlich ist er nur auf einer Sauftour. Ich bin mal mit ihm auf der *Dresden* über den Atlantik gekreuzt, und nachdem wir das ganze Bier der Luxus- und Touristenklasse geschluckt und bereits die dritte Klasse in Angriff genommen hatten, kam die Freiheitsstatue in Sicht, und ich mußte einer Schar Photographen vor die Linse treten.«

»Die Tür ist zugesperrt«, sagte Jackson.

Der Botschafter wandte sich an den Präfekten. *»La porte, s'il vous plaît«*, dröhnte er, und bereitwillig öffnete der Präfekt die Zellentür.

»Ich muß mich für den Zustand meiner Verdachtspersonen und Zeugen entschuldigen. Sie haben die ganze Nacht, ehe wir ihrer habhaft wurden, getafelt und getrunken...«

»Weiß schon, wie das ist«, sagte der Botschafter.

»Er sagte«, hob Jackson vorsichtig an, »daß er versteht, wie sie sich fühlen.«

Der Botschafter ging nun vor den Zellen auf und ab. Er nickte M. Julliard zu, der verbindlich lächelte; lachte herzhaft, als er Hjalmar sah; hob verständnisvoll die Augenbrauen beim Anblick von Rosa Stier und dem Dudelsackpfeifer; stöhnte bei Gwendolyn und dem Geiger auf; keuchte bei Simon und Cirage, welch ersterer unter die Decke letzterer gekrochen war, wobei er letztere zu einem guten Stück freigelegt hatte. Die schwedische Schauspielerin hatte seiner Kehle einen Laut echter Bewunderung entrungen. Ganz offensichtlich hatte der besagte Staatsdiener eine Schwäche für Blondinen.

»Haben Sie all ihre Namen und Adressen aufgenommen?« wollte der Botschafter wissen.

Der Präfekt war nahe daran, sich die Haare zu raufen. *»Monsieur l'Ambassadeur«*, sagte er, »sie waren bewußtlos, als wir sie fanden und sind es seitdem geblieben...«

»Zwischen elf und drei«, murmelte Dr. Toudoux.

»Na gut. Wie steht's mit Hugo Weiss? Irgendeine Spur?«

»Das hier sind die Zeugen und Verdächtigen«, sagte der Präfekt.

»Quatsch. Hugo ist vermutlich auf Sauftour. Wir sind einmal auf der alten *Dresden ...«*

»Er meint, daß Monsieur wahrscheinlich knülle ist...«

»Knülle?«

»Veilchenblau. Bezecht. Dun. Rabenfett. Granatenvoll.«

»Dann hören wir vielleicht zwischen Mitternacht und vier Uhr von ihm«, sagte der Präfekt, der allmählich verstand.

»Ich würde mir keine Sorgen machen. Nun, ich troll mich jetzt«, sagte der Botschafter. »Ach übrigens, schicken Sie mir die Namen und Adressen, sobald Sie sie haben.«

»Eine offizielle Liste«, sagte der Präfekt.

»Noch was«, sagte der Botschafter, »draußen traf ich einen Typ, der in Schwierigkeiten zu sein schien. Sagte, er habe Sie gebeten, sein Mädchen und einen Trottel namens Ivan zu finden, und daß Sie den Fehler begangen hätten, ihn rauszuschmeißen. Wollte das nur nebenbei erwähnen. Zweifellos steht er noch immer da draußen.«

»Ich hab ihn ziehenlassen, aber er wird Tag und Nacht

beschattet«, sagte der Präfekt. »Er wird uns früher oder später die Spur zu seinen Kumpanen weisen.«

»Wollte es nur erwähnen. Schön. Guten Tag und vielen Dank. Machen Sie's gut, Jackson...«

»Könnten Sie den Präfekten bitten, mich noch ein Weilchen dazubehalten? Er hat so eine unangenehme Art, seine Kundschaft an die Luft zu setzen...«

»Klar. Versteh schon, mein Junge. Exklusivbericht. Immer bis zum Schluß dabeisein und so. Teilen Sie ihm mit, daß ich gesagt habe, Sie könnten bleiben, solange Sie wollen. Und rufen Sie mich mal an. Wenn der gute Hugo wirklich in der Tinte sitzt, müssen wir was unternehmen. Lassen Sie mich wissen, was diese Leute aussagen, nachdem sie ihren Rausch ausgeschlafen haben. Diese Party muß 'ne Wucht gewesen sein. Waren Sie dabei?«

»Leider nicht. Sie haben mich im Plaza Athénée hopsgenommen.«

»Auch nicht schlechter als auf einem anderen Platz«, sagte der Botschafter. »Halten Sie mich auf dem laufenden, Junge. Bis dann.«

Währenddessen war Homer alles andere als untätig gewesen. Der Barbier Henri war heimlich ins Hôtel des Hirondelles bestellt worden, und er hatte Perücken, Schminke, Leim und sein Berufswerkzeug mitgebracht. Miriams Frisur war auf knabenhaftes Maß gestutzt worden, zudem hatten sie und Evans die Gesichter, Hände und Arme dunkel gefärbt und Ben Sidis und Ben Abous Feze und Beduinenmäntel angelegt. Überdies hatte Ben Sidi in eine Schublade gegriffen, in der er eine Sammlung arabischer Reisepässe aufbewahrte, und Homer einen mit einem finstern Photo ausgehändigt, der auf dem Namen Ibn Hassan lautete, während er für Miriam ein jugendfrischeres Dokument fand. In ihrer Kindheit auf der Ranch hatte sie sich oft gewünscht, ein Junge zu sein, und jetzt war sie ein schmucker Araberknabe an der Seite des Mannes, den sie liebte.

Miriam war recht erstaunt, als Homer nicht dem Montparnasse entgegenstrebte, sondern der Rue de la Boëtie, wo sich die Kunstgalerien drängten. Unterwegs erklärte er ihr ihre Aufgabe. Sie sei ein arabischer Prinz auf der Suche nach teuren Gemälden. Er sei ihr Onkel und Übersetzer. Würde sie die beiden mysteriösen Männer sehen, die Gring im Dôme gesucht hatten und offenbar ein klein wenig enttäuscht von ihm waren, sollte sie ihm das Wort ›Beano‹ zuflüstern.

In der ersten Galerie zeigte man ihnen ein Gemälde Bellinis, das einen schmalköpfigen Mann mit Verstopfung darstellte, ein Rubens-Portrait einer rotgesichtigen, üppigen Dame von ausgezeichneter Gesundheit und einen mittelmäßigen Botticelli. Sie schlenderten von einer Galerie zur anderen, sahen sich Rembrandts, van Dycks und auch ein seltenes Portrait von Whistlers Vater an, wobei ihnen ein übereifriger Verkäufer fast die Kleider vom Leibe riß.

Schließlich überquerten sie die Avenue Percier zum Boulevard Haussmann und betraten eine weitere Galerie, eine der anrüchigsten und teuersten überhaupt. Als Ibn Hassan lautstark versicherte, Geld spiele keine Rolle, worauf die Galeriebesitzer Heiss und Lourde wie ein Blitz zur Stelle waren, vernahm der vornehm aussehende Scheich zu seiner Freude das deutlich geflüsterte Wort ›Beano‹.

»Ich habe genau das Richtige für Sie, ein paar erstklassige Delacroix'«, sagte der größere Partner, während der andere sich die Hände rieb und kleine Schreie höchster Zufriedenheit ausstieß.

»Für einen Mohammedaner ist der Name dieses Malers von irritierend christlicher Bedeutung.«

»Am besten gelangen ihm Wüstenszenerien, Beduinen und solche Sachen«, sagte der größere Partner.

»Nimm dich doch zusammen, Abel«, unterbrach der kleine Partner. »Der Prinz will keine Wüstenbilder. Er will Abwechslung. Was Grünes mit Kühen und Weinbergen...«

»Weinberge«, schnaubte Ibn Hassan.

»Der Prophet war Antialkoholiker«, erklärte der größere der beiden und fing an, die Bilderstapel behende und mit wachsendem Entsetzen zu durchforsten. Der gesamte Kunstbestand der Firma Heiss und Lourde war entweder von allzu eindeutiger christlicher Tendenz befleckt oder stellte Weinreben, Flaschen, Gläser und Trinkhörner dar oder Beduinen, Huris, Oasen und Kamele. Zum erstenmal seit Evans Mohammedaner und Privatdetektiv geworden war, amüsierte er sich von ganzem Herzen. Als der Juniorpartner Sascha, mit Spitznamen Dodo, auf ein paar Corots stieß, schüttelte Evans den Kopf.

»Dieser Ungläubige Corot hat so etwas Süßliches, Unbestimmtes, sogar Feminines. Ich bin überzeugt, daß der Prinz, der ein mannhafter Bursche ist...«

Bei diesen Worten wurde der Prinz von einem Hustenanfall heimgesucht, und er bemühte sich, den Beduinenmantel ein wenig legerer über gewisse Körperteile zu breiten.

»Er verträgt die Feuchtigkeit nicht«, murmelte Evans. »›*Quelle chose malsaine, la Seine...* ‹ Wenn ich nicht irre, hat das einer Ihrer französischen Dichter geäußert. Mögen Sie Lyrik, Monsieur Lourde?«

»Ja doch, mag ich ganz gern«, sagte Dodo gefällig.

»Wir sind Geschäftsleute«, sagte Abel, um dem Eindruck, den seine Räumlichkeiten vermittelten, etwas Gediegenheit entgegenzusetzen. Die Herren Heiss und Lourde gingen einen weiteren Bilderstapel durch, und Evans trat näher. Plötzlich durchfuhr Abel ein Schreck, und er rief den Angestellten, der an einem Schreibtisch neben dem Eingang saß.

»Was hat dieses Bild hier zu suchen?« fragte er, und Evans' Herz schlug gewaltig gegen die Rippen, als er sah, daß der Kerzenlicht-Greco von dem verstörten Angestellten unter allen möglichen Entschuldigungsbezeugungen eilends die Treppe hoch und in einen Lagerraum geschafft wurde. Hastig folgte Dodo dem Angestellten und umtänzelte ihn erregt, wie ein Basketballspieler, der seinem Gegner den Ball abjagen will. Abel bemühte sich, seine Fassung wiederzugewinnen und Ibn Hassan anzulächeln, der ebenfalls versuchte, gelassen zu wirken.

»Euer Ehren, heutzutage ist es schwierig, gute Hilfskräfte zu kriegen. Dieser Kerl geht mit alten Meistern um, als handele es sich um Spielkarten. Und wenn wir ihn rausschmeißen, müssen wir ihm eine Abfindung zahlen, und dann geht er mit allen Geschäftsgeheimnissen zur Konkurrenz«, sagte Abel nervös.

»In meinem Land würde er als Schakalfutter in der Wüste ausgesetzt werden«, sagte Evans. »Wir müssen gehen. Die Sonne strebt dem Zenit entgegen... Der Prinz leidet Hunger und Durst...«

Wieder wandte sich der Prinz ab, um zu husten.

»Wie wär's mit einem Goya? Ich habe einen ganz erlesenen Goya«, sagte Abel und zog etwas hervor, das tatsächlich ein Goya zu sein schien, aber Evans schüttelte betrübt den Kopf.

»Das zeigt einen Prinzen und obendrein auf einem Pferd. Seine Hoheit schätzt keine Bilder anderer Prinzen, und er hat sein ganzes Leben im Sattel verbracht. Lieber etwas Entlegeneres und Besänftigenderes. Vielleicht das Stück, das Sie gerade nach oben bringen lassen...«

Abels Gesicht nahm eine Farbe an, die Tintoretto gelungen wäre, wenn er jede Menge Ocker und Silberweiß zur Hand gehabt hätte.

»Nein. Das kommt kaum in Frage... em. Verzeihen Sie meine Offenheit, aber das Gemälde zeigt nur einen farbigen Knaben und nicht einmal in Tageslicht, nur eine Kerze...«

»Der Prinz mag Kerzen und farbige Knaben«, sagte Evans.

Miriam sah weniger huldvoll als gebieterisch aus, und Evans sprach sie auf arabisch an, aber sie verstand nur wenige Silben, die verdächtig wie ›sofort aufhören‹ klangen.

»Der Prinz muß das Brot brechen«, sagte Evans, »wie er es stets um diese Tageszeit zu tun pflegt. Wir werden heute nachmittag zurückkommen, wenn die Sonne zu dreiviertel ihre Reise gen Westen vollendet hat. Zu dieser Stunde werden wir gestärkt Ihre ausgezeichnete Galerie erneut aufsuchen, um unsere Wahl zu treffen, und ich hoffe, Sie werden uns die Ehre erweisen, diesen kerzenbeleuchteten, farbigen Knaben zu zeigen. Sie sind mir von einem gemeinsamen Freund empfohlen worden, einem gewissen Ambrose Ben Gring...«

»Ist er Araber? Ich habe mich immer gefragt, woher er stammt«, sagte Abel.

»Wer stammt woher?« fragte Dodo, der von oben zurückgekommen war.

»Gring«, sagte Abel, und es war offensichtlich, daß den beiden recht ungemütlich zumute war.

Evans und Miriam sagten Salam alaikum, und nachdem sie noch einmal versprochen hatten zurückzukommen, der eine in blumenreicher Sprache, der andere mit gnädiger Geste, verließen sie die nervösen Partner und die Galerie. Abel und Dodo geleiteten sie zum Trottoir.

»Vielleicht zieht es Seine Hoheit vor, die Gemälde im Hotel zu betrachten«, meinte Abel. »Sie brauchen uns nur zu sagen, wo Sie abgestiegen sind...«

Evans schüttelte den Kopf. »Seine Hoheit wünscht nicht, daß Sie sich solch unnötige Umstände machen. Wir werden wiederkommen, keine Angst. Das Wort eines Gläubigen ist so gut wie sein Schuldschein, und das Wort zweier Gläubiger ist doppelt vertrauenswürdig.« Er deutete auf die Sonne, die aus gemäßer Winkelstellung strahlte. »Wenn die Sonne da ist« (er bewegte seinen Zeigefinger weiter nach Westen), »werden Sie uns wiedersehen. Allahs Segen wird uns in der Zwischenzeit begleiten«, sagte er.

»Hoffentlich«, sagte Miriam, sobald sie außer Hörweite waren.

»Der beste Helfer eines guten Detektivs ist Glück«, sagte Evans. »Wissen Sie noch, was Lefty Gomez vor der Baseballmeisterschaft sagte? *Mieux la chance que l'adresse!*«

»Lassen Sie uns einen Longdrink nehmen, und dann erzählen Sie mir, was das alles soll«, sagte Miriam.

»Mein liebes Fräulein«, sagte Evans, »wenn Sie einen Beduinenmantel tragen, müssen Sie sich auch wie ein Mohammedaner benehmen. Wenn einer der tausend Bullen, die die ganze Stadt und vor allem die Cafés und Bars nach uns durchfilzen, zwei Beduinen sieht, die Brandy und Soda trinken, würde sogar der Dümmste von ihnen Lunte riechen.«

»Lieber Himmel! Vielleicht sollten wir uns lieber als Weißrussen verkleiden«, sagte sie.

Ihrer Maskierung vollends vertrauend, nahmen sie ein Taxi zum Montparnasse, wo sie das Glück hatten, Tom Jackson über den Weg zu laufen, der inzwischen die *préfecture* nach Belieben betreten und verlassen durfte und Homer in der Hoffnung suchte, ein wenig Licht in die ganze Angelegenheit zu kriegen. Sie waren noch keine zwei Minuten auf dem Montparnasse, als Abel Heiss und Dodo Lourde auf die *terrasse* des Dôme gespurtet kamen, um sich nach dem Verbleib Ambrose Grings zu erkundigen. M. Chalgrin teilte ihnen fälschlicherweise mit, Ambrose sei noch immer im Knast.

Evans rief schnell ein neues Taxi herbei und nannte dem Chauffeur die Adresse einer kleinen Kneipe in der Avenue Percier, unweit der Galerie Heiss und Lourde. Unterwegs erzählte Jackson, was ihm alles widerfahren war.

»Je älter ich werde, desto stärker bewundere ich Lefty Gomez. *Mieux la chance que l'adresse*. Glück ist wichtiger als Können«, sagte Evans.

»Lefty Grove ist besser, aber das gehört nicht zur Sache«, sagte Jackson.

»Was darf's sein? Brandy und Soda?« fragte der Kellner.

»Vichy für uns«, sagte Evans. »Wenn man als Araber verkleidet ist, muß man auch wie ein Araber fühlen.«

»Die müssen sich beschissen fühlen«, sagte Jackson. »Jetzt erzählen Sie mal.«

Plötzlich schien Evans zu keinerlei Scherzen mehr aufgelegt, seine Miene verdüsterte sich, was Jackson und erst recht Miriam verblüffte.

»Ich wollte, ich hätte mich von Anfang an nur um meinen Kram gekümmert«, sagte er. »Obgleich die ganze Angelegenheit ihre komischen Seiten hat, ist sie ernst. Ja, sogar ausweglos. Ich übertreibe nicht. Wenn ein Verbrechen begangen wird, steckt gewöhnlich ein einziger Krimineller dahinter, dessen Methode und Psychologie man studieren kann. Oder es ist die Untat einer Bande, die von einem Anführer beherrscht wird und im großen und ganzen aus Mitgliedern ähnlicher Temperamente und Gewohnheiten besteht. Aber bei diesem Gewirr von Schändlichkeiten, in das wir alle unschuldig geraten sind, liegen die Dinge weniger einfach. Wirklich nicht. Nicht annähernd so klar und unkompliziert.«

»Ich tappe noch immer im dunkeln«, sagte Jackson.

»Wie Sie wissen«, sagte Evans, »bin ich kein Mann der Tat. Ich verabscheue Aktivität. Mein Leben lang habe ich unnötige Strapazen und Hektik vermieden. Ich arbeite nicht, weil ich Geld habe, keine grenzenlosen Reichtümer, doch genug. Ich habe die Pflicht, das Geld auszugeben, es in Umlauf zu halten.«

»Selbstverständlich, niemand wirft Ihnen das vor«, sagte Jackson.

»Da ich mehr Zeit zum Nachdenken als die meisten meiner Freunde habe«, fuhr Evans noch ernsthafter fort, » – und ein faulenzender Mensch darf keine faulenzenden Freunde haben –, kann ich ihre Probleme ruhig und objektiv betrachten und ihnen in kürzester Frist brauchbare Ratschläge erteilen. Gewiß, ich verabscheue auch Ratschläge, aber ich sehe es auch nicht gerne, wenn sich meine Freunde Sorgen machen, vor allem wenn mir die Lösung ihrer Schwierigkeiten sonnenklar ist.«

»Kurzum, was man ein goldenes Herz nennt«, sagte Jackson.

»Sie scheinen richtig zu verstehen«, sagte Evans. »Neulich also, es kommt mir vor, als sei's schon Jahre her, da suchte mich Hjalmar Jansen in einem jämmerlichen Zustand auf...«

»Das muß abends gewesen sein«, sagte Jackson.

»Dann wäre ich kaum überrascht gewesen«, sagte Evans. »Aber er kam vormittags, als ich friedlich auf der *terrasse* des Dôme saß. Hugo Weiss war unerwartet in Paris eingetroffen...«

»Und warum sollte dies ein norwegisches Rauhbein vom Schlage Jansens aus der Fassung bringen?« fragte Jackson.

»Unter uns gesagt«, fuhr Evans fort, »Hugo hatte Hjalmar einen einjährigen Parisaufenthalt finanziert, das Jahr war fast um, und Hjalmar wollte wieder einen Scheck von Hugo.«

»Sie meinen doch nicht, daß er ihn nur deswegen umgelegt hat...« sagte der Reporter entrüstet.

»Jackson«, sagte Evans, »wenn Sie mich unterbrechen und voreilige Schlüsse ziehen...«

»Ich seh's ein, Entschuldigung«, sagte Jackson. »Wird nicht mehr vorkommen. Aber denken Sie daran, daß die Sonne sich allmählich der Zielgeraden nähert...«

»Ich weiß«, sagte Evans. »Lassen Sie mich weitererzählen. Hjalmar zitterte bei dem Gedanken einer Begegnung mit Hugo, da er nur drei Bilder vorweisen konnte. Er hatte unzählige mehr gemalt, aber als gewissenhafter Künstler hat er sie weggeworfen.«

»Recht so. Ich hasse Bilder. Ich bekomme Gänsehaut, wenn ich Bilder sehe. Entweder sehen sie nach was anderem aus, an das man sich irgendwie erinnert, oder sie sehen nach gar nichts anderem aus, und man fragt sich, wer jetzt eigentlich spinnt, du oder der Kerl, der sie gemalt hat.«

»Warum wollten Sie dann über das Bankett der *Société des Artistes Français* berichten?«

»Mein Gott«, sagte Jackson, »werde ich bereits verdächtigt? Man hat mich da hingeschickt, weil niemand in der Redaktion weniger von Kunst versteht als ich. Das ist die Taktik des ›Herald‹. Wenn es dann eine Beschwerde über die Story gibt, kann die Direktion sagen: ›Die Schuld liegt beim Reporter. Der hatte leider keine Ahnung. Wir werden ihn rausschmeißen.‹ «

»Raffiniert, aber nicht unbedingt fair«, sagte Evans. »Nun ja. Weltweit und in allen Sparten geht die Moral den Bach runter. Das Gesetz des Dschungels... Aber lassen Sie mich weitererzählen. Hjalmar hatte nur drei Bilder. Er hätte aber mindestens vierzig vorweisen müssen. Da fiel mir ein, daß es auf dem Montparnasse jede Menge Bilder gibt und eine ganze Reihe liebenswürdiger Künstler, die gerne bereit sind, einem Freund in der Not zu helfen. Kurz, ich war blöd genug, Hjalmar zu einem Streich zu animieren – unsere gemeinsamen Freunde zu bitten, ihm Bilder auszuleihen...«

»Aber die Signaturen...«

»Genau deshalb hat mich mein Wissen in weitere Schwierigkeiten gestürzt. Nichts bereitet einem mehr Scherereien als Wissen, mein Junge. Ich hatte irgendwo gelesen, daß mit Olivenöl angemischte Farbe sich auftragen und später wieder abkratzen läßt, ohne dem darunterliegenden Gemälde zu schaden.«

Jackson lächelte. »Jetzt verstehe ich«, sagte er. »Eine tolle Geschichte. Und darum wurden all die Bilder zur Begutachtung in den Louvre geschickt.«

Evans erschauderte. »Das Schlimmste kommt noch. Ich besuchte Hugo Weiss, und da ich ihm mal vor Jahren einen Gefallen erwiesen hatte, zeigte er sich bereit, Hjalmars Atelier einen Besuch abzustatten. Dann machten wir uns daran, eine Ausstellung auf die Beine zu stellen. Fünfzig Bilder von Stier, Sturlusson, Simon, Poularde und einen bescheidenen Beitrag meiner selbst, mein einziges Gemälde. Weiss traf pünktlich ein, trank eine halbe Flasche Sherry, sah sich jedes einzelne Bild an und griff schließlich nach seinem Scheckheft, nicht nur um Hjalmar ein weiteres Studienjahr zu finanzieren, sondern um auch das Bild zu kaufen, das ich gemalt hatte. Er stellte zwei Schecks aus, einen fürs tägliche Brot, den anderen für das Bild. Er klemmte das Bild unter den Arm, wünschte allen einen guten Abend und viel Glück und stieg die Treppe hinunter. Ich begleitete ihn und gab ihn in die Obhut eines russischen Taxifahrers, eines Soldaten und Gentleman, der sich seit Jahren meines Vertrauens und Wohlwollens erfreut. Sie fuhren davon.

Zurück im Atelier erfuhr ich, daß die beiden Schecks über je 2.500 Dollar ausgestellt worden waren, und schon gewann meine Verwegenheit wieder die Oberhand. Ich riet Hjalmar, sie sogleich einzulösen, worauf er den einen ins Dôme brachte und den anderen ins Coupole. Dann verkrümelten wir uns alle ins Hôtel du Caveau; das ist von jeglichem Rummel fern, und wir wollten nicht gestört werden. Wir hatten eine kleine Party...«

Jackson konnte es nicht unterlassen, Evans erneut zu unterbrechen. »Eine kleine Party?! So kann man's natürlich auch nennen.«

»Nun ja«, sagte Evans, »ich bin nicht bis zum Ende geblieben. Und Miriam auch nicht.«

»Das Ende steht noch aus«, sagte Jackson.

»Leider«, sagte Evans. »Kurz nach Sonnenaufgang schlug ich Miss Leonard vor, ein wenig frische Luft schnappen zu gehen.«

»Der einzige, der schlappgemacht hat«, murmelte Jackson.

»Er hat nicht schlappgemacht«, sagte Miriam entrüstet. »Der Rauch brannte in seinen Augen.«

»Aha. Rauchen war also erlaubt«, sagte Jackson.

»Wir machten einen kleinen Spaziergang und statteten

St. Séverin einen Besuch ab... herrlichste Gotik, diese St. Séverin.«

»Hat vermutlich besser als üblich ausgesehen«, sagte der Reporter.

»Als wir zum Hotel zurückkamen, waren unsere Freunde und Monsieur Julliard weg.«

»Die waren dermaßen weg, wie ich niemanden mehr seit dem Garagenmassaker von Chicago gesehen habe«, sagte Jackson, »nur daß Ihre Freunde noch übler dran sind. Die müssen wieder aufwachen und der Welt ins Gesicht blicken.«

»Ich muß sie freibekommen, aber das ist eine Kleinigkeit«, sagte Evans.

»Die wären entzückt, wenn sie Sie hören würden, falls irgendeiner von ihnen schon wieder hören kann«, sagte der Reporter.

»Zuerst müssen wir Hugo Weiss finden. Er schwebt in großer Gefahr«, sagte Evans.

»Glauben Sie, daß er tot ist?«

»Ich glaube, daß er entführt wurde, und ich habe eine dunkle Ahnung, wer dahintersteckt«, sagte Evans. »Es sind schließlich keine kleinen Fische, wenn es um gefälschte Signaturen und um 5000-Dollar-Schecks geht. Darum brauch ich Ihre Hilfe...«

»Aber klar«, sagte Jackson. »Ich kapier jetzt zwar noch weniger, warum Weiss verschwunden ist, aber Sie können jederzeit auf mich zählen. Ich habe ihn bei seiner Ankunft am Bahnhof interviewt, und er hat sich wirklich anständig verhalten. Der Mann war hundemüde, wollte nicht, daß jemand was von seinem Parisaufenthalt erfährt, und hat dennoch seine Manieren nicht vergessen. Die großen Tiere sind meistens so. Wenn sich jemand ständig mit der Presse anlegt, handelt es sich gewöhnlich um einen gewaltigen Hornochsen.«

Miriam, elektrisiert, doch glücklich, schätzte amateurhaft

den Stand der Sonne ab. »Ich kann mich täuschen«, sagte sie sanft, »aber rollt Helios' feuriges Rad nicht dem Horizont entgegen?«

»Trefflich gesprochen, o Frau«, sagte Evans, wieder der Beduinendiktion anheimfallend. »Und auch Sie, o Reporter. – Der nächste Schritt, Jackson, hängt von Ihnen ab. Ich möchte, daß Sie zur Galerie Heiss und Lourde gehen, gleich hier um die Ecke. Dort werden Sie einen blassen, drögen Ladenbengel antreffen, der nicht gerade der Klügste ist, und zwei Geschäftspartner, der eine groß, der andere klein, die auf die Namen Abel und Dodo hören und leicht verrückt erscheinen, aber in Wirklichkeit sind sie nur völlig verängstigt.«

»Wenn ich dann noch bedenke, daß Sie ständig untertreiben, kann ich mir ausmalen, was mich erwartet... feine Gesellschaft... die reinsten Nattern... Also, was soll ich tun? Dem großen, verängstigten Partner eins über die Rübe ziehen und dem anderen eine reinsemmeln?«

»Ich muß doch bitten«, sagte Evans. »Wenn es mir um rohe Gewalt zu tun wäre, hätte ich Miriam oder Mademoiselle Montana beauftragen können. Hier ist Finesse gefragt...«

»Das gefällt mir«, sagte Miriam.

»Es gibt für jeden etwas zu tun«, versicherte ihr Evans. »Sie, Jackson, sollten in die Galerie gehen und sagen, Sie seien ein Amerikaner...«

»Ich bin noch nie für einen Chinesen gehalten worden.«

»... ein Amerikaner, dessen Vater auf Öl gestoßen ist.«

»Mr. Evans leidet an einer Ölphobie«, sagte Miriam. »Aber Sie werden sich noch daran gewöhnen.«

»Ich bin ganz Ohr«, sagte Jackson. »Ich bin also ein Typ aus Oklahoma. Vermutlich werde ich noch vor Ablauf einer Stunde als Mr. Oklahoma ins Protokoll eingehen...«

»Sagen Sie, Sie seien nach Paris gezogen, um sich Kultur anzueignen und weiß Gott, es sei Ihnen verdammt ernst damit. Hauen Sie bei den Worten ›mein Gott‹ auf den Schreibtisch, um den Angestellten in Furcht und Schrecken zu versetzen. Wir wollen, daß er nervös wird.«

»Ich werde nervös genug für uns beide sein«, sagte Jackson.

Evans fuhr unbeirrt fort: »Sehen Sie sich alles an, was sie Ihnen zeigen und fragen Sie nach Bildern mit Prärien und weiten, offenen Landschaften... Ich weiß, daß sie keinen einzigen Remington haben. Erwähnen Sie dann beiläufig, daß Sie zwei Araber vorbeigeschickt hätten, und daß Sie genau diese Araber gerade auf einer *terrasse* auf dem Place St. Augustin haben sitzen sehen... Wenn Sie dann einen Moment später alleine mit dem Angestellten sind...«

»Aber die beiden Partner?«

»Die werden sofort zum Place St. Augustin rennen. Wenn wir vier Minuten für ihren Spurt rechnen und mindestens zehn Minuten fürs Suchen und dann noch mal sechs Minuten für den Rückweg... sie werden völlig außer Atem und total erschöpft sein... bleiben Ihnen wenigstens zwanzig Minuten mit dem Angestellten. Nach fünfzehn Minuten werden Miriam und ich reinkommen und alles weitere übernehmen, aber Sie sollten dann schon noch dableiben...«

»Selbst tollwütige Kamele würden mich nicht forttreiben können«, sagte Jackson. »Ich mach mich gleich auf den Weg, Caligari...«

»Nicht so schnell. Den wichtigsten Teil meines Auftrags haben Sie noch gar nicht gehört. Sobald Abel und Dodo fort sind, poltern Sie dem Angestellten entgegen und fragen in der brüsken Lautstärke eines Ranchers aus Oklahoma: ›Haben Sie hier eigentlich keine Grecos? Wenn ja, dann her damit und zwar ein bißchen hoppla. ‹ Dann müssen Sie genau beobachten, wie der Angestellte reagiert, merken Sie sich jedes Wort, das er sagt.«

»Aber wenn er mir dann so 'nen Greco vorlegt, was immer ein Greco sein mag...«

»Den Typen hinhalten und das Bild nicht loslassen. Nicht aus den Händen geben, bis ich reinkomme... Sie sollten allerdings darauf achten, die Leinwand nicht mit den Fingern zu durchlöchern. Selbst ein mittelgroßer Greco ist so zwischen 300.000 und einer halben Million Dollar wert...«

»Du meine Güte! Da wird mir ja jetzt schon schummerig. Gegen mich wird Espenlaub wie ein Billardstock aussehen.«

»Nehmen Sie Ihren Mut zusammen und ziehen Sie los.«

Kaum war der Reporter gegangen, wandte sich Evans Miriam mit einem Gesichtsausdruck zu, wie sie ihn noch nie zuvor bei ihm gesehen hatte. »Uns bleiben fünfzehn Minuten, und ich muß nachdenken. Sagen Sie jetzt nichts, stellen Sie Ihren Sex-Appeal ab, versuchen Sie, nicht zu existieren. Rütteln Sie mich in genau einer Viertelstunde wach. Wenn ich mich darauf verlassen kann, kann ich mich wirklich konzentrieren, ohne auf die Zeit achten zu müssen.«

Gehorsam rückte sie von ihm fort, so daß ihr Gewand nicht mehr das seine berührte und heftete ihren Blick auf die *bistrot*-Uhr, während Evans in eine Art Trance versank. Rein äußerlich war ihm nichts anzumerken, weder hielt er die Augen geschlossen noch zuckte irgendein Muskel. Er saß reglos da, und Miriam konnte die Kraft seiner Gedankenarbeit wie eine starke elektrische Strömung spüren, deren Voltspannung gnadenlos wuchs, bis sie es kaum noch aushalten konnte. Sie war so angespannt, daß ihr sämtliche Muskeln weh taten. Sie ließ die Uhr, die sich im Schneckentempo fortzubewegen schien, keine Sekunde aus den Augen. Nach sieben Minuten, die ihr wie Stunden vorgekommen waren, sagte eine Stimme neben ihr: »Ganz ruhig, meine Liebe, tut mir leid, daß ich Ihnen das nicht ersparen konnte, aber es mußte sein. Glücklicherweise hat es nicht lange gedauert, und jetzt weiß ich genau, was uns erwartet.« Er blickte durch das Fenster auf die Straße. Keine Detektive, keine Polizisten in Zivil oder Araber waren in Sicht, weswegen er keine Bedenken hatte, eine Bestellung beim Kellner aufzugeben, der durch Evans' gebündelte Konzentrationsübung in Halbschlaf versunken war, ohne sich der Ursache bewußt zu sein: »Schnell zwei Brandies.«

Als sie das Glas zum Mund führte, zitterte ihre Hand derart, daß sie beinahe ein paar Tropfen verschüttet hätte, doch der Anblick des völlig gelassenen Evans beruhigte sie, und sie trank, ohne sich zu verschlucken, obwohl der Brandy ziemlich schlecht war.

»Es war fast allzu einfach«, sagte Evans.

»Ihre Gabe des *understatements...*« murmelte sie.

»Ich mußte herausfinden, wie Hugo Weiss aus Paris geschafft wurde«, sagte Evans. »Da hätte ich wirklich früher draufkommen sollen.«

»Können Sie mir's verraten?«

»Nur Ihnen. Sonst niemandem, nicht einmal Jackson, der uns eine große Hilfe sein wird. In der Zeitung stand, daß alle Bahnhöfe, Busse, Straßenbahnen und Flugzeuge überwacht worden sind, daß Fußgänger und Autofahrer, ja sogar Bauern auf Pferdewagen angehalten und befragt worden seien. Welche Möglichkeiten gibt es sonst noch, Paris zu verlassen?«

»Sind Sie sicher, daß sie nicht mehr hier sind?«

»Völlig sicher. Mit zwei so einfallsreichen Männern wie Hugo Weiss und Lvov Kvek in ihrer Obhut, von dem Citroën-Taxi ganz zu schweigen, durften unsere lieben Gangster keinerlei Hoffnung hegen, in Paris unentdeckt zu bleiben. Und so erfahrene Verbrecher wie die, mit denen wir es zu tun haben, hätten das auch gar nicht erst versucht«, sagte Evans. »Da ihnen gewöhnliche Transportmittel nicht zur Verfügung standen und alle Ausfahrtstraßen gesperrt waren, was blieb dann übrig?«

»Der Fluß«, sagte Miriam. Evans war einen Moment lang sichtlich geknickt, dann sah er sie voller Bewunderung an.

»Genau zu diesem Schluß bin ich gekommen«, sagte er.

»Tut mir leid, daß ich es erraten habe«, sagte sie. »Aber

wissen Sie, auf der Ranch meines Vaters ist ein Fluß, und wenn uns ein Stier abhanden gekommen war, haben wir erst mal stromabwärts gesucht.«

Die gewöhnlich lautlosen Gemächer der Firma Heiss und Lourde wurden Schauplatz einer eigentümlichen Szene, während alte Meister mißbilligend von den Wänden starrten. Ein Mann, offenbar nordamerikanischer Herkunft, der einen schwarzen Hut aufhatte und über dem Arm einen Armeeregenmantel trug, unter dem man eine beliebige Anzahl von Waffen vermuten durfte, hatte das Geschäft betreten, den Regenmantel auf einen Louis-XIV-Sessel geworfen, um die Handflächen auf den Schreibtisch zu pflanzen und den Angestellten scharf ansehend loszudonnern:

»Ich bin Tom Jackson, alter Junge. Und wie schimpfst du dich, wenn man fragen darf?«

Der Angestellte schluckte ein paarmal, während im Hinterzimmer die Herren Abel Heiss und Dodo Lourde, die eigentlich eine Invasion arabischer Kundschaft erwartet hatten, ungehalten durch die Gucklöcher spähten, nervös zusammenzuckten und dann taumelnd zurückwichen.

»Na, schon gut. Schon gut. Ist wurscht, was einer an der Ostküste getrieben hat, kommt nur drauf an, was er heute ist, Junge«, sagte Jackson und ließ seine Faust auf den Schreibtisch fahren, um dessen Resonanz zu prüfen.

Dem Angestellten hatte es noch immer die Sprache verschlagen.

»Hätt gern 'n paar Meter von dieser Kunst hier, was Hübsches zum Anschauen, wenn man abgerackert nach Hause kommt, 'ne ordentliche Rinderherde oder vielleicht Büffel mit 'n paar Indianern. Sag mal, Junge, haste jemals ›Custers letzte Bastion‹ gesehen? Wenn de das gesehen hättest, wüßteste, was ich will, nur 'nen Hauch exotischer. Übrigens, du verstehst doch Englisch, oder?«

Der Angestellte schüttelte den Kopf, um eine verneinende Antwort anzudeuten und ging in Deckung, da er jederzeit mit einer Schießerei rechnete. Jackson jedoch, dem nichts ferner als Gewaltanwendung lag, wiederholte den wesentlichen Teil seines Anliegens auf französisch, wobei er lediglich das Wort ›Shorthorns‹ vermasselte, sich aber ansonsten verständlich ausdrückte.

»Vielleicht hab ich mich ja in der Adresse geirrt«, sagte er. »Zwei Araber haben mich hergeschickt, sagten, ihr hättet haufenweise Kunst.«

Die Erwähnung der Araber schleuderte Abel und Dodo derart unvermittelt auf die Szene, daß diesmal Jackson in Deckung ging.

»Ruhig Blut«, sagte er, »ich komm in friedlicher Absicht. Mein Freund, der Scheich, sagt: Tom, wenn dir nach alten Gemälden ist, brauchste nur zu Heiss und Lourde rüberlatschen. Da liegste richtig...«

»Genau, genau, der Scheich...« platzte Abel heraus, während Dodo die Hände rang, weder zum ersten- noch zum letztenmal an diesem Tag.

»Irgendwas mit Shorthorns...«

»Das Portrait des alten Comte de Sartrouville von Fragonard. Der Graf war ein berühmter Hahnrei«, sagte Abel.

»Du sprichst zwar Englisch, Kumpel, aber kapierst mich nicht. Ich will was mit Rindern, Bullen...«

»Sie meinen Viehbestand«, sagte Dodo, der froh war, hilfreich eingreifen zu können. »Wir haben ein paar Schafe von Corot, die Ihnen Lust auf einen Braten machen, Mister.«

»Laß das Mister, nenn mich Tom«, sagte Jackson und fragte sich ein wenig zu spät, ob er seinen richtigen Namen nicht besser hätte verschweigen sollen. »Mein Freund, der Scheich, na, is'n echter Demokrat. Ich seh ihn mit seinem Freund in so'nem Freiluft-Saloon sitzen... Ich sag ihm...«

Abel vollführte eine Art Veitstanz, und Dodo sprang auf und ab. Ersterem gelang es nach einer Weile, wieder seiner Artikulationsfähigkeit mächtig zu werden. »Der Scheich. Wo ist er? Wo haben Sie ihn gesehen?«

»Ach, Sie kennen den Scheich? Er hockte in ’nem Café, gleich hier auf dem Place St Augustin, is’ keine zehn Minuten her. Er sagt mir...«

Was immer der Araber Jackson gesagt hatte, Abel und Dodo erfuhren es nicht, da sie bereits aus der Tür und um die Ecke gestürmt waren.

»Soviel Kunst an den Wänden, macht einen wohl nervös«, sagte Jackson. Dann näherte er sich dem total verängstigten, zähneklappernden Angestellten und haute derart herzhaft auf den Schreibtisch, daß ein antikes Tintenfaß einen halben Fuß in die Höhe geschleudert wurde. Er fixierte sein Gegenüber blitzenden Auges und sagte: »Hör mal zu, Junge. Ich mach’n Kompromiß. Wenn du schon nichts mit Prärien oder Tieren hast, kauf ich halt ein oder zwei Gonzos...«

Jackson hatte bereits längere Zeit kein Bett mehr gesehen und die ganze vorige Nacht ständig den Namen Gonzo gehört, weswegen er Greco mit Gonzo verwechselte, ohne sich seines Irrtums gewahr zu werden. Der Angestellte büßte nun die letzten Reste seiner Fassung ein.

»Gonzos?« keuchte er.

»Gonzos. Ganz richtig, Kumpel. Und wenn ich Gonzos will, isses mir verdammt ernst damit. Geld spielt keine Rolle...«

»Aber wir haben keine Gonzos... ich habe diesen Namen nie gehört«, gab der verschreckte Angestellte zu. Jackson schlug eine andere Tonart an.

»Nun paß mal auf, Junge. Mein Freund, der Scheich, hat mir geflüstert, daß es Gonzos in diesem Schuppen gibt...«

»Ich versichere Ihnen, *Monsieur*, daß ich noch nie einen Gonzo gesehen habe.«

»Ich will keinen Stunk machen, Kumpel, aber Tom Jackson läßt nicht mit sich spaßen. Wenndes nicht glaubst, hör dich mal in Oklahoma um. Ich geb dir genau fünf Minuten, dann führste mir so’nen Gonzo vor, und der beste is’ grad gut genug für mich.« Jackson zog seine Uhr vor. »Und, Kumpel, keine falsche Bewegung.«

»Ich würde ja gerne...« fing der Angestellte an und wäre vermutlich in Ohnmacht gefallen, hätte in diesem Moment nicht Miriam, gefolgt von Ibn Hassan das Geschäft betreten. Evans oder Ibn oder Ivan bemerkte sofort, daß Jacksons Hände nicht auf dem Greco ruhten. Der Angestellte dankte dem Himmel und wandte sich unverzüglich Evans zu.

»Euer Ehren, haben Sie jemals von einem Maler namens Gonzo gehört?«

»Wer hätte das nicht?« antwortete Evans blasiert.

»Dieser Pimpf hier beispielsweise«, sagte Jackson. »Ich komm hier rein, will keinen Stunk machen und sag bloß: ›Führ mal 'nen Gonzo vor...‹ «

»Vielleicht meinten Sie einen Greco«, gab Evans höflich zu bedenken.

Der Angestellte grunzte vor Erleichterung.

»Auch recht, Freundchen, dann halt 'nen Greco, nun 'n bißchen hoppla, Kumpel. Ich muß schon sagen, in Oklahoma ham wir 'nen besseren Service.«

Der Angestellte war den Tränen nahe. »*Monsieur*, die Grecos... ich habe strikte Anweisungen...«

»Und du kannst dich gleich auf noch striktere Anweisungen gefaßt machen«, sagte Jackson, ließ die Hand in seiner Hüfttasche verschwinden und umklammerte eine Bruyèrepfeife wie ein Schießeisen. »Ich zähl bis zehn, und wenn dann nicht jeder Greco hier auf'm Tisch liegt, den ihr in diesem Schuppen habt, kannste die Radieschen von unten ansehn.«

Auch dieser Angestellte verfügte nur über einen gewissen Vorrat an Stehvermögen. Und der war verbraucht. Restlos. Wimmernd und zitternd tauchte er in das Hinterzimmer, raste die Treppe hoch und kam mit einem Gemälde zurück, ungefähr so groß wie die Mona Lisa. Es stellte einen farbigen Knaben dar, der sich bei Kerzenlicht an einen Tisch lehnte.

Keine Sekunde später befand es sich in der Obhut Jacksons kräftiger Hände.

»Schon besser«, sagte er.

»Haben Sie sonst keine mehr?« fragte Evans freundlich, aber mit einem Blick, der keine Ausflüchte duldete.

Der Angestellte hastete wieder die Treppe hoch und war gerade dabei, einen weiteren Greco nach unten zu tragen, als die Ladentür aufsprang und zwei Araber, der eine groß, der andere klein, von Abel und Dodo in die Galerie getrieben wurden. Das Erstaunen der beiden Kunsthändler, Evans und Miriam anzutreffen, war nicht minder groß als Evans' Entsetzen beim Anblick des echten Ibn Hassan, dessen (gestohlener) Reisepaß im Faltenwerk von Evans' Beduinenmantel ruhte. Die beiden Wüstensöhne sahen sich zum Verwechseln ähnlich.

Man hat sich die Szenerie folgendermaßen vorzustellen: Abel und Dodo hatten ihre Finger von den Gewändern der neuen Araber gelöst und starrten erst Miriam und Evans an, dann Jackson, der den Kerzenlicht-Greco noch immer mit eisernem Griff hielt. Oben kauerte der Angestellte, bereit, erschossen und dann zum nächsten Ersten gefeuert zu werden. Der echte Ibn Hassan gewann vor allen anderen seine Fassung wieder. Würdevoll entbot er Evans, dann Miriam seinen Gruß.

»Diese Christenhunde führen etwas im Schilde, das meinen alten Augen verborgen bleibt«, sagte Ibn Hassan. »Ihre Wege sind nicht unsere Wege und sind allenthalben geheimnisvoll.«

»Wie wahr!« murmelte Evans auf arabisch.

»Der hat Glück«, sagte sich Jackson, »kann tatsächlich wie die brabbeln.«

Der echte Ibn Hassan trat näher an Evans heran und fuhr fort:

»Mein Neffe und ich schritten friedlich fürbaß, hatten nur den Koran im Kopf, als diese Herren sich uns an die Fersen hefteten und uns baten, sie zu begleiten, ja, sie bestanden darauf...«

»Ich weiß«, sagte Evans. »Ihr lästiges Insistieren, o Landsmann, ist in ihrer Zunge unter der Formel ›die Hölle unterm Arsch heißmachen‹ geläufig und ist nur bei Herrschaften in Situationen äußerster Dringlichkeit gebräuchlich.«

Statt zustimmend mit dem Kopf zu nicken, verfärbte sich der echte Ibn Hassan zornesrot und wandte sich an Abel und Dodo. Mit verächtlichem Zeigefinger in Richtung Evans sprach der Araber:

»Dieser Mann ist ein Hochstapler. Er hat etwas getrunken, das kein Knecht Allahs jemals über seine Lippen kommen ließe – und außerdem was von ziemlich übler Qualität.«

»Offenbar haben Sie einen zur Brust genommen und sind ihm dann zu nahe gekommen«, murmelte Jackson. Der Angestellte oben schrie. ›Polizei!‹ ein Ruf, in den Abel und Dodo bereitwillig einfielen.

»Betrüger! Polizei! *Au secours!*«

Evans sah ein, daß das Spiel aus war. »Folgen Sie mir«, sagte er, griff Miriams Hand und eilte dem Hinterausgang so schnell entgegen, wie seine Kostümierung es zuließ. Jackson hatte sich an seine Fersen geheftet, den Kerzenlicht-Greco wie ein Segel in seiner Hand schwingend.

»Was soll ich mit dem Ding machen, Boss?« grunzte er.

»Wegwerfen und abhauen. Ich kenn die kleinen Seitengassen hier«, sagte Evans und drehte sich gerade rechtzeitig um, dem nachfolgenden Dodo eins überzuziehen, so geschickt und glücklich, daß der zu Boden sinkende Dodo auch den echten Ibn Hassan zu Fall brachte, der die fürchterlichsten arabischen Flüche ausspie, welche sich Evans nur allzugern notiert hätte, hätte ihm genügend Zeit zur Verfügung gestanden. Sobald Jackson und Miriam draußen waren, zog Evans den Schlüssel aus dem Schloß, folgte ihnen nach draußen, knallte die Tür hinter sich zu, sperrte von außen ab und ließ den Schlüssel in seinem Wüstengewand verschwinden.

Auf Umwegen erreichte das flüchtende Trio unter Evans' ortskundiger Führung das Cernuschi-Museum, wo der diensthabende Wärter an seinem Pult eingeschlafen war. Dort bat Homer Jackson, Sergeant Frémont aufzutreiben und ihm die Absicht auszureden, Evans zu verhaften, der ihm doch kürzlich bei einem prominenten Selbstmordfall dienstreich zur Seite gestanden habe, und Homer um neun Uhr im Café de la Paix zu treffen.

Es war später Nachmittag, und die Menschenmassen wogten über die Trottoirs des leider weitentfernten Montparnasse. Die Ortsansässigen mischten sich unter die Touristen (wenn es sich nicht vermeiden ließ), Vergnügungssuchende drängten sich Schulter an Schulter mit Philosophen und Lyrikern. Der Sandwichmann und der Handzettelausteiler machten, was sie jeden Abend machten, Kellner hetzten sich ab oder trödelten rum, je nach Temperamentslage, und durch die Kehlen jagten und gurgelten und tröpfelten und rannen berauschende Getränke. Doch gebrach es dem gewohnten Straßenbild eines üblichen Elements. Weit und breit waren keine Teppichhändler in Sicht. Das Streichnetz des Gesetzes hatte mal wieder alle Araber, Beduinen, Türken, Armenier, Syrer, Marokkaner, Algerier und dergleichen in seine schonungslosen Maschen getrieben und in der *préfecture* versammelt, wo diese Unglücklichen verstört ihres weiteren Schicksals harrten. Unter ihnen befanden sich der echte Ibn Hassan und sein Freund, wobei ersterer als der übellaunigste Knecht Allahs auf Erden bezeichnet werden durfte. Er hatte einen Hochstapler dingfest gemacht, und zum Dank hatten ihn diese hündischen Ungläubigen in den Knast gesteckt. An einem einzigen Tag diese aufdringlichen Kunsthändler und dann ab ins Kittchen, ganz zu schweigen von einem verlorenen oder gestohlenen Reisepaß, das war zuviel für Ibn Hassans Seelenfrieden.

Freilich sind dunkelhäutige Subjekte in Beduinengewändern und Fezen leichte Beute für fahndende Gesetzeshüter. Die Polizei kennt keine leichtere Aufgabe, als Männer mit wallenden Gewändern aufzugreifen. Schon in der ersten halben Stunde wurden nicht weniger als zweihundert Personen verhaftet, darunter zwei Maharadschas und massenweise Jünger von Raymond Duncan. Frémont trieb langsam aber sicher dem Wahnsinn entgegen. Nicht genug damit, daß ein weltberühmter Millionär verschwunden war und der halbe Montparnasse sich mehr als merkwürdig benahm, auch die gesamte Kunstwelt war in hellem Aufruhr, und jetzt hatte ein weiterer Vulkan Lavamassen neuen Ärgers über den Boulevard Haussmann und die Rue de la Boëtie gespien.

Es würde von unnötiger Rohheit zeugen, die Äußerungen des Justizministers dem Präfekten gegenüber zu zitieren, nachdem er von der Freilassung Ambrose Grings erfahren hatte, da der geheimnisumwitterte Ambrose, ob er nun geistesgestört war oder nicht, sozusagen den springenden Punkt der Heiss-und-Lourde-Affaire darstellte. Gring hatte zweifellos irgendetwas ausgeheckt, ein gewaltiges Eigentumsdelikt, wozu er seine Komplizen ausgesandt hatte, einen rauhbeinigen Revolverhelden, unter dem Namen Oklahoma Tom bekannt, und zwei als Araber verkleidete Betrüger, die sich um ein Haar mit einem der kostbarsten Gemälde in Paris davongemacht hätten. Die Zeugenaussagen der Geschäftspartner Abel Heiss und Dodo Lourde stimmten nicht vollständig überein und wichen auch von denen des Angestellten M. Dinde ab, der sich am Rande eines Nervenzusammenbruchs befand, doch in seinem Delirium hartnäckig darauf bestand, daß die Bildräuber, beziehungsweise der Gring-Mob, sich einen unbezahlbaren Gonzo auserkoren hatten. Der Kurator des Louvre behauptete steif und fest, einen alten Meister namens Gonzo gebe es nicht. Heiss und Lourde wurden keine Sekunde aus den Augen gelassen, während der Montparnasse durchgekämmt, ja, geradezu durchgefiltert wurde auf der Suche nach dem verschwundenen Gring und dem kunsträuberischen Trio, das sich als Araber und Amerikaner verkleidet hatte.

Obgleich der Name Gonzo den Experten im Louvre nichts sagte, war er dem Sergeanten, dem Präfekten und dem Justizminister wohlvertraut und allen anderen, die darauf warteten, daß Hjalmar Jansen aufwachen möge. Dr. Hyacinthe Toudoux hielt seine Uhr in der Hand und wich Hjalmar nicht von der Seite, fühlte ab und zu den Puls und prüfte den Atem mit einem brennenden Streichholz. Der Präfekt hatte sofort begriffen, daß die beiden Hauptverbrechen des Tages miteinander in Verbindung standen, weswegen er den Schwarzen Peter Sergeant Frémont zugeschoben und ihn mit der Aufgabe betraut hatte, alles zu durchfilzen, was auch nur entfernt nach Kunst roch. Und niemand, nicht einmal Tom Jackson, verabscheute Kunst gründlicher als Sergeant Frémont, weswegen er mörderischer Laune war, als Jackson ihn antraf. Anstatt nun das zur Sprache zu bringen, was sie verband, ein gesunder Widerwille gegen die Malerei, und ganz besonders gegen die Ölmalerei, platzte der Reporter mit seinen Gunstbezeugungen für Evans hervor und mußte mit Entsetzen ansehen, wie der Sergeant einen Anfall erlitt, der sich gefährlich den Randzonen eines Gehirnschlags näherte.

»Ach ja, das Café de la Paix«, schrie er, als ihm wieder genügend Atem zur Verfügung stand.

»Das hat er gesagt. Ich versuche nur, Ihnen zu helfen, Sergeant.«

»Und Evans glaubt, der Fall wäre noch immer nicht kompliziert genug, und daß wir hier bloß leichtfertig rumtrödeln. Daß der Botschafter, der Premier, der Präsident der letzten beiden Republiken und der Präfekt wohl nur aus Jux und Tollerei sagen, daß ich entweder Hugo Weiss oder mein Rücktrittsgesuch zu präsentieren habe. Ich habe gehört, daß ihr Amerikaner über ein ganz schönes Maß an Nervenstärke verfügt, wir nennen das ›*culot*‹. Aber ich habe euch unterschätzt«, sagte der Sergeant.

»Sie bewegen sich im Kreis«, sagte Jackson. »Warum soll das Evans nicht für Sie in Ordnung bringen? Sie haben Gring geschnappt, weil er Weiss hinterhertelefoniert hat, was ja nur beweist, daß er von dessen Verschwinden nichts wußte; Sie lassen Gring frei, weil dem Präfekten seine Nase nicht gefällt. Sie halten Abel Heiss und Dodo Lourde wie Gefangene in ihrer eigenen Galerie fest, weil sie was mit Gring zu tun haben, den Sie abwechselnd wollen und nicht wollen. Unser Freund Evans ist ein großherziger Mensch. Er ist fast dauernd unterwegs, um gute Taten zu vollbringen.«

»Richten Sie ihm aus, daß ich das Fahndungsnetz über ihn werfen werde, wenn er sich hier nicht binnen 30 Minuten mit seinen Papieren einfindet«, sagte Sergeant Frémont.

»Sie haben schon seit fast 24 Stunden das Fahndungsnetz ausgeworfen, und Evans schlüpft da rein und raus, wie es ihm beliebt. Glauben Sie vielleicht, daß er im Café de la Paix aufkreuzt, ehe ich ihm das Signal ›Luft ist rein‹ gegeben habe? Sie brauchen dringend Hilfe, Sergeant. Bislang haben Sie sich bei diesem Fall nicht gerade mit Ruhm bekleckert, und ich bin nicht der einzige, dem das aufgefallen ist. Sogar der kleine Mann auf der Straße glaubt allmählich, daß Sie den Rosary-Fall durch reines Glück gelöst haben...«

Jackson hielt inne. In Sachen Psychologie war er keine totale Null, und Frémonts Gesichtsausdruck legte den Gedanken nahe, sich einer anderen Methode zu bedienen.

»Ach, da ist ja mein Regenmantel«, sagte Jackson, der das fragliche Kleidungsstück auf Frémonts Schreibtisch liegen sah. »Ich muß ihn hier vergessen haben.«

Jackson sah allerdings nicht, daß der Mantel sorgfältig mit einem behördlichen Schild versehen war: ›Regenmantel. Beweisstück A. Ohne Identitätshinweise und mit leeren Taschen in den Räumlichkeiten der Firma Heiss und Lourde sichergestellt. Laut Aussage des Zeugen Dinde wurde Mantel von Mitglied der Kunstraubbande hinterlassen.‹ In Wirklichkeit hatte Jackson den Regenmantel bei seiner Flucht mit dem Kerzenlicht-Greco auf dem Louis-XIV-Sessel hinterlassen. Und dieser Regenmantel war alles, sieht man von zweihundert Arabern und dergleichen ab, was der Sergeant als Ergebnis seiner Razzien und Fahndungsaktionen in der Gegend des Boulevard Haussmann vorzuweisen hatte.

Der Sergeant bewahrte einen kühlen Kopf. »Ach, Ihnen gehört der? Sie haben ihn irgendwo vergessen? Wissen Sie, Jackson, Armeeregenmäntel sehen sich alle so ähnlich. Sind Sie sicher, daß es der Ihre ist? Könnten Sie vor Gericht bezeugen...?«

»Natürlich«, sagte Jackson, erleichtert, daß er des Sergeanten Zorn so erfolgreich besänftigt hatte. »In der linken Tasche ist ein Loch, durch das ein Einfrancstück schlüpft, aber für zwei Francs ein wenig zu klein ist.«

Der Sergeant hörte zu, drückte aber gleichzeitig eine Reihe von Knöpfen. In der Wachstube ertönten Summer und in den Korridoren Gongs. Noch ehe Frémont wieder das Wort ergreifen konnte, hatte ein Dutzend der erbarmungslosesten Polizisten von Paris lautlos den Raum bevölkert.

»Monsieur Jackson«, sagte Sergeant Frémont, »Sie geben zu, der Eigentümer dieses Regenmantels zu sein, aber über den Ort seines Verlustes täuschen Sie sich. Sie haben ihn in der Galerie von Heiss und Lourde hinterlassen, wo Sie damit beschäftigt waren, den Angestellten Monsieur Dinde unter Waffengewalt aufzuhalten, um bei der Rückkunft der Herren Heiss und Lourde mit Ihren Komplizen und einem unbezahlbaren Gonzo durch die Hintertür zu fliehen.«

»Keinem Gonzo, einem Greco«, sagte Jackson. »Und ich habe ihn nicht gestohlen.«

Der Sergeant wandte sich den Beamten zu. »Stecken Sie diesen Gentleman sicherheitshalber in die Beruhigungszelle, nachdem Sie ihm seine Papiere, sein Geld, seinen Schlips, Gürtel und die Schuhbänder abgenommen haben. Lassen Sie ihn keine Sekunde aus den Augen, falls er spricht, lassen Sie sich kein Wort entgehen, und wenn er nachdenkt, erraten Sie gefälligst, worüber er nachdenkt. Endlich sind wir auf der richtigen Spur. Ja, das Café de la Paix.«

Ein hünenhafter Araber, der seiner Wüstenphilosophie teilweise wieder mächtig geworden war und alles durch eine Seitentür beobachtet hatte, sagte einem Jünger Duncans, den er für einen Marokkaner hielt: »Diese Art der Überredungskunst, o Bruder im Unglück, nennen die Ungläubigen ›einem Feuer unterm Hintern machen‹.«

10. Kapitel

MORD IM DÔME

Der *commissaire* vom Montparnasse war in vieler Hinsicht recht anders als der Präfekt geartet. Er liebte Pausen. In seiner Gedankenwelt war nichts so ersprießlich wie eine gediegene Ruhepause inmitten eines aufregenden Falls. Nachdem er über Grings Freilassung informiert worden war, hatte er sich in einen Sessel gekuschelt, um ein wenig zu schlummern, wurde jedoch sogleich aufgestört, nur weil seine Vorgesetzten Grings wieder habhaft werden wollten. Der *commissaire* rappelte sich hoch, rief seine Männer herbei und fühlte sich verpflichtet, ihnen genaue Anweisungen zu erteilen, ehe er sie auf die Jagd schickte. Das Problem war einfach genug. Der Präfekt wollte Gring, doch schien es kaum ziemend, eine derart erlesene Truppe auf den Weg zu schicken und nichts weiter zu sagen als: »Schafft Gring herbei.«

»Es ist völlig zwecklos, Greeng Ambrose auf den *terrasses* der Cafés zu suchen, vor allem dem Dôme, wo er stundenlang sitzt. Mir ist nicht entgangen, daß ihr während der Fahndungsaktionen gerne an Kaffeehaustischen sitzt und berauschende Getränke konsumiert, die dann später auf den Spesenabrechnungen erscheinen. Das muß aufhören. Die Nation befindet sich in einer wirtschaftlichen Krisensituation, der Franc verliert ständig an Wert, der Staat ist bis über die Ohren verschuldet. Darum wird jeder Mann meiner Einheit, der während dieser Menschenjagd an einem Kaffeehaustisch angetroffen wird, mit einer Strafe von einem Wochenlohn belegt. Ich habe immer Verständnis für meine

Leute und deren durstige Kehlen gezeigt. Jeder Beamte, der mal schnell einen an einer Bar kippen will, ohne die Zeit der Republik zu verschwenden, geht straffrei aus, falls er nicht allzuoft diesem Vergnügen frönt. Das ist alles, Leute.«

Die Beamten zogen ihrer Wege, doch auf ihrer Suche nach Greeng Ambrose mieden sie das Café du Dôme, das Coupole und sogar das Select und das Rotonde wie die Pest. Und wie das Schicksal so spielt, war Ambrose dermaßen erschöpft und entmutigt, daß er sich nicht mehr in der Lage sah, seine Suche nach Miriam fortzusetzen, und zermürbt auf seinen Lieblingsstuhl auf der *terrasse* des Dôme gesunken war. Als er einen *crème de cacao* bestellte, konnte er beim besten Willen nicht ahnen, daß er schon wieder von den Hütern des Gesetzes gesucht wurde. Müdigkeit und Gram hatten seine Geistesgaben gefährlich reduziert, und die spärlich verbliebenen Reste versuchte er auf Miriam und Evans zu heften, was freilich zur Folge hatte, daß schmachtende Sehnsucht und abgrundtiefer Haß sich auf seinem unrasierten Gesicht malten. Dies wenig ansehnliche Mienenspiel hielt schüchterne Kundschaft davon ab, den noch einzigen freien Stuhl auf der *terrasse* zu besetzen, den Stuhl neben Ambrose. Schließlich wurde der Stuhl dennoch in Anspruch genommen. Ein paar Stunden vergingen, dann hatte der Mann neben Gring das Café verlassen, wie so viele andere Gäste auch, die früh zu Abend essen wollten. Die *rushhour* der Aperitifs war vorbei, die Menge hatte sich größtenteils zerstreut, Kellner, Sandwichmänner, Touristen etc. hatten jegliche Hektik abgestreift, und Polizeibeamte, alleine oder zu zweit, in Zivil oder in Uniform, zu Fuß, zu Pferd oder motorisiert, versuchten, das Viertel zu durchkämmen, ohne sich offen dem Verdacht auszuliefern, die strikten Anweisungen des *commissaires* zu mißachten. Für die Mehrzahl der Beamten stellte dies kein größeres Problem dar. Für die *agents* Moue und Serré wurde die Lage jedoch ein wenig brenzlig, und *agent* Moue warf vom Bürgersteig vor dem

Dôme aus einen kurzen, eher zufälligen Blick auf die *terrasse* und sagte:

»Monsieur Serré, dieser Blödmann in der Mitte, der allein an dem kleinen Tisch sitzt, sieht wie Gring, Ambrose aus.«

»Könnte eine Falle sein. Immerhin, ein ganzer Wochenlohn...« sagte Serré. Er war die personifizierte Vorsicht.

»Hey, Gring. Kommen Sie her«, rief Moue in der Hoffnung, die Beute aus ihrer Zufluchtsstätte zu locken.

Ambrose Gring rührte sich nicht.

Die beiden Beamten riefen und brüllten, dann traten zwei Kellner an Grings Tisch und teilten ihm mit, daß man beabsichtige, ihn zu verhaften. Er möge sich doch freundlicherweise von der *terrasse* zum Trottoir begeben. Gring schien sie nicht zu hören. Seine Augen waren halboffen, Gesicht und Hände waren blaß.

»Schafft ihn in Gottes Namen hierher«, rief *agent* Moue. »Der Kerl muß taubstumm und blind sein.«

M. Chalgrins Aufmerksamkeit entging es nicht länger, daß da irgendetwas nicht ganz koscher war und er verließ seinen Posten hinter der Bar. »Was geht hier vor? Was geht hier vor?« fragte er. Einer der Kellner sagte ihm, daß die Polizisten mit Ambrose sprechen wollten, aber leider Anweisung hätten, die *terrasse* nicht zu betreten.

»Ich werde mich beim Präfekten beschweren. Soll ich der Kundschaft der Detektive und Schutzleute beraubt werden? Will man sie in andere Cafés treiben? Sind da vielleicht Gewinnanteile im Spiel? Schmiergelder? Als Steuerzahler und Geschäftsmann werde ich verlangen, daß das gesamte Departement auf den Kopf gestellt wird.«

Genau in diesem Augenblick schrie eine Frau: »Er ist tot!«

»Unmöglich«, sagte M. Chalgrin. »Ich hab schon genug Ärger.«

Die Gäste hatten den Schrei jedoch nicht überhört. Einige sammelten sich um Grings Tisch, andere suchten das Weite, da sie sich ihre abendliche Lustbarkeit nicht durch die

Anwesenheit einer oder mehrerer Leichen verderben lassen wollten. Beide Gruppen wurden von M. Chalgrin angerüffelt, da sie entweder in die kriminalistische Zone, die mit ›X‹ bezeichnet worden war, eindrangen oder durch ihre Fluchtversuche sich selbst zu Verdächtigen stempelten.

»Soll er zum Trottoir geschafft werden, tot oder lebendig?« fragte Chalgrin.

»Nichts anrühren«, sagte der vorsichtige Polizist. »Ich hole mir erstmal telefonische Anweisungen vom *commissaire*.«

Serré hastete ins nächste *bistro* mit Telefon. Der *commissaire* saß an seinem Schreibtisch und wartete voll Ungeduld auf Nachricht.

»*Agent* Serré«, sagte Serré.

»Also was? Haben Sie ihn?«

»Ich weiß, wo er ist, aber ich möchte fragen ...«

Der *commissaire* explodierte. »Um Himmels willen, wenn Sie wissen, wo er ist, warum schaffen Sie ihn dann nicht her? Er wird uns noch abhauen.«

»Das halte ich für ausgeschlossen, Sir«, sagte *agent* Serré. »Der Mann ist nämlich tot.«

»Tot? Unmöglich«, rief der *commissaire*.

»Monsieur Chalgrin und eine Reihe alkoholsüchtiger Touristen haben ihn für tot erklärt«, sagte der Beamte.

Der *commissaire* verlor keine Zeit mehr. Mit erstaunlicher Behendigkeit für einen Mann seines Alters und seiner Gewohnheiten rannte er in Richtung Café du Dôme und war bereits zur Stelle, als *agent* Serré wieder seinen Posten auf dem Trottoir bezog.

»Kommt her, ihr Schwachköpfe«, rief der *commissaire*. »Nur weil ich euch das Trinken untersagt habe, laßt ihr einen Mord direkt unter eurer Nase zu.«

»Wer sagt denn, daß es Mord war?« fragte Chalgrin. Einige Touristen und Müßiggänger schrien auf.

»Ist irgend etwas berührt worden, der Tisch, das Glas und

sein Inhalt?« Behutsam roch der *commissaire* an dem Glas. »Riecht nach Kakao und Mandeln. Hier, ihr Gipsköpfe, riecht selbst.«

Selbst der vorsichtige Serré räumte ein, das Getränk rieche nach Kakao.

»Es ist *crème de cacao*. Das hat er immer getrunken, ich weiß auch nicht, warum«, sagte der Wirt. »Können Sie ihn hier nicht fortschaffen? Sonst kann ich heute kein Geschäft mehr machen. Niemand möchte mit einer Leiche auf einer *terrasse* sitzen.«

»Sie können ja den unmittelbaren Bereich abschirmen«, schlug der *commissaire* vor.

»Von wegen abschirmen. Irgendein Betrunkener könnte die Abschirmung durchbrechen, es würde eine Panik geben, und wenn einer meiner Gäste dabei verletzt wird, bin ich auch noch verantwortlich.«

Der *commissaire* war nicht der klügste Beamte der Welt, aber auch nicht der dümmste. Er beschloß, den Schwarzen Peter weiterzureichen.

»Informieren Sie den Präfekten«, brüllte er, und an die Menschenmenge gewandt, die aus allen Ecken des Viertels zusammengeströmt war und den Verkehr auf beiden Boulevards und sämtlichen Seitenstraßen blockierte, sagte er in weniger heftigem Ton: »Treten Sie zurück, aber niemand darf die nähere Umgebung verlassen.« Da kaum jemand die Absicht hegte, die nähere Umgebung vor dem Morgengrauen zu verlassen, erhob sich keinerlei Protest. Die Nachricht, daß Ambrose Gring, ehemaliger Bewohner des Viertels und, durfte man den Zeitungen glauben, Mitglied der Bilder-Bande tot und möglicherweise ermordet worden war, hatte sich bis in die letzten Winkel des Montparnasse verbreitet. Die Eigentümer des Coupole, des Select und des Rotonde rauften sich die Haare. Zwar würde das Dôme keine nennenswerte Umsätze machen, solange sich Grings Leichnam noch auf der *terrasse* befand, aber während der folgenden Tage würden Neugierige den als X markierten Bereich aufsuchen und sich auf den mit G bezeichneten Stuhl niederlassen, wobei die Wagemutigen unter ihnen einen *crème de cacao*, ein teures Getränk, bestellen würden. Zugunsten der obenerwähnten Eigentümer muß gesagt werden, daß sie keine Sekunde in Erwägung zogen, jemanden umzubringen, um mit einer Gegenattraktion aufwarten zu können, doch wären ihre Gedanken und Äußerungen über den Dahingegangenen milder und wohlgesonnener gewesen, hätte ihn der Tod beispielsweise in einer Straßenbahn zum Jardin du Luxembourg ereilt.

Sirenen verkündeten die Ankunft des Präfekten und Sergeant Frémonts, die einen lautstarken Wortwechsel führten.

»Es war Ihre, nicht meine Idee, dieses Stinktier wieder freizulassen«, sagte der Sergeant. »Jetzt hat er sich zum ungünstigsten Zeitpunkt ermorden lassen.«

»Ich habe Ihnen Anweisung gegeben, ihn nicht aus den Augen zu lassen«, sagte der Präfekt. »Sie sind verantwortlich.«

»Und später haben Sie mir Anweisung erteilt, alle verfügbaren Männer abzukommandieren, um Araber aufzugreifen«, sagte der Sergeant.

»Sie waren nicht einmal in der Lage, die richtigen Araber aufzugreifen. Von sämtlichen Arabern wollte ich nur zwei haben, und genau die haben Sie entwischen lassen«, sagte der Präfekt.

»Wir sind angekommen«, sagte der Sergeant, als sich der Dienstwagen durch die Menschenmenge pflügte und an der Ecke des Boulevard Montparnasse anhielt.

11. Kapitel

WIE WIRD MAN GENERALBEVOLLMÄCHTIGTER?

James Joyce überarbeitete zum sechsten Mal Seite zweitausendundvierzig seines *opus magnum* ›Work in Progress‹; Harold Stearns saß in der Bar des Select und murmelte, ein Mord sei etwas Ungewöhnliches, also Banales und darum uninteressant; Gertrude Stein und Alice Toklas tranken Brandy und Soda, Gertrude den Brandy und Alice den Soda; Ernest Hemingway war im Bois und überlegte, was er wohl tun würde, wenn der Bois Wyoming und die Schwäne Wildenten wären und er ein Gewehr dabeihätte.

Homer Evans und Miriam Leonard saßen jedoch auf einer Steinplatte der Han-Dynastie (202 v. Chr. – 220 n. Chr.) im Cernuschi Museum, wo der Wärter noch immer schlafend auf sein Pult gesunken lag.

»Werden Sie sich auch fürderhin in geheimnisvolles Schweigen hüllen, oder werden Ihre Gehilfen auch mal des Blitzstrahls Ihrer Erkenntnis teilhaftig?« fragte Miriam. »Sie behaupteten, in der Galerie genau das bekommen zu haben, was Sie sich gewünscht hatten. Wenn das stimmt, sind Ihre Wünsche zumindest absonderlich. Selten zuvor ist mir ein derartiger Schrecken eingejagt worden. Mein alter Vater wird mir keinen *cent* mehr geben und mich windelweich prügeln, wenn mein Name in Polizeiberichten auftaucht.«

»Wir werden Ihrem Papa unnötige Aufregung ersparen«, sagte Evans. »Vielleicht wird Ihnen manches klar, wenn ich Ihnen verrate, daß der Kerzenlicht-Greco, den der arme

Dinde dem Reporter Jackson vorlegte, nicht mit dem Gemälde von heute früh identisch war, was keineswegs den Absichten der Herren Heiss und Lourde entsprach. Und beide Bilder waren auf sehr alte Leinwand gemalt.«

»Alte Meister auf neuer Leinwand sind auch relativ selten, oder?« fragte Miriam.

»Leider nein«, sagte Evans, »und dann weiß man, daß man geleimt worden ist. Ich muß ein paar Jahre zurückgehen und Ihnen erst mal von einem kleinen Gefallen erzählen, den ich Hugo Weiss erwiesen habe. Seltsamerweise ging es dabei um einen dritten Kerzenlicht-Greco, ebenfalls auf sehr alte Leinwand gemalt. Eine derart geschickt gemachte Kopie, daß sie von mehreren Experten für ein Original gehalten wurde. Ich hatte jedoch gerade ein seltenes Chemiebuch durchgearbeitet und wußte, daß El Greco, als er die Kerzenlicht-Serie malte, ein bestimmtes Purpurrot noch nicht verwendet hatte. In der Kerzenflamme aber war genau dieses Rot zu sehen, und Hugo Weiss hätte für das Gemälde um ein Haar eine Riesensumme hingeblättert. Das hätte ihm nichts ausgemacht. Aber er hätte sich vor seinem Rivalen, einem anderen millionenschweren Philanthropen, lächerlich gemacht, der Hugo haßte und nichts unterließ, um ihm seine Überlegenheit zu demonstrieren. Netterweise hat er mir das nie vergessen, möglicherweise mit ein Grund, warum er so gut auf unseren Freund Hjalmar zu sprechen ist. Ich kann nicht umhin, mich ein wenig verantwortlich zu fühlen. Wir müssen Hugo finden, aber im Moment wäre mir schon wohl, wenn der Taxifahrer mit unseren Kleidern zurückkäme. Ich muß gestehen, daß mir Ambrose Grings Sicherheit ernsthafte Sorgen macht.«

»So wichtig kann er nun auch wieder nicht sein«, sagte Miriam.

»Ambrose selbst ist bestimmt nicht wichtig, doch verfügt er über äußerst gefährliche Informationen, zumindest nimmt man das an. Würden Leute, die nicht einmal davor zurückschrecken, einen Hugo Weiss zu entführen, eine Sekunde zögern, Gring Gewalt anzutun?«

»Warum lassen Sie ihn nicht einfach wieder verhaften? Ein Wort mit Sergeant Frémont...«

»Genau das habe ich vor, aber wir dürfen keine Zeit mehr verlieren... Ah, da kommt ja unser Taxi. Ein Glück nur, daß der Wärter wie ein Murmeltier schläft.«

Der Taxifahrer schlich herein, unter jedem Arm ein Kleiderbündel, grinste verständnisvoll beim Anblick des schnarchenden Wächters orientalischer Schätze und gab gestikulierend zu verstehen, eine wichtige Mitteilung zu haben. Miriam und Evans glitten auf die Grabstätte des Liang Hse (220 v. Chr.) und trugen wenige Augenblicke später wieder ihre Alltagskleidung. Evans hatte die Feze und Beduinenmäntel in eine Urne gestopft, deren Datierung in der Fachwelt umstritten war. Miriam hatte freilich noch ihren knabenhaften Haarschnitt, doch verbarg ihr Hut (Schiaparelli 1870 – 19..) den Umstand, daß sie ihrer Ringellöckchen verlustig gegangen war.

Sie schlichen sich an dem Aufpasser vorbei, der gottlob nicht erwachte, da er sie wegen der anderen Kleidung sonst für neue Besucher gehalten und erneut zur Kasse gebeten hätte. Sie bestiegen das Taxi und fuhren zur Ecke der Avenue Velasquez, wo der Chauffeur anhielt und sich nach Evans umdrehte.

»Ihr Freund, der Friseur, kam ganz aufgeregt in diese arabische Spelunke. Sagte, er habe den Mann gefunden, der Ihnen Ärger gemacht hat, wollte Sie auf der Stelle sprechen«, sagte der Fahrer.

»Henri? Was hat der bloß gewollt?« fragte Evans überrascht.

»Er war nicht nur aufgeregt, sondern auch völlig plemplem. Glaubte, Ben Sidi und Ben Abou könnten ihm sagen, wo Sie stecken. Sind schon ein lustiges Völkchen, diese Araber.«

»Nun ja«, sagte Evans, »Henri kann ich auch noch später treffen. Henri kann warten. Jetzt haben wir Wichtigeres zu tun.«

»Hoffentlich verschlampt er meine Löckchen nicht«, sagte Miriam.

»Jetzt«, sagte Evans, seit seiner Entlarvung durch Ibn Hassan erstmals wieder frohgemut, »jetzt müssen wir ein wenig mit dem Botschafter schwatzen.«

Der Botschafter gab sich gerade dem Genuß eines – wie er es nannte – *oldfashioned* Cocktails hin, obgleich das Getränk nur geringe Spuren von Zucker und Wasser aufwies. Er begrüßte Evans ohne weitere Formalitäten, da er als kleiner Junge noch Homers Vater gekannt hatte, ja, von diesem sogar konfirmiert worden war.

»Na, Homer, was gibt's Neues? Soll ich Ihnen endlich einen Job suchen? Man sollte was arbeiten, junger Mann. Weiß auch nicht, warum. Hab nie genauer darüber nachgedacht. Aber so isses halt. Muß sich irgendwie beschäftigen«, sagte der Botschafter. Dann bemerkte er Miriam. »Großer Gott, hab das Mädel gar nicht gesehen. Vielleicht heiraten Sie ja und kommen mal zu Potte. Heißt ja allgemein, ein Mann sollte heiraten. Muß man sich gut überlegen.«

Miriam war erfreut, doch vermochte sie sich zu beherrschen. »Es fiele mir im Traum nicht ein, Mr. Evans' einzigartigen Seelenfrieden zu stören oder seine arglose Lebensweise«, sagte sie.

»Muß gut überlegt sein«, sagte der Botschafter. »Spricht viel dafür und dagegen. Das macht die meisten Probleme so schwierig. Hat alles seine zwei Seiten. So bleibt alles unerledigt. Nun ja. Nett, mal wieder in ein hübsches amerikanisches Gesicht zu blicken. Vermisse ich manchmal hier in der Nachsaison. Dann sind's wieder zu viele. Na schön.« Er seufzte und griff zum Glas.

»Tut mir leid, Sie zu stören«, hub Evans an.

»Quatsch. Freut mich, Sie zu sehen, mein Junge. Aber halsen Sie mir keine Arbeit auf. Hab schon den halben Tag mit dieser Hugo-Weiss-Affaire zugebracht – Telegramme, Telephonate, die Behörden völlig aus dem Häuschen. Mußte sogar beim Präfekten vorbeischauen, um meine Show abzuziehen. Er hat mir eine Adressenliste versprochen... Wissen Sie was, Evans, meiner Meinung nach ist Hugo nur auf Sauftour. Müssen's halt vertuschen. Würde er auch bestimmt für uns tun.«

»Ich fürchte, die Angelegenheit ist ein wenig ernster«, sagte Evans.

»Tatsächlich?« stöhnte der Botschafter. »Nun, wenn's ernst ist, muß etwas geschehen. Aber was, mein Junge?«

»Ich möchte Ihre Erlaubnis, seine Korrespondenz in Augenschein zu nehmen«, sagte Evans.

»Aber natürlich, mein Junge. Warum denn nicht? Falls die Polizei nicht schon alles durchstöbert und verschlampt hat. Die reinsten Energiebündel, diese Polizisten. Muß ja wohl so sein, zweifellos, aber ich glaube, sie würden manchmal mehr zuwege bringen, wenn sie sich Zeit lassen würden.«

»Wenn ich richtig informiert bin, haben Sie selbst den Präfekten angewiesen, Hugos Post nicht zu öffnen.«

»Das stimmt. Das stimmt. Privatsphäre und so. Mußte diesen Typen ja schließlich irgendeine Anweisung geben. Aber Sie und Hugo sind Freunde. Hat sicher nichts dagegen, wenn Sie da 'nen Blick reinwerfen... Aber warum glauben Sie, daß die Lage ernst ist? Ist doch erst einen Tag her. Alles halb so wild. Immer wenn mir die Polizei auf den Wecker gefallen ist, habe ich ein wenig Urlaub genommen...«

»Ich habe guten Grund zu der Annahme, daß er entführt worden ist«, sagte Evans.

Der Botschafter war plötzlich ganz Ohr. »Entführt«, sagte er. »Ausgeschlossen. Keine Lösegeldforderung. Entführer hinterlassen immer eine Lösegeldforderung.«

»Dieser Fall liegt anders«, sagte Evans. »Eine gewisse

Interessengruppe will Hugo für ein, zwei Tage aus dem Verkehr ziehen.«

»Nun ja. Was schadet das, wenn sie ihn dann wieder laufenlassen? Er wird sich schon rächen. Kluger Kerl, dieser Weiss. Hab mal auf der *Dresden* mit ihm Poker gespielt. Den legt keiner rein.«

»Da kann ich Ihnen nur zustimmen«, fuhr Evans fort. »Wenn ihn seine Rivalen aus der Geschäfts- oder Mäzenatenwelt geschnappt hätten, könnten wir unbesorgt sein. Doch deutet alles darauf hin, daß die Drecksarbeit Typen überantwortet wurde, die nicht allzu zimperlich sind, wenn es um Menschenleben geht. Dieser Fall hat so viel Staub aufgewirbelt, das spurlose Verschwinden...«

»Ich weiß.«

»Es ist doch so, wenn es die Entführer mit der Angst zu tun bekommen, werden sie alles dransetzen, Hugo loszuwerden und somit auch meinen Freund Oberst Kvek und ein Taxi der Marke Citroën. Meine Schwierigkeit dabei ist folgende – am Abend als Weiss verschwand, haben ich und meine Freunde, Sie haben Sie auf dem Revier gesehen, ihm einen kleinen Streich gespielt. Wirklich nur ein harmloser Jux, aber die Polizei hat das alles mißverstanden und sämtliche Beteiligten verhaftet, außer Miss Leonard und mir. Und weil ich ihm entwischt bin, ist dieses Rindvieh von Präfekt überzeugt, daß ich Hugo beiseite geschafft habe. Die gesamte Polizei Frankreichs ist mir auf den Fersen, dabei bin ich der einzige, der ihr helfen kann, Weiss wieder aufzutreiben. Wenn ich mich auf dem Revier blicken lasse, wird man mich ins Gefängnis werfen und bis zum Jüngsten Gericht festhalten, und Weiss wird inzwischen vielleicht aus unserer Mitte gerissen werden...«

»Gott, Junge, sagen Sie so was nicht. Was kann ich für Sie tun? An mir soll's nicht liegen.«

»Können Sie erreichen, daß ich zum Sonderbeauftragten der US-Regierung ernannt werde, damit ich der französischen Amtsgewalt helfen kann, Weiss zu finden und einen infamen Schmugglerring zu entlarven?«

»Nichts leichter als das! Miss Archibald!« brüllte er.

Eine adrette, junge Dame mit einem Notizblock in Händen erschien. »Mary«, sagte der Botschafter, »fragen Sie diesen Gentleman, was Sie machen sollen, und machen Sie es dann. Falls ich mit dem Außenminister telephonieren soll, werde ich mit ihm sprechen. Aber finden Sie bitte erst raus, was ich sagen soll.«

»Gewiß, Herr Botschafter«, sagte Mary. Evans folgte ihr ins Bürozimmer und erklärte ihr, was er benötigte. Keine halbe Stunde später hatte er einen Diplomatenpaß, freien Zugang zu den staatlichen Geheimdiensten und eine Bestallungsurkunde auf Pergament mit nicht weniger als fünfzehn Borten und Siegeln, die ihn ermächtigte, im Auftrag der Vereinigten Staaten von Amerika zwecks Wiederauffindung des Bürgers Hugo Weiss zu handeln, insbesondere wenn diesbezügliche Schritte der bewährten franco-amerikanischen Zusammenarbeit und Freundschaft dienlich sein könnten. Eine Zusatzklausel legitimierte Homer, amerikanische Post von allen und an alle Personen, Firmen, Gesellschaften, Clubs etc. zu öffnen. Eine notariell beglaubigte und mit Stempeln höchster Ministerien versehene Übersetzung war dem Dokument beigefügt, um auch die zu überzeugen, die der englischen Sprache nicht mächtig waren.

»Halten Sie mich auf dem laufenden, Junge... Und lassen Sie mich wissen, wenn ich was für Sie tun kann. Wiedersehen, Miss Leonard. Hübsches amerikanisches Gesicht. Figur auch. Höchst anständig von Ihnen, einem Mann nicht vollständig den Kopf zu verdrehen, um ihn zu heiraten. Schauen Sie jederzeit wieder vorbei«, sagte der Botschafter, als sie aufbrachen.

»Er ist eine Seele von Mensch«, sagte Miriam. Evans hatte es nicht versäumt, auch ihr eine Vollmacht ausstellen zu lassen, damit sie jederzeit in der Lage war, als seine Sekretärin,

Assistentin und Gehilfin tätig zu werden, und in jugendlicher Seligkeit umfaßte sie das Dokument, hatte sie doch derlei noch nie in Händen gehalten. »Oh, da steht's ja auch noch auf französisch«, sagte sie und ließ ihren Blick glückselig über das Pergament gleiten. »Sie denken auch wirklich an alles.«

12. Kapitel

DIE VERDÄCHTIGEN ERWACHEN

Kurz vor acht Uhr wurde der leblose Körper Ambrose Grings in die Leichenhalle transportiert und aufgebahrt. Dr. Toudoux oblag es, so bald wie irgend möglich eine Autopsie durchzuführen, doch sah er sich auch dringlich verpflichtet, dem Erwachen der Verdächtigen und Zeugen aus dem Hôtel du Caveau beizuwohnen. In seinem langen und an üblen Erfahrungen reichen Berufsleben hatte der Doktor noch nie von einem Tod durch *crème de cacao* gehört, aber er hatte keine Schußlöcher feststellen können, keine Verletzungen durch scharfe oder stumpfe Gerätschaft, keine Symptome organischer Störungen und, frustrierender als alles andere, keinerlei bitteren Mandelgeruch.

Der *rigor mortis* hatte noch nicht eingesetzt, falls das jemanden scherte. Es deutete einiges darauf hin, daß Gring nicht mal über ein Mindestmaß an *rigor vitae* verfügte, um einen vernünftigen *rigor mortis* zuwege zu bringen, was zur Feststellung der Todesstunde von großem Nutzen gewesen wäre. M. Chalgrin war der felsenfesten Überzeugung, der Mord habe zwischen zwei und sieben Uhr stattgefunden, doch hatte er sich durch sein Zögern, den Leichnam fortzuschaffen, derart unbeliebt gemacht, daß niemand willens war, seinen Ausführungen Beachtung zu schenken.

Die Routinearbeiten hatte man ohne Zwischenfälle erledigen können. Das Glas nebst Inhalt war in ein Seidentaschentuch gehüllt und vorsichtig zum Labor gebracht worden, um es auf Fingerabdrücke und Giftspuren zu untersuchen. Zahlreiche Zeugenbefragungen waren durchgeführt worden, aber außer einem Kellner hatte niemand bemerkt, daß eine Zeitlang ein Mann an dem, inzwischen mit G markierten Tisch gesessen war, und dieser Kellner, der im Laufe des Tages ein paar Hundert Gäste bedient hatte, konnte sich nicht erinnern, ob der fragliche Mann ein Weißer oder Farbiger gewesen war, welcher Sprache er sich bediente, ob er sich überhaupt mit dem Dahingeschiedenen unterhalten hatte. Mit jeder neuen Stufe der Ermittlungen häufte der Präfekt immer ärgeren Spott auf Sergeant Frémont, während dieser sich in wachsendem Maße verbittert über die Welt zeigte, über seinen Beruf, seine Vorgesetzten, Untergebenen und Gleichgestellten und vor allem über den Montparnasse. Der Bereich X, der Tisch, der Stuhl, das Glas und die Flasche waren mehrmals photographiert worden, wobei sich mehrere Touristen hinzugedrängt hatten, um mit aufs Bild zu kommen.

»Ich erwarte rasche Ergebnisse«, sagte der Präfekt. »Wir leben schließlich nicht in einer Anarchie. Wenn Menschen aus eurem Distrikt verschwinden und ohne Anwendung von Schußwaffen, Messern, Knüppeln, Pfeilen, Schlangen oder bitteren Mandeln sterben können, ist es an der Zeit, das Departement gründlich umzukrempeln.«

Sergeant Frémont mußte etwas vorweisen, wollte er nicht die letzten Reste seines guten Rufs einbüßen. »Ich kann bereits mit Ergebnissen aufwarten, doch waren Sie zu beschäftigt, um sie sich anzuhören«, schnarrte er. »Ich habe den amerikanischen Oklahoma-Tom, Chef der Bilderbande, hinter Gittern. Überdies kann ich Ihnen, falls Sie mich um neun Uhr ins Café de la Paix begleiten möchten, den Amerikaner Ivan präsentieren, der möglicherweise als Araber verkleidet ist.«

»Ich nehme Sie beim Wort«, sagte der Präfekt. »Kommen Sie. Die Zeit drängt. Erst müssen wir diesen Haufen Krakeeler aufwecken und Gonzo in die Zange nehmen.«

Die *préfecture* war inzwischen Schauplatz unheilschwangerer Maßnahmen geworden. *Agent* Schlumberger, den man mit der Aufsicht der Caveau-Verdächtigen betraut hatte, war es gelungen, Kontakt zu einem Cousin herzustellen, der die Trompeter der *Garde Républicain*e anführte, und er hatte überdies den Arabern mit Hilfe eines Dolmetschers weisgemacht, ihre baldige Freilassung hänge ausschließlich davon ab, mit welcher Inbrunst sie den alten arabischen Kriegsschrei ausstießen, sobald Schlachtenmusik erklang. Als der Präfekt und Sergeant Frémont den Korridor betraten, hatten sich acht Korporalschaften rüstiger Trompeter in blauen Uniformjacken, roten Hosen, mit goldenen Epauletten und federgeschmückten Helmen vor den Zellen formiert. Dr. Hyacinthe Toudoux zog seine Taschenuhr.

»Kein Ton vor acht Uhr«, sagte er.

Der echte Ibn Hassan spähte durch den Eingang des Büros, bereit, den Einsatz zu arabischem Gebrüll zu geben. Jackson, der ohne Krawatte, Gürtel und Schuhbänder einigermaßen lächerlich aussah, beobachtete die Vorgänge von seiner hellerleuchteten Beruhigungszelle aus.

»Ich verlange, den Botschafter zu sprechen«, sagte er.

»Das ist nicht der rechte Augenblick, Witze zu machen«, sagte *agent* Schlumberger.

Punkt acht Uhr setzten die Trompeter auf ein Zeichen hin ihre Instrumente an die Lippen und bliesen nach Leibeskräften. Der Lärm war ohrenbetäubend und wurde noch von dem Kriegsgeheul zweihundert entnervter Mohammedaner gesteigert.

Zuerst reagierte die schwedische Schauspielerin, die ihre Decke beiseite warf, sich aufrecht in ihren pflaumenfarbenen Pluderhosen hinstellte und trotzig deklamierte: »Wohlan, die Pferde sind gesattelt.«

Ihr Zellengenosse, Snorre Sturlusson, fing an, Finlandia zu singen. Das schwarze Mädchen, Cirage, glaubte, ein Blutbad stehe bevor und warf sich wie Pocahontas über Simons Kopf, um ihn zu schützen. Gwendolyn Poularde, die als typische Französin nie das rechte Augenmaß verlor, sagte nur: »Na, na.«

Etwa acht Takte des musikalischen Rufs zu den Waffen waren erklungen, ehe sich Hjalmar regte. Er rieb sich die Augen, setzte sich auf, ohne sie zu öffnen, rappelte sich schließlich auf die Füße und gähnte.

»Heiliges Kanonenrohr«, sagte er, »ich war betrunken und bin in die Armee eingetreten.« Dann gewahrte er M. Julliard in seiner Nähe und fragte: »Müssen wir noch weit marschieren?«

»Das ist nicht die Armee. Wir sind verhaftet worden«, sagte M. Julliard. Hjalmar hörte kaum zu, fuhr mit den Händen in seine Taschen, die leer waren, und sein Erinnerungsvermögen setzte wieder ein. Er sprang zu den Gitterstäben, die er wie Harfensaiten rüttelte. »Hey, Sie«, rief er dem Präfekten zu, »man hat mich ausgeraubt. Jemand hat mein Geld gestohlen. Glauben Sie bloß nicht, Sie können hier faule Dinger drehen.«

Während Hjalmars Ausführungen dem Präfekten übersetzt wurden, hielten die Schicksalsgefährten des Norwegers mit eigenen Beschwerden und Forderungen nicht hinter dem Berge. Sie verlangten Auskunft, Essen, Trinken, Freiheit, was ihnen gerade in den Sinn kam. Die Trompeter der *Garde Républicaine* waren außer Atem, doch als die Araber Hjalmars Gebrüll hörten und es völlig richtig als Widerstand gegen den Präfekten und all die anderen ungläubigen Beamten interpretierten, heulten sie in fröhlicher Zustimmung auf. Jackson schrie in seiner Beruhigungszelle, was das Zeug hielt, und da sein Großvater, Habakuk Jackson, Kapitän eines angesehenen Klippers gewesen war und ihm beigebracht hatte, sich auch noch im wildesten Sturm verständlich zu machen, gelang es ihm schließlich, Hjalmars Aufmerksamkeit zu erhaschen. Dieser war ein klein wenig überrascht, mit dem Namen Gonzo angesprochen zu werden, aber das machte in diesem Tumult auch nichts mehr aus.

»Sprecht bloß kein Wort Französisch. Niemand von euch kann auch nur ein Wort Französisch«, rief Jackson.

»Wer sagt das?« erwiderte Hjalmar.

»Homer Evans. Er hat uns den Rat gegeben, kein Wort Französisch zu sprechen. Die werden euch gleich in die Zange nehmen.«

»Einen Dreck werden sie tun. Ich will mein Geld. Ich hab einen Haufen Knete verloren.«

»Ich glaube, sie haben's in der Schreibtischschublade«, sagte Jackson.

Sofort erhellte sich Hjalmars Gesicht, und er rüttelte wieder am Gitter, bis sich der Mauergips löste und in dicken Klumpen zu Boden fiel. M. Julliard faßte ihn sanft am Ellbogen. »Sie dachten, Ihre Geldscheine seien Blüten«, sagte er.

»Blüten! So ist's recht. Stammt direkt aus den Kassen des Dôme und des Coupole.«

»Sie haben sich alle Bilder aus Ihrem Atelier gekrallt und sie zum Louvre gebracht, um Gutachten einzuholen«, rief Jackson.

»Zum Louvre? Hoho. Ich lach mich tot!« Hjalmar fing an, Geschmack an der Sache zu finden. Er hatte seinen Rausch ausgeschlafen und war zu neuen Taten bereit, nur wollte er erst die Angelegenheit mit seinem Geld aufgeklärt wissen. Er wollte Gewißheit haben, daß es in dem Schreibtisch auch tatsächlich sicher verwahrt war.

Der Präfekt, der bis eben wegen des Lärms außerstande war, auch nur ein einziges Wort aufzuschnappen, kapierte allmählich, daß die Gefangenen Informationen austauschten. Sergeant Frémont war das gleich klar gewesen, und er hatte vergeblich die Ohren gespitzt. Der Präfekt schmiß den Laden hier, und nach der Behandlung, die ihm heute angediehen war, zeigte Frémont wenig Neigung, seinem Vorgesetzten zu helfen. Ja, je mehr der Präfekt die Ermittlungen vermasselte, desto wohler war ihm.

»Führen Sie diesen Mann zur Vernehmung in mein Büro,

und verbieten Sie den anderen Gefangenen, miteinander zu sprechen«, sagte der Präfekt. »Ich werde sie alle einzeln befragen.«

Sechs *agents de police* näherten sich mit gezogenen Revolvern Hjalmars Zelle und öffneten umsichtig die Tür. Der kräftige Norweger blickte auf ein halbes Dutzend kleinerer Männer nieder, lächelte nachsichtig, und gestattete ihnen, nachdem er M. Julliards Hand geschüttelt hatte, ihn den Korridor entlangzuführen. Im Büro angekommen, wurde er von dem übellaunigen Präfekten empfangen, während Sergeant Frémont gelassen zusah.

»Wo ist mein Geld?« eröffnete Hjalmar das Gespräch.

»Junger Mann, ich stelle hier die Fragen«, sagte der Präfekt.

»Fragen Sie, was Sie wollen, aber sagen Sie mir erst, wo mein Geld ist. Mein Freund von der Presse...«

»Genug. Ihr Freund von der Presse, wie Sie ihn nennen, ist Oklahoma Tom, Chef der Bilderbanditen-Bande. Und Sie sind Gonzo. Leugnen Sie es nicht. Ihre Komplizin, die nach Amerika oder England geflohen ist, ist die rothaarige Mademoiselle Montana.«

»Jetzt hören Sie mal, Chef, ich brauch 'nen Kaffee und will meine Knete zurück, das ist alles«, sagte Hjalmar.

»Wieviel Geld hatten Sie bei sich?«

»Ungefähr 250.000 Francs.«

»Haben Sie gewöhnlich so viel Geld dabei? Ist Ihre Kunst derart lukrativ?«

»Ich kann Ihnen ruhig sagen, daß ich noch nie so viel hatte. Glücksfall.«

»Erzählen Sie mir von diesem Glücksfall.«

»Nun, das war so. Vor gut einem Jahr machte ich in New York die Bekanntschaft des Millionärs Hugo Weiss.«

Der Präfekt wandte sich dem Stenographen zu. »Kriegen Sie jedes Wort mit?« Der Stenograph nickte.

»Sie haben mit Hugo Weiss Bekanntschaft geschlossen?

Vermutlich hat er sich Ihrer angenommen«, sagte der Präfekt.

»Das kann man wohl sagen. Er gab mir tausend Dollar, um ein Jahr in Paris studieren zu können, dann gingen wir zu Luchow's und tranken jede Menge Bier. Würzburger übrigens. Gutes Bier, dieses Würzburger.«

»Eine ekelhafte Brühe«, sagte der Präfekt. »Wenn man Wein dagegenhält...«

»Wein geht auch«, stimmte Hjalmar zu. »Aber damals tranken wir Bier.«

»Und dann?«

»Dann kam ich hierher.«

»Das interessiert mich besonders. Ich habe mir die Passagierlisten sämtlicher Dampfschiffgesellschaften genau angesehen, der Name Gonzo taucht da während der letzten zehn Jahre kein einziges Mal auf.«

»Ich heiße Jansen, nicht Gonzo.«

»Jansens tauchen auch nicht auf.«

»Ich bin nicht auf einem Passagierschiff gekommen. Ich bin Seemann. Ich hatte angeheuert«, sagte Hjalmar.

»Und dann von Bord gesprungen?«

»Nun«, sagte Hjalmar, »das ist so üblich, sonst wird man nämlich geradewegs zum Ausgangshafen zurücktransportiert.«

»Ein hervorragender Start Ihrer Studien in Europa. Illegale Einwanderung nach Frankreich«, sagte der Präfekt.

»Seien Sie doch nicht so. Ich hatte früher mal einen Paß.«

»Keine Papiere. Nichts stimmt.«

»Ich habe ein Atelier gefunden...«

»In der Rue Montparnasse. Wir haben es gründlich gefilzt...«

»Gibt's nicht viel zu filzen... Ich hoffe nur, daß Sie sorgsam mit den Bildern umgegangen sind... Einige sind nämlich... äh...«

»Würden Sie Ihre Geschichte bitte chronologisch erzählen. Was auch immer wir sichergestellt haben, es war im Dienst der Gerechtigkeit und befindet sich in unserer Obhut.«

»Ich habe ein Jahr lang gemalt, mein Geld war so gut wie verbraucht, als Mr. Weiss in Paris auftauchte. Ein gemeinsamer Freund, Mr. Homer Evans...«

»Der Amerikaner Ivan«, teilte der Präfekt dem Stenographen mit.

»Mr. Evans schaute bei Mr. Weiss vorbei, lud ihn ein, mein Atelier zu besuchen, was Mr. Weiss auch tat... Gestern oder vorgestern... Übrigens, ist es Donnerstag oder Freitag? Und wie wär's mit einem Kaffee?«

»Fahren Sie fort«, sagte der Präfekt. »Das Gesetz interessiert sich nicht für Ihre leiblichen Genüsse und Ihr Unvermögen, das Datum zu ermitteln.«

Hjalmar unterdrückte seinen Wunsch, dem Präfekten ins Gesicht zu schlagen, dann mußte er wieder an seine 250.000 Francs denken. Er wollte sie wieder in seinen Taschen haben. Allzu gut erinnerte er sich dieses wohligen Gefühls.

»Weiss kam also in mein Atelier.«

»Alleine?«

»Natürlich.«

»Um wieviel Uhr?«

»Halb sieben.«

»Was hat er da gemacht?«

»Sich Bilder angesehen. Evans hat sie ihm gezeigt, eins nach dem anderen, ungefähr fünfzig...«

»Neunundvierzig«, korrigierte der Präfekt.

»Dann schrieb mir Weiss einen Scheck für den Lebensunterhalt des nächsten Jahres aus und kaufte ein Portrait, das er wiederum mit einem Scheck bezahlte. Ich hab sie eingelöst...«

»Noch ehe Weiss Ihr Atelier verlassen hatte?«

»Nein, nachdem er gegangen war... Er verduftete so um

halb acht. Sagte, er müsse einen Haufen Lackaffen beim *Cercle* Interalliée treffen.«

»Hat dieser amerikanische Krösus die Zierde der französischen Kunst wirklich als einen Haufen Lackaffen bezeichnet?«

»Zierde der französischen – Mann-o-Mann. Hören Sie mal, *Monsieur le Préfet*, Sie mögen ja ein brauchbarer Präfekt sein, obwohl ich davon noch nichts gemerkt habe, aber von Kunst verstehen Sie nicht die Bohne. Lassen Sie uns dieses Thema ausklammern, wenn's recht ist. Sonst gibt's nur Streit.«

»Warum haben Sie die beiden Schecks sofort eingelöst?«

»Wollte die Knete in meinen Taschen spüren.«

»Monsieur Chalgrin hat Sie zur Vorsicht ermahnt...«

»Er ist von Natur aus vorsichtig... ich bin anders gepolt. Ich habe noch nie viel Geld besessen, und wollte mich meines Reichtums erfreuen, wollte ihn nicht von jemand anderem aufbewahren lassen... Hören Sie, wenn Sie mir nicht glauben, rufen Sie Weiss doch an. Fragen Sie ihn. Er ist im Plaza Athénée.«

Mechanisch erhob sich der Präfekt und näherte sich Hjalmar auf wenige Zentimeter.

»Aha, er ist im Athénée? Und worauf gründet sich diese Überzeugung?«

»Weil er da ist«, sagte Hjalmar.

Nun konnte der Präfekt seine Wut nicht länger zähmen. Sein Gesicht lief auberginefarben an und drohte zu explodieren. »Führen Sie diesen Mann ab, schnell, ehe ich ihn umbringe«, brüllte der Präfekt.

Hjalmar zeigte sich nur wenig beeindruckt. »Ich will mein Geld zurück und zwar sofort«, sagte er und donnerte mit seiner Faust auf den Schreibtisch. Nun war Hjalmars Vorgehen nicht von jener Zurückhaltung wie der Faustschlag Jacksons in der Galerie der Herren Heiss und Lourde. Das Tintenfaß des Präfekten, das ein Pfund schwerer als das des

Zeugen Dinde war, schnellte nicht nur in die Höhe, sondern spie auch wie ein Geysir und bedeckte den Präfekten von oben bis unten mit violetter Amtstinte. Dem folgte ein mörderischer Hieb auf die polizeiliche Kinnlade. »Verstehen Sie mich jetzt, Sie Gipskopf? Ich will mein Geld zurück. Zweihundertfünfzigtausend...«

Ganz so zahlreich waren die Polizisten und Wärter nicht, die sich nun auf Hjalmar stürzten, doch darf man ihre Legion als gehoben zweistellig beziffern. Die ihm am nächsten standen, schleuderte er in die Luft, während er den Rest mit Fäusten, Ellbogen, Knien und Füßen außer Gefecht setzte. Die Araber feuerten ihn keuchend und brüllend an, schienen ihre mohammedanischen Gebete doch endlich erhört, die Ungläubigen mögen ihr Fett kriegen. Rosa Stier ließ angesichts des Tumults ihren sonoren Bariton ertönen. Cirage zeterte, was das Zeug hielt. Olga rief: »Die Pferde sind gesattelt. Nun auf in die Schlacht.« Jackson sang, als wäre noch nicht genug Lärm: »Schaufelt mein Grab nicht in der einsamen Prärie.« Schließlich vermochte die Polizei mit vereinter Anstrengung Hjalmar in eine Zelle zu sperren, um sich dann den verletzten Kollegen zu widmen. Dr. Hyacinthe Toudoux entfernte violette Tinte aus den Augen des Präfekten.

»Ich habe Sie gewarnt, diese Leute zu früh aufzuwecken«, sagte der Arzt.

»Schon gut. Werde ich erblinden? Ich kann nichts sehen«, grollte der Präfekt.

»Mit Amtstinte habe ich keinerlei Erfahrung«, sagte der Arzt. »Die Zeit schreitet voran und wird uns Auskunft erteilen.«

Das Stöhnen der Verwundeten und der scharfe Geruch diverser Medikamente setzten dem Chaos der einstmals friedlichen *préfecture* obendrein zu, als sich Sergeant Frémont auf den Weg zum Café de la Paix begab.

Seiner Aufmerksamkeit entging ein verwirrtes, sehniges und rothaariges Mädchen, das den Platz vor Notre Dame überquerte und in breitem Hampshire-Akzent näselte: »Hjalmar ist in Schwierigkeiten! Er braucht mich! Die Polizisten sind Ausländer und Idioten, aber sie haben es mit *mir* zu tun. Ich bin britische Staatsbürgerin, gottlob, und werde mir ihren Blödsinn nicht bieten lassen.«

13. Kapitel

IN WELCHEM EIN WEICHES HERZ IN EINER RAUHEN SCHALE VORGESTELLT WIRD

»Ich mache mir immer mehr Sorgen um Gring«, wandte sich Evans an Miriam.

»Wohl die einzige Sorge, die ich nicht mit Ihnen zu teilen vermag«, sagte sie. »Mein notariell beglaubigter Vertrag weist mich als Ihre Stenographin, Sekretärin und Sklavin aus, aber enthält kein Wort, daß ich mich um Ambrose Gring grämen muß.«

»Lassen Sie Ihre Witze. Ich habe eine schreckliche Ahnung«, sagte Evans.

»Was auch immer passiert, Sie finden sich in bester Gesellschaft und Tradition, heißt es doch, ein Privatdetektiv, der einen von drei Morden verhindert, habe getan, was er kann.«

»Da man mich gezwungen hat, diesem unangenehmen Gewerbe nachzugehen, hatte ich gehofft, das Durchschnittsergebnis zu verbessern«, sagte er.

»Stets der alte Perfektionist«, murmelte sie.

»Noch etwas anderes macht mir Sorgen...«

»Etwa Henri, der Friseur?«

»Hören Sie mal gut zu, junge Frau«, sagte Evans scharf, obwohl er sich insgeheim freute. »Wenn Sie meine Schlußfolgerungen immer vorwegnehmen...«

»Tut mir leid.«

»Welchen Grund hatte Henri, mich so fieberhaft im Hôtel des Hirondelles zu suchen? Er hat sich nie einen Deut um mich geschert. Wir haben noch eine gute halbe Stunde, ehe ich im Café de la Paix aufkreuzen soll. Lassen Sie uns die Rue

Campagne Première hinunterbummeln, wenn Sie nichts dagegen haben.«

»Aber die Polizei?«

»Dort werden sie nach mir nicht Ausschau halten.«

»Hoffentlich haben Sie recht«, sagte sie.

Der Fahrer ihres nächsten Taxis war ein Schwarzer, ein ehemaliger Soldat. Er brachte sie zu dem kleinen Ladengeschäft, in dem Henri arbeitete und wohnte, aber von Henri keine Spur. Statt dessen ergriff Henris Frau Evans' Arm und fing zu heulen an. Wo sei er bloß gewesen? Warum benehme sich ihr Mann so merkwürdig? Henri habe kurz vorbeigeschaut und gesagt, er müsse Evans finden, sei dann später völlig verstört zurückgekommen, habe gesagt, er müsse abhauen, jemand sei hinter ihm her.

»Gute Frau«, sagte Evans, »beruhigen Sie sich doch. Ich bin überzeugt, daß Ihr Mann in Sicherheit ist. Ich habe ihn heute früh bestellt, da ich seiner Figarokunst bedurfte, und er hat sich seiner schwierigen und abenteuerlichen Aufgabe durchaus verdienstvoll entledigt. Wenn er mich später noch mal sehen wollte, dann zweifellos nur, weil er inzwischen noch was Wichtiges erfahren hatte. Trocknen Sie Ihre Tränen und gehen Sie zu Bett. Wenn Henri kommt, wird er Sie wecken.«

»Wohl kaum. Ach, diese Männer«, sagte sie, aber schon etwas weniger hysterisch. Es war klar, daß sie Evans traute, was ihm alles andere als angenehm war.

»Wir können's mal beim Dingo probieren«, sagte Evans. »Möglicherweise hat der Barkeeper Henri gesehen.«

Im Dingo waren nur wenige Gäste, die allesamt dem Alkohol oder einander ergeben waren und nicht ahnten, daß auf der *terrasse* des Dôme, kaum hundert Meter entfernt, ein schauriges Drama inszeniert wurde – überdies noch schlecht inszeniert. Joe, der Barkeeper, begrüßte Evans einigermaßen nervös und bedeutete ihm, in die Küche zu kommen.

»Haben Sie Henri gesehen?« fragte Evans.

»Wie haben Sie nur gewußt, daß ich mich nach Henri erkundigen wollte?« sagte der Barkeeper fast beleidigt.

»Ich bin nur noch ein Arsenal widersinniger persönlicher Informationen«, sagte Evans.

»Die Bullen sind auf Ihren Fersen. Ich nehme an, daß Sie das wissen«, sagte Joe.

»Wohlmeinende Typen«, sagte Evans. »Bauen zwar fast immer Mist, sind aber nicht boshaft.«

»Wenn Sie meinen«, sagte Joe. »Aber Weiss haben sie immer noch nicht gefunden, und sie behaupten, Sie hätten etwas mit der Entführung zu tun.«

»Einfach absurd«, sagte Evans.

»Das habe ich ihnen auch gesagt, aber diese Trottel hören ja nicht auf mich.«

»Also, was wissen Sie über Henri?«

Joes ehrliches Gesicht verdüsterte sich. »Schaut hier ab und zu mal rein. Mag Bohnengerichte.«

»Ich weiß.«

»Liest auch 'ne Menge. Französische Übersetzungen der Nick-Carter-Heftchen.«

»Harmlos und unterhaltend«, sagte Evans.

»Sozusagen. Aber er wurde ganz versessen auf Mickey Finns.«

»Mickey Finns?«

»Sie wissen schon. Betäubungstropfen. Hat darüber was gelesen und wollt's ausprobieren. Nun, eins kam zum anderen, und Sie wissen ja, wie ich bin. Kann niemandem eine Bitte abschlagen. Na, eines Tages wollte Henri sich von seiner Alten davonstehlen, hatte hier 'ne Nutte kennengelernt, Sie wissen ja, wie's so läuft. Er wollte seiner Frau also so 'nen Mickey verpassen, damit sie nicht aufwacht und noch immer pennt, wenn er zurückkommt. Mir gefiel der Plan, gab ihm 'nen Mickey, und er sagte, hat alles geklappt. Ja, hab's ihm mehr als einmal gegeben.«

»Immer noch harmlos und unterhaltend«, sagte Evans.

»Ja. Aber heut hat er ziemlich übel ausgesehen. Henri war nicht er selbst. Ging ihm nicht um so 'ne kleine Mogelei. War echt neben der Mütze. Sagte, er müßte Sie finden. Und hat sich einen Mickey abgeholt, einen von der stärkeren Sorte. Das war heute nachmittag so um fünf Uhr.«

»Erzählen Sie mir mehr über so einen Mickey Finn«, sagte Evans. »Verfehlt er seine Wirkung, wenn der Patient irgendwie erregt ist?«

»Kaum merklich«, sagte Joe. »Ich nehme das Zeug selbst ja nie – meistens.«

»Schön, ich muß weiter«, sagte Evans. »Vielen Dank, und machen Sie sich wegen Henri keine Sorgen. Seine Frau ist noch bei vollem Bewußtsein, es sei denn, er ist in den letzten fünf Minuten nach Hause gekommen.«

»Meiner Meinung nach ist Henri äußerst rücksichtsvoll«, sagte Miriam. »Er nimmt alles auf sich, um seiner Frau Kummer zu ersparen. Jeder andere Mann würde mit seinen Eroberungen prahlen.«

»Es freut mich, daß Sie Diskretion hochschätzen«, sagte Evans.

»Durchaus, durchaus«, sagte sie. »Machen Sie sich da mal keine Sorgen.«

»Ich muß mir schon genug Sorgen machen. Verfluchter Henri. Ich wollte, ich könnte an mehreren Orten gleichzeitig sein. Ich möchte mich mit Abel und Dodo unterhalten. Ich möchte Gring in Sicherheit wissen. Ich muß Hugo und Kvek finden, unsere Freunde aus dem Gefängnis rauspauken, die Gemälde aus dem Louvre zurückkriegen... Und ich kann nichts machen, bis unsere lieben Freunde von der Polizei mir zusichern, mich nicht einzulochen. Das ist der erste Schritt. Frémont überzeugen. Das wird nicht leicht. Kommen Sie.«

»Wohin, Boss?« fragte der amerikanische Schwarze am Steuer.

»Zum Café de la Paix, aber nicht zu schnell. Ich muß unterwegs nachdenken.«

»Ich werde Ihre Gedankenflüge schon nicht durcheinanderrütteln«, sagte der Fahrer und legte behutsam den ersten Gang ein.

»Die Steinchen passen einfach nicht zusammen«, sagte Evans, während das Taxi den Montparnasse verließ. »Nun ja, wenn die Antworten auf der Hand lägen, würde wohl sogar Frémont das Problem lösen können. Der Präfekt ist ein Opportunist und falscher Fuffziger. Die *commissaires* werden aufgrund langer Dienstjahre und einiger Verhaftungen befördert. Der Bulle, der die wenigsten Scherereien macht, wird Sergeant und so weiter.«

»Hier scheint es von Bullen nur so zu wimmeln«, sagte Miriam und blickte verängstigt aus dem Fenster. Sie fuhren die Avenue de l'Opéra entlang, nicht weit vom Café de la Paix.

Evans klopfte gegen die Scheibe. »Halten Sie an, Fahrer«, sagte er, und das Taxi blieb neben dem Bordstein stehen. Und zu Miriam sagte Evans: »Dieser Hornochse von einem Präfekten muß meine Festnahme angeordnet haben. Die Fahndung ist wieder in vollem Gange.« Er brauchte jedoch nicht lange, um einen Entschluß zu fassen. Er zeigte auf eine kleine Bar in der Rue Daunou und fragte den Fahrer: »Kennen Sie Sergeant Frémont?«

»Der vom Rosary-Fall? Kenn ich, Boss.«

»Haben Sie ihn jemals gesehen?«

Der Schwarze grinste. »Unter besonders peinlichen Umständen.«

»Wie das?«

Der Schwarze blickte wieder ernst drein. »Wissen Sie, ein Taxifahrer ist wie ein Priester. Muß die Klappe halten.«

Evans zog einen Tausendfrancschein aus seiner Tasche und ließ ihn lässig in der Luft baumeln. »Es geht hier um Leben und Tod, um Schuld und Schuldlosigkeit. Sie wollen doch nicht, daß eine ganze Gefängnisladung guter Amerikaner...«

»Wenn Sie es von der patriotischen Seite angehen, dann stelle ich das Vaterland über mein Berufsethos«, sagte der Schwarze und griff nach dem Geldschein.

»Gut so«, sagte Evans und zu Miriam gewandt: »Was wären wir ohne Lefty Gomez?«

Der Fahrer lächelte Miriam verlegen an. »Vielleicht sollte ich Ihnen das unter vier Augen erzählen, Boss.«

»Ich weiß alles über das Leben, theoretisch«, sagte Miriam. »Außerdem bin ich Mr. Evans' offizielle Assistentin.« Sie zückte ihre imposanten Dokumente und der Schwarze erbleichte.

»Hoffentlich reiße ich mich da nicht selbst rein«, sagte er. »Ich bin nicht wirklich desertiert, Boss. Sie werden mich doch nicht verpetzen, Boss?«

»Nicht, wenn Sie alles über den Sergeanten gestehen«, sagte Evans und zeigte ihm seine siegelgeschmückten Papiere. »Ich bin Sonderbeauftragter der Regierung der Vereinigten Staaten, jedoch für den zivilen Bereich. Militärische Kavaliersdelikte interessieren mich nicht, höchstens als Druckmittel.«

»Ich werde reden. Das ist meine Pflicht und Schuldigkeit«, sagte der Schwarze. »Als der Sergeant mit dem Duke Ormington-Fall befaßt war, schloß er Bekanntschaft mit der Truppe der ›Blackbirds‹, die aus Harlem gekommen war, um hier ein Gastspiel zu geben. Eines der Mädchen hatte es ihm angetan. Sie mochte ihn auch. Sie wissen ja, wie Franzosen mit farbigen Frauen sind. Höflich. Voller Bewunderung. Er schien wieder jung zu werden.«

»Natürlich«, sagte Evans.

»Neue Liebe, neues Glück, nennen wir das im Westen«, sagte Miriam.

»Das Ganze hatte einen Haken«, sagte der Fahrer. »Wenn Hydrangea gelb oder nur hellbraun gewesen wäre, hätte der Sergeant sie als Spanierin ausgeben können, und es hätte kein Gerede gegeben. Aber niemand in der Truppe war schwärzer als Hydrangea. Der Sergeant hatte Angst, seine Frau könnte Wind von der Affaire bekommen, und noch mehr Angst hatte er vor dem Präfekten, der alle Frauen haßt. Sie mußten also vorsichtig sein, und Hydrangea sah in mir die personifizierte Diskretion. Ich brachte die beiden überallhin, und als die Luft zu heiß wurde, gab ich vor, Hydrangeas Leibwächter zu sein. Das waren vielleicht Tage, Boss! Ich hab so viel neue Kleidung bekommen, daß ich bis zum heutigen Tag ausstaffiert bin.«

»Sie haben Ihrem Vaterland heute einen großen Dienst erwiesen, und ich werde dafür sorgen, daß sie entsprechend belohnt werden«, sagte Evans. »Jetzt möchte ich, daß Sie alleine zum Café de la Paix fahren, Frémont auftreiben, der nervös vor der *terrasse* auf und ab gehen wird, und ihm sagen, Hydrangea sei zurückgekommen und erwarte ihn in dem kleinen Café, auf das ich gezeigt habe.«

Der Schwarze fing wie Espenlaub zu zittern an. »Gütiger Himmel, Boss, das traue ich mich nicht. Er wird mich für den Rest des Lebens hinter Gitter bringen. Er wird mich windelweich prügeln. Hydrangea ist sein wunder Punkt, Boss. Er hat es bis heute nicht verwunden, daß sie wieder nach Harlem gegangen ist.«

»Ich werde das schon ausbügeln«, sagte Evans, und Miriam murrte.

Widerstrebend machte sich der Chauffeur auf den Weg. Miriam setzte sich und bestellte einen Whisky. »Können wir nicht ein Sandwich essen, ehe wir in die *conciergerie* geworfen werden? Ich habe seit dem Viehtrieb von 1922, als uns ein paar Diebe den Zuchtbullen und eine Herde Shorthorns gestohlen haben, nicht mehr so unregelmäßig gegessen.«

»Nur ein paar Minuten mit Frémont, dann bestelle ich Ihnen die beste Mahlzeit, die Frankreich zu bieten hat«, sagte Evans. Während er noch sprach, stürmte Sergeant Frémont ins Lokal, aber es war nicht der lethargische Sergeant Frémont, der sich den ganzen Tag in den Gängen der *préfecture* rumgedrückt hatte. Es war ein Mann, der vor Ungeduld, Vitalität und Vorfreude fast platzte. Als er Evans erblickte, nahm sein Gesicht einen derart tierischen Ausdruck an, daß der Schwarze aus seinem Taxi sprang und die Straße runterrannte.

»Geduld«, sagte Evans. »Zufällig habe ich heute erfahren, wo sich Miss Hydrangea Palmerstone Waite aufhält...«

Die Gesichtszüge des Sergeanten glätteten sich wieder.

»Wo ist sie? Ich möchte sie sehen.«

»Nicht so schnell«, sagte Evans. »Mir ist zu Ohren gekommen, daß Sie die lächerliche Absicht hatten, mich zu verhaften.«

»Das kann warten. Alles kann warten, außer Hydrangea. Monsieur Evans, Sie können sich nicht vorstellen, was das für eine Frau ist. Ja, ich habe die wichtigsten Fälle schleifen lassen, nur um sie tanzen zu sehen, um mich an den anmutigen Bewegungen ihrer Gliedmaßen zu erfreuen und mir auszumalen, daß sie nach der Vorstellung ganz mein sein würde, allen anderen Blicken entzogen.«

»Ich fürchte, der Chauffeur hat mich nicht ganz richtig verstanden«, sagte Evans. »Miss Hydrangea ist momentan nicht in Paris, aber ich weiß, wo sie ist, und kann sie überreden hierherzukommen... Unter einer Bedingung.«

Sergeant Frémont sank wie ein Häufchen Elend auf seinem Stuhl zusammen. »Sie ist nicht hier? Nicht in Paris?« murmelte er.

»Noch einen Whisky«, rief Miriam dem Kellner zu.

»Unter einer Bedingung«, sagte Evans und zog seine eindrucksvollen Dokumente hervor. »Hier sehen Sie, daß mir meine Regierung als Generalbevollmächtigten den Fall Weiss überantwortet hat. Das ist eine gute Entschuldigung, falls Sie der Präfekt zur Rede stellt. Ich sorge dafür, daß sich der Botschafter morgen früh mit dem Präfekten in Verbindung setzt. Aber heute nacht muß ich freie Hand haben, und ich verspreche Ihnen, daß ich mit Ergebnissen aufwarten werde.«

Der Sergeant tauchte langsam wieder aus den Nebeln seiner Enttäuschung auf, weswegen Evans schnell sprach. »Sergeant«, sagte er, »in diesem Fall geht es um millionenschwere Dollarbeträge und eine Entführung internationalen Ausmaßes. Glücklicherweise hat es noch keinen Mord gegeben.«

»Von wegen«, sagte der Sergeant, der noch immer ungläubig die Dokumente durchfummelte. »Dieser Dämlack Greeng Ambrose...«

Miriam schrie auf. »Er ist doch nicht tot?«

»Gott. Wie fürchterlich nachlässig bin ich gewesen!« sagte Evans.

»Greeng wurde zwischen zwei und sieben Uhr auf der *terrasse* des Dôme vergiftet«, sagte der Sergeant. Dann fügte er hinzu: »Ich kann nicht nachdenken. Ich weiß nicht, was ich machen soll. Hydrangea.«

»Sergeant«, sagte Evans teilnahmsvoll. »Mir ist das ganze Ausmaß Ihrer Tragödie bekannt. Hydrangea mochte Sie... Sie wollte bei Ihnen bleiben...«

»Ja.«

»Aber wegen der Sprachschwierigkeiten befiel sie Heimweh, sie siechte dahin, verstand kaum, was um sie herum vorging. Von fremden Sprachen umgeben, glaubte sie, jeder spreche nur über Sie beide. Sie fürchtete, Ihnen Schande zu machen. Einige der Mädchen hatten da zu Hause schreckliche Erfahrungen gemacht. Beziehungen zu Männern, Sie wissen schon. Hat Existenzen ruiniert, die der Männer natürlich. In unserem Land herrschen die wahnwitzigsten Vorstellungen über gemischtrassige Beziehungen. Sie würden Ihren Augen und Ohren nicht trauen. Eine Frau kann die Höhe der Unterhaltzahlung praktisch selbst festsetzen, wenn es ihr gelingt, den Ehemann mit einem farbigen Mädchen vor den Kadi zu zerren...«

»Aber wird sich nicht alles wiederholen? Wird sie nicht wieder dahinsiechen?«

»Ich habe mir alles gründlich überlegt«, sagte Evans. Miriam wollte sich rasch ihr Taschentuch in den Mund stopfen, doch ersteres erwies sich als zu klein. Ein Laut entwich ihrer Kehle, der halbwegs zwischen dem Klirren eines zerbrechenden Likörglases im Coupole und den gurgelnden Wassern des Beef Creeks zur Zeit der Schneeschmelze angesiedelt war. Evans sah sie vorwurfsvoll an. »Ich habe mir alles gründlich überlegt«, sagte er. »Ich habe die Bekanntschaft eines farbigen Modells gemacht, ein schwarzes Mädchen namens Cirage. Ganz außergewöhnliche Frau. Intelligent. Warmherzig. Sie wird sich zusammen mit Hydrangea eine Wohnung nehmen, ihr Französisch beibringen, sie mit den hiesigen Sitten und Gebräuchen vertraut machen, ihre Gesellschafterin während der langen Stunden sein, in denen Sie die Stammkunden der Unterwelt zur Strecke bringen...«

Inbrünstig ergriff Frémont Evans' Hand. »Monsieur Evans, ich befinde mich in Ihren Händen. Mein Leben. Mein Job. Meine Zukunft...«

»Problem ›e‹ «, murmelte Evans. »Wird diese Liste nie aufhören?«

Plötzlich schnellte Frémont wie ein Schachtelmännchen empor und raufte sich die Haare. »Wie hieß noch gleich die künftige Freundin meiner Geliebten?«

»Man nennt sie liebevoll Cirage«, sagte Evans. »Ihr wirklicher Name lautet Marie-Thérèse Eugénie Berthe Mortelle.«

»Dann habe ich alles verdorben. Ich habe diese Mademoiselle Cirage verhaftet. Sie ist hinter Gittern«, sagte der Sergeant.

»Sie wird Ihnen verzeihen, wenn Sie sie sofort laufenlassen. Entlassen Sie übrigens auch Madame Stier und die schwedische Schauspielerin Olga und die beiden angesehenen Maler Simon und Sturlusson. Ich habe noch Mlle Poularde vergessen. Um Himmels willen, entlassen Sie sie, wir müssen die Bilder zurückbekommen, die Sie dem

Louvre übergeben haben. Ich werde später alles erklären. Aber beruhigen Sie jetzt erst mal den Präfekten...«

»Wenn Sie sehen könnten, was Ihr Freund Gonzo dem Präfekten angetan hat, würden Sie einsehen, daß es momentan keine leichte Aufgabe ist, meinen Vorgesetzten zu beruhigen«, sagte Sergeant Frémont.

»Ich werde Hydrangea ein Telegramm schicken«, sagte Evans.

»Wenn ich diese Leute freilasse, muß ich sie beschatten lassen«, sagte der Sergeant. »Das ist notwendig, um ihrer Komplizen habhaft zu werden.«

»Mein guter Freund«, sagte Evans, »ich würde den Bogen nicht überspannen. Ich weiß zwar, daß Gonzo und Oklahoma Tom sich scheinbar selbst belastet haben, aber sie sind unschuldig wie Lämmer.«

»Lämmer! Wenn Ihr Kumpel Gonzo ein amerikanisches Lamm ist...«

»Gonzo wird ein klein wenig impulsiv, wenn sich ihm etwas in den Weg stellt«, sagte Evans.

»Die gesamte Mannschaft der *préfecture* hat sich ihm in den Weg gestellt, und zweiundzwanzig Beamte sind nun berechtigt, in Kur zu gehen, sobald sie aus dem Krankenhaus kommen. Und das bei unserer nationalen Wirtschaftslage«, sagte Frémont.

»Ich brauche ihn dennoch heute nacht. Ohne Gonzo können wir die Hoffnung begraben, diesen Fall zu lösen. Nur er kann uns zu Hugo Weiss führen«, sagte Evans.

»Dann sind wir verloren. Allein wegen Widerstands gegen die Staatsgewalt und dutzendfacher Körperverletzung könnte ihn der Präfekt fünfzehn Jahre einlochen. Sie haben den Präfekten nicht gesehen, er ist von oben bis unten mit violetter Tinte bekleckert.«

»Zum erstenmal verspüre ich den Wunsch, Ihren Präfekten zu sehen«, sagte Evans. »Meiner Treu, in violette Tinte getaucht. Nur ein Künstler kann dem den letzten

Schliff verleihen, alter Junge. Sie werden Ihre Verdienste zu würdigen wissen, noch ehe der Fall gelöst ist. Aber kommen Sie, wir müssen los.«

14. Kapitel

EIN WACKERSTEIN VOM HERZEN

Als nächstes war ein Gang zum Telegraphenamt auf dem Boulevard des Capucines angesagt, wo Evans folgendes Kabel aufgab:

MRS CORALYE MCLANE
1923 SEVENTH AVE.
NEW YORK CITY
SOFORT EHEMALIGEN BLACKBIRD
HYDRANGEA PALMERSTONE WAITE NACH
PARIS SCHICKEN STOP GELDMITTEL
IN AFRICAN NATIONAL BANK

HOMER EVANS

»Das wird sie herbringen«, sagte Evans. Miriam sah ihn ehrfürchtig an, schluckte ein- oder zweimal, zuckte dann die Schultern.

»Hab ihnen vor Jahren ein kleinen Gefallen in Harlem erwiesen«, sagte Homer.

Dann gingen sie ins Maxim's, um eine Kleinigkeit zu essen, und anschließend tranken sie Brandy der Marke Carlos III.

»Auf das Wohl von Lefty Gomez«, sagte Evans zu Frémont.

»Gomez? Ein spanischer Philosoph? Ein *gourmet?*«

»Ein Philosoph, weiß Gott«, sagte Homer. »Nun zum Geschäftlichen. Wir müssen mit den beiden Früchtchen Heiss und Lourde sprechen. Aber erst sollte ich dem Sergeanten vielleicht mal erzählen, wie ich heute nachmittag in der Galerie für ein wenig Aufregung gesorgt habe..«

»Das soll doch wohl nicht heißen, daß Sie der Kopf dieser Bilder-Bande sind?« fragte Frémont und sprang entrüstet hoch.

»Das ist eine grobe Vereinfachung«, sagte Evans. Da stürmte ein Bote ins Lokal, und wenige Sekunden später hielt der Sergeant ein Telegramm in Händen und fing zu stottern an.

»Sie haben Miss Montana, und sie ist wahnsinnig geworden«, sagte er.

»Maggie. Gütiger Himmel, die hatte ich ganz vergessen«, rief Evans. »Und sagen Sie jetzt bloß nicht, daß ein Friseur aus der Rue Campagne Première verschwunden ist.«

Das Gesicht des Sergeanten verdüsterte sich. »Wenn unsere großartigen Regierungen schon mal zusammenarbeiten, dann offenbar in aller Freimütigkeit«, sagte er.

In aller Eile berichtete ihm Homer alles über Henri, und als er den Mickey Finn und dessen Eigenschaften erwähnte, blickte der Sergeant drein, als sei ihm ein Wackerstein vom Herzen gefallen.

»Michael Finn«, wiederholte er. »Harmloses Schlafmittel. Senkt die Ehefrau in Schlaf.« Der Sergeant verhedderte sich in seinen eigenen Worten. »Der Mann ist ein Genie. Was genau ist dieses Fine Michel eigentlich oder Michael oder Mickey Finn? Kann man es in Apotheken kaufen?«

»Sobald meine Freunde aus Ihrem vergammelten Gefängnis entlassen sind, verrate ich Ihnen, wo man Mickey Finns kriegen kann«, sagte Homer. Wieder ergriff der Sergeant Homers Hand.

»Das werde ich Ihnen nie vergessen«, sagte er.

Das Trio zögerte nicht lange und machte sich zum Boulevard Haussmann auf, wo es die Galerie Heiss und Lourde betrat. Abel saß stöhnend an seinem Schreibtisch, den Kopf in seinen Armen vergraben. Dodo, der nicht minder laut als sein Partner stöhnte, ging vor den Gemälden auf und ab, den Bellinis, den Wüstenszenen von Delacroix, den Rembrandts und einem wenig bekannten Portrait von Whistlers Tante Harriet, das durch seine Familienähnlichkeit bestach. Ein stämmiger Polizist lehnte dösend an der Tür, und eine weitere uniformierte Säule bewachte die Treppe zu den oberen Lagerräumen, wo Zivilbeamte Bridge spielten. Als der Sergeant eintrat, sprangen alle außer Abel auf die Füße.

»Verschwinden Sie«, sagte der Sergeant, »und zwar alle. An meiner Seite steht der Generalbevollmächtigte der Regierung der Vereinigten Staaten...«

Bei der Vokabel ›Regierung‹ hechtete Dodo zur Tür, die splitternd nachgegeben hätte, wenn sie nicht aus massivem Qualitätsglas gewesen wäre. Abel schreckte aus seinem Dämmer auf und folgte ihm auf den Fersen. Sergeant Frémont packte sie an ihren Rockschößen und zog sie zurück.

»Wir haben Ihnen einiges zu erzählen, und wir glauben«, seine Stimme klang unheilvoll, »daß auch Sie uns einiges zu erzählen haben. Die Beamten können gehen. Wir brauchen sie nicht mehr, es sei denn, die Herren Heiss und Lourde haben Sprachhemmungen. In diesem Fall werde ich unsere schwerbewaffneten Beamten zurückpfeifen.«

Die Polizisten und Zivilbeamten marschierten raus, heilfroh, nicht mehr Wache zwischen den Meisterwerken der letzten Jahrhunderte halten zu müssen. Kaum waren sie um die Ecke gebogen, als Abel einen Schrei ausstieß. Seine Augen quollen vor, sein Adamsapfel sprang wie ein Jo-Jo auf und ab. Mit knochigem Finger wies er auf Evans: »Das ist der Scheich!« brüllte er.

»Und das ist der Prinz«, sekundierte Dodo und zeigte auf Miriam. »Wir sind reingelegt, ausspioniert worden. Regierungsbevollmächtigte... Wie kommen Sie denn da drauf? Wir haben uns nichts zuschulden kommen lassen. Kein Stück in den letzten vierzehn Tagen verkauft.«

»Gemach, Freunde«, sagte Evans. »Und Sie, Abel, bleiben

Sie schön an Ihrem Schreibtisch sitzen. In der mittleren Schublade liegt ein Revolver, keinen Handgriff weit von Ihnen entfernt...«

»Allmächtiger Gott!« rief der Sergeant und stürzte sich auf Abels knochiges Genick...

»Beruhigen Sie sich, Sergeant«, sagte Evans gelassen. »Ich habe die Patronen heute nachmittag rausgenommen. Außerdem hat Abel zeitlebens noch keinen Schuß abgegeben. Er haßt Gewalt. Verabscheut grobe Arbeit jeglicher Art. Wir haben es mit einem Rüpel der sanften Sorte zu tun...«

»Sie können uns nichts anhängen«, sagte Abel. »Ich weiß nicht, welches Spiel Sie treiben, aber mich legen Sie nicht rein.«

»Und Sie, Dodo«, fuhr Evans fort, ohne Abel die geringste Beachtung zu schenken, »machen Sie es sich in dem Sessel bequem, von dem Sie behaupten, er stamme aus der Zeit Louis XIV., obgleich der Mann, der ihn gepolstert hat, am Tag der königlichen Beerdigung höchstens zehn Jahre alt war.« Er wandte sich Frémont zu, der mit hervorquellenden Augen danebenstand. »Freilich ist ein Sessel Louis XV. ebenso kostbar wie ein Sessel Louis XIV. Antiquitätenhändler scheuen sich nur, die Wahrheit zu erzählen. Instinktiv halten sie mit der Wahrheit hinter dem Berge, weil sie diese allzuoft in Schwierigkeiten bringt. Wahre Geschichten über Kunstobjekte kann man nachprüfen. Kleine Unstimmigkeiten sind unvermeidlich. Die Kundschaft wird mißtrauisch. Aber wenn eine Geschichte völlig aus der Luft gegriffen ist, hat niemand etwas auszusetzen. Dennoch dürstet es mich immer nach Wahrheit, und erstmals soll ihr heilsames Licht nun bis in die letzten verstaubten Winkel dieses Unternehmens dringen. Wenn Sie nichts dagegen haben, unterhalten Sie doch diese Herren mit ein paar Histörchen unumgänglicher brutaler Polizeigewalt, während ich mir mal das obere Stockwerk ansehe. Aber könnten Sie vorher bitte einen Ihrer getreuen Gesetzeshüter herbeirufen? Ich hätte da einen Auftrag.«

Der Sergeant ging zur Tür und rief: »Bonnet«, worauf prompt der salutierende Beamte auftauchte, der ihn zu Hjalmars Atelier begleitet und der Entdeckung der mysteriösen Schecks beigewohnt hatte.

»Monsieur Bonnet«, hub Evans an...

»Monsieur Evans ist *agent plénipotentiaire* der Regierung der Vereinigten Staaten. Nehmen Sie seine Anweisungen entgegen, als seien es die meinen«, erklärte der Sergeant.

Evans deutete mit einer Verbeugung seinen Dank an. »Monsieur Bonnet«, sagte er, »hätten Sie etwas dagegen, zur Plaza Athénée zu gehen und aus dem Zimmer 465 sämtliche Briefe, Telegramme und sonstigen schriftlichen Nachrichten an sich zu nehmen?«

»Aber das ist doch das Weiss-Zimmer. Der Botschafter hat ausdrücklich untersagt...« unterbrach Frémont.

»Der Botschafter hat mir *carte blanche* gegeben«, sagte Evans.

Bonnet verbeugte sich nun seinerseits und machte sich auf den Weg. Evans winkte Miriam, ihm nach oben zu folgen. Flink ging er die Gemälde durch, die gegen die Wand gestapelt waren. »Aha«, sagte er, nachdem er den zweiten Stapel in Angriff genommen hatte. »Das habe ich mir gedacht.« Er zog ein Bild hervor, legte es auf den Tisch – und Miriam stockte der Atem.

»Der Kerzenlicht-Greco«, flüsterte sie.

»Nicht *der* Kerzenlicht-Greco, sondern *ein* Kerzenlicht-Greco, und vermutlich einer, den der treffliche Meister nie gesehen hat. Ehe ich die Geschichte der echten und falschen Kerzenlicht-Serie referiere, sollten wir vielleicht unseren Freund, den Sergeanten, herbeizitieren. Er haßt Gemälde, aber er mag Anekdoten. Und wenn der Sergeant schon bei uns ist, warum dann auch nicht Heiss und Lourde dazuladen? Möglicherweise lernen sie was über ihren Lagerbestand und über ihr Gewerbe, zudem könnte ihnen ja die eine oder andere Information entschlüpfen. Wer weiß?«

»Ich treib sie alle hier hoch«, sagte Miriam und ging entschlossenen Schrittes die Treppe hinunter. Am Treppenabsatz rief sie dem Sergeanten zu: »Bringen Sie diese Knilche hoch. Der *agent plénipotentiaire* möchte ein Wörtchen mit ihnen reden.«

»Sie haben gehört, was die Lady sagte«, schnarrte der Sergeant, und von bösen Ahnungen gebeutelt, folgten Heiss und Lourde dem Sergeanten die Treppe hoch.

»Nun, meine Herren«, sagte Evans ruhig, »genau richtig, um einen kleinen Schwatz über Greco zu halten. Nicht Gonzo, Sergeant, verwechseln Sie den kretischen Meister nicht mit unserem Freund, der violette Tinte so wirkungsvoll einzusetzen vermag. Greco, der eigentlich Domenico Theotokopulos hieß, wurde um 1541 geboren, stand unter der Knute Tizians, während er sich *sub rosa* mit Tintoretto verschwor. 1576 setzte er nach Spanien über, wo er für den Betbruder und Weltmeister des schlechten Geschmacks, Philipp II., malte, bis er es nicht mehr aushielt und ein Atelier in Toledo aufmachte, um sich unter anderem mit der Inquisition über die Größe von Engelsflügeln zu raufen.«

»Monsieur Evans, Kunst ist mir ein Greuel, und ich versteh rein gar nichts davon«, unterbrach der Sergeant.

»Dann geht es Ihnen ähnlich wie Heiss und Lourde. Beide wurden dem Kunsthandel zugeführt, da ihre Verwandten sie vor lauter Mißtrauen nicht in ihren Banken arbeiten lassen wollten...«

Abel stieß ein würgendes Gelächter aus. »Es hat keinen Zweck zu protestieren«, sagte Evans. »Auch mir könnte man in einer Bank nicht trauen. Wenn ich diese Berge großer Geldscheine sehe...«

Dodo stöhnte vor Erregung auf, und Evans ließ das Thema fallen. Er wandte sich dem Sergeanten zu und sagte ernst: »Tut mir leid, daß ich Sie mit ein paar Geschichtskenntnissen langweilen muß, aber für unseren Fall sind sie wichtig. Worauf ich hinauswill, ist, daß Greco – wir nennen ihn einfach mal so, weil sein wirklicher Name zu kompliziert ist – eine ganze Serie Kerzenlichtgemälde gepinselt hat, nur so zu seinem Vergnügen. Hatte die Nase von Engeln und Heiligen und Politikern voll. Wollte mal mit der Wirkung von künstlichem Licht experimentieren. Die Ergebnisse waren großartig, wie alles, was der Meister in Angriff nahm. Die Experten und Kunsthistoriker waren sich einig, daß Greco fünf Kerzenlichtbilder gemalt hatte, die alle denselben Negerjungen, denselben Tisch, dieselbe Tischdecke etc. aufweisen. Es handelte sich nicht um Kopien, sondern um leicht unterschiedliche Gemälde. Können Sie mir folgen?«

»Ich verstehe nicht, was das mit Hugo Weiss zu tun hat«, sagte der Sergeant leicht verzweifelt.

»Genau. Sie haben den Nagel auf den Kopf getroffen, Sergeant«, sagte Dodo. »Dieser Generalbevollmächtigte hat nur Flausen im Kopf.«

Der Sergeant brachte Dodo zum Schweigen, indem er ihm auf den Fuß stampfte, ein Trick, den er von dem Fakir Yenolob während des Carats-Falls gelernt hatte.

»Ich werde jetzt zur Sache kommen«, sagte Evans. »Ah, da ist ja Monsieur Bonnet mit einem Arm voller Post. Legen Sie bitte alles hier auf den Tisch. Und vielleicht bleiben Sie noch kurz hier. Mögen Sie Kunst, Monsieur Bonnet?«

»Ich wollte schon immer malen«, sagte Bonnet, »aber mein Vater bestand darauf, daß ich zur Polizei gehe. Er war Maler, aber kein sehr guter.«

»Genau«, sagte Evans. »Um auf die Kerzenlicht-Grecos zurückzukommen – bis 1923 gab es derer fünf. Einer gehörte T. Prosper Stables, einem wohlhabenden, amerikanischen Finanzmann, erbitterter Rivale unseres verschwundenen Freunds Hugo Weiss. Stables ist ein mürrischer Typ, der praktisch keine Leber mehr hat. Haßt Weiss, aber Weiss empfindet nur Mitleid für ihn. Er hat mehr Geld als Weiss und spielt sich als großer Menschenfreund auf. In Expertenkreisen war man sich einig, daß Stables' Kerzenlicht-Greco der beste der gesamten Serie war. Der zweite ist im Britischen Museum, der dritte in der Eremitage in Leningrad, ein vierter in Wien, und der fünfte wird aus Spekulationsgründen von der American Can Corporation aufbewahrt.«

»Dann muß es sich bei diesem hier um eine Fälschung handeln«, sagte der Sergeant und packte Abel am Kragen.

»Nicht so schnell«, sagte Evans. »1923 tauchte auf einem Speicher in London ein sechster Kerzenlicht-Greco auf, wenn man der Geschichte einer britischen Kunsthandlung Glauben schenken darf. Ein britischer Soldat hatte nach einem kleinen Plünderungszug das Gemälde in seine Heimat geschafft, und seine Enkelkinder hatten es auf dem Speicher zusammen mit ein paar vergilbten Briefen gefunden, die keinen Zweifel daran ließen, daß das Bild spanischer Herkunft war. Dieser sechste Kerzenlicht-Greco von 1923 wurde höher eingeschätzt als Stables' Nummer eins, weswegen Hugo Weiss selbstverständlich ein Angebot machte. Kurz zuvor hatte ich Gelegenheit gehabt, dieses Gemälde in Augenschein zu nehmen, und hatte es eine Zeitlang für echt gehalten. Die Leinwand war tatsächlich alt. Sie war Anfang des 16. Jahrhunderts von denselben Webern hergestellt worden, von denen die Leinwand stammte, auf der der Conde de Orgaz gemalt worden war. Kein Zweifel. Wäre die Kerzenflamme nicht gewesen, wäre ich glatt drauf reingefallen, doch ich hatte gerade meine Kenntnisse in Chemie und Kunstgeschichte wieder aufgefrischt, und ich wußte, daß das Purpurrot in der Kerzenflamme...« Er unterbrach sich, um auf die Flamme auf dem Bild zu zeigen... »Daß Purpurrot«, fuhr er fort, »erst während Grecos letzter Lebensjahre aufkam, also lange nachdem er seine Kerzenlichtexperimente abgeschlossen hatte. Ich behielt alles für mich, wollte mich nicht einmischen...«

Dodo stöhnte lauter denn je und sprang zur Seite, um dem Absatz des Sergeanten zu entweichen.

»Ich gab jedoch«, fuhr Evans fort, »Hugo Weiss einen

Hinweis. Aus persönlichen und familiären Gründen mochte ich Stables nicht und wollte vermeiden, daß er sich an Hugos Mißgeschick weidet, wenn der ganze Schwindel aufflog.«

»Wo haben Sie diese Fälschung her?« schnauzte der Sergeant Abel an.

»Geduld, Sergeant. Das werde ich schon noch beantworten. Erst muß ich Ihnen erzählen, wie Mr. Stables dahinterkam, daß Kunst einfach ideal ist, um Einkommensteuer zu hinterziehen und heimlich Vermögenswerte zu horten.«

»Mir brummt der Kopf«, sagte Frémont.

»Mir auch«, sagte Dodo.

»Vielleicht ist Monsieur Bonnet so gütig, einige Aspirin herbeizuschaffen. So an die sechzig Pillen, bitte, *agent*. Ich habe noch mehr auf Lager, Gentlemen. Ich habe kaum erst die Hintergründe skizziert.« Und er griff in den nebenstehenden Gemäldestapel und zog ein Bild hervor, das er gegen das Licht hielt.

»Nom de Dieu«, sagte Frémont ungehalten. »Noch einer dieser verflixten Negerjungen mit Kerze. Ab zur *préfecture* mit diesen Schurken! Warum noch warten?«

»Mein guter Freund, ich habe Ihnen doch schon wiederholt gesagt, daß dieser Fall mehr als eine kleine Schwindelei ist. Erst müssen wir mal Hugo Weiss auftreiben, dann können wir uns um die kleineren Fische kümmern.«

Abel und Dodo zuckten zusammen und rüsteten sich, Gift und Galle zu speien, als der Sergeant seinen Doppelabsatztrick einsetzte, eine selbstentwickelte Variante des hinduistischen Originals.

»Autsch! Haben Sie doch ein Herz!« jammerten die Kunsthändler.

Evans sah sie spöttisch an. »Ach nein. Die stecken doch nicht in erster Linie dahinter. Die haben doch gar nicht den Grips, ein solches Netzwerk infamen Betrugs zu spannen. Die haben doch keine Reichtümer, die es sich lohnte, vor dem Fiskus geheimzuhalten. Die verfügen doch nicht über das Geschick, die Technik dieses göttlichen Meisters zu fälschen, dessen echtes Werk...« – er warf das zweite Kerzenlichtgemälde verächtlich zu Boden –, »pro Quadratzentimeter mehr wert ist als die Herzen dieser schäbigen Handlanger.«

»Ich bete ihn an, wenn er so spricht«, wandte sich Miriam an den Sergeanten. Seit die Romanze zwischen Hydrangea und Frémont ans Licht gekommen war, fühlte sich Miriam dem ruppigen Beamten gewogen, der trotz der schimpflichen Beschaffenheit seines Berufs imstande war, sich zu den emotionalen Höhen zwischenrassischer Ekstase emporzuschwingen.

»Schade, daß wir dieses Gespann nicht auf Lebenszeit einlochen können«, sagte der Sergeant. »Aber wer steckt dahinter?«

»Alles zu seiner Zeit«, beschwichtigte Evans. »Wir müssen erst mal dafür sorgen, daß Hugo Weiss' Lebenslicht nicht zur Unzeit ausgeblasen wird. Ich habe mir bereits bei Gring einen groben Fehler erlaubt. Da hat jemand ganz gewaltig rumgestümpert.« Er sah Heiss und Lourde derart scharf an, daß Miriam zu zittern anfing und der Sergeant nach seinem Revolver griff.

»Am Abend des 24. Mai«, sagte er, »haben Sie Ambrose Gring aufgelauert. Warum?«

Außer hektischem Atmen war nichts zu hören.

Abel wagte als erster zu sprechen. Er duckte sich und sagte: »Wir wollen einen Anwalt. Wir sagen nichts.«

»Wir haben den Kerl nicht umgelegt und können es beweisen«, sagte Dodo. »Liebe Zeit, wir saßen nur da, und überall wimmelte es von Bullen.«

»Ich habe Sie nicht gefragt, wer Ambrose Gring getötet hat. Ich bin überzeugt, daß Sie das nicht wissen, falls Sie das tröstet.«

»Teufel auch«, sagte der Sergeant. »Die beiden hätten so ein hübsches Täterpaar abgegeben. Sind Sie sicher, daß sie ihn nicht umgebracht haben? Haben sie ihm vielleicht nicht ein langsam wirkendes Gift verabreicht? Genau. Langsam wirkendes Gift. Ich werde ihnen Handschellen anlegen und Doktor Toudoux' Bericht anfordern.«

»Ohne Handschellen werden sie ungezwungener plaudern«, sagte Evans. »Ich frage Sie noch einmal, was hatten Sie mit Ambrose Gring zu tun?«

»Er hat früher für uns gearbeitet«, sagte Abel.

»Was für Arbeit?«

»Informationen beschaffen.«

»Du Idiot«, sagte Dodo und entwich dem trittbereiten Absatz des Sergeanten.

15. Kapitel

EIN HINWEIS AUS DER SEINE

Unter den zahlreichen Männern und Frauen, die in den Weiss-Fall verwickelt waren, ließ sich niemand so viele graue Haare wachsen wie *agent* Schlumberger, bekannt unter dem Namen ›der Sonntagsmaler‹. Als Elsässer nahm er von Natur aus alles schwer. Seine behördliche Ehre war angegriffen, da prominente Männer spurlos verschwinden konnten. Er war überzeugt, daß sich der *commissaire*, allen voran der Präfekt lächerlich machten, da keinem der gefangengehaltenen Zeugen und Verdächtigten die Entführung anzulasten war. Aber die größte Sorge bereiteten Schlumberger die 49 Gemälde, die man dem Louvre überantwortet hatte. Handelte es sich möglicherweise doch um getarnte alte Meister? Wurde Frankreich durch die Machenschaften cleverer Amerikaner kostbarer Kunstschätze beraubt?

Dem wackeren Streifenbeamten war seit Anbeginn des Falls Hugo Weiss übel mitgespielt worden. Sein *commissaire* hatte ihn in aller Öffentlichkeit beleidigt, außerdem hatte er jede Menge Überstunden ableisten müssen. Gegen sein besseres Wissen waren die 49 Kunstwerke den Experten des Nationalmuseums ausgehändigt worden, die in Schlumbergers Augen ausgemachte Dummköpfe waren. Hatten sie nicht Unsummen für gefälschte Watteaus ausgegeben? Hatten sie nicht die Wände des Louvre mit Bildern Rembrandts gepflastert, die dieser nie gemalt hatte? Schlumberger bewahrte einen kühlen Kopf. Im Gegensatz zu seinen Vorgesetzten geriet er nicht bei der kleinsten Kleinigkeit aus dem Häuschen. Er war von eher phlegmatischer Natur, weswegen er die muffige *préfecture* unter dem Vorwand verließ, eine Mahlzeit einnehmen zu müssen. Und als es Mitternacht schlug und, was Schlumberger nicht wissen konnte, die Kunsthändler Heiss und Lourde unter Evans' gnadenloser Befragung schwitzten, stützte der *agent* seine Ellbogen auf das Brückengeländer bei Notre Dame, um dem endlosen Strömen der Seine nachzublicken und seine Gedanken zu ordnen. So ein Fluß ist doch das reinste Wunder, dachte der tapfere Beamte. Er starrte auf den braun dahinplätschernden Strom, atmete seine Feuchtigkeit und den Geruch der alten Steinmauern ein. Wasser aus den duftenden Hügeln Nordfrankreichs, das sich rieselnd seine Furchen und Kanäle sucht, Handels- und Vergnügungsschiffe befördert – die helle Freude unserer Kinder – und letzte Zuflucht der Verzweifelten. Welche Geheimnisse, welche Schrecken mochte die Seine bergen?

Agent Schlumbergers Haar stand plötzlich zu Berge. Die sanfte, braune Oberfläche der Seine wurde von einem dahinfließenden Objekt aufgewühlt. Der Beamte zögerte keine Sekunde. Er riß den riesigen Rettungsring vom Brückengeländer, ergriff das knorrige Seil und warf ihn ins Wasser. Eine Kleinigkeit hatte er allerdings in der Eile übersehen. Er vergaß, das Seil loszulassen, weswegen ihn das Gewicht des Rettungsrings über die Brüstung in das kühle Braun des Flusses riß, das er eben noch verträumt bewundert hatte.

»Gurgel... blubbel... gurgel«, lauteten die Geräusche, die er sinkend nach oben sandte. Es war gar nicht so einfach, in voller Uniform zu schwimmen, zumal mit den Gewichten von Schlagstock, Pistole, Dienstmarke und Handschellen behaftet, aber Schlumberger war nicht der Typ, der kampflos zu ertrinken bereit war. Auch hatte er das dahintreibende Objekt nicht vergessen, dem er in dienstlichem Pflichteifer nachgesprungen war. Es war kein menschlicher Körper, nicht einmal ein Kleiderbündel. Sein Herz sprang vor

Freude, als er feststellte, daß es sich um ein rahmenloses Ölgemälde handelte.

Seine überraschten Schreie zogen die Aufmerksamkeit der Wasserpolizei auf sich, und im Verlauf von 25 Minuten, während deren er sich an die rauhe Kaimauer klammerte und seinen Beruf verfluchte, ließen zwei *agents* ein Rettungsboot zu Wasser und versuchten mit mäßigem Erfolg, es in seine Nähe zu rudern.

»Zieht euch an der Mauer entlang, wenn ihr nicht rudern könnt, ihr Trottel«, rief Schlumberger.

»Sie sollten dankbar sein, daß wir Sie nicht ertrinken lassen«, sagte einer der *agents*.

Es folgte ein lebhafter Dialog, ehe sich Schlumberger endlich in der Lage sah, über den Bug zu klettern, ohne das Boot zum Kentern zu bringen. Er warf einen Blick auf das nasse Gemälde und stieß einen Jubelschrei aus: »Gonzo! Das verschwundene Selbstportrait. Man wird mich befördern. Der reiche Amerikaner wird mir eine Belohnung geben.«

»Der Typ hat sie nicht alle«, sagte der erste Bootsführer.

»Bloß raus mit ihm«, sagte der zweite.

Sobald Schlumberger wieder an Land war, verlor er keine Sekunde. Er verschwand in der nächsten Telefonzelle, um Sergeant Frémonts gegenwärtigen Aufenthaltsort in Erfahrung zu bringen. Schlumberger hatte kein Vertrauen zu dem Präfekten und war überzeugt, dieser würde alles vermasseln, geriete Beweismaterial von derartiger Brisanz in dessen Hände. Der Beamte war fest entschlossen, den kostbaren Gonzo dem Sergeanten zu überantworten. Eine gelangweilte Stimme in der *préfecture* teilte ihm die Adresse von Heiss und Lourde mit, und es dauerte nur einen Augenblick, ein Taxi herbeizuwinken. Es dauerte jedoch mehrere Augenblicke, einen Fahrer aufzutreiben, der ihn, naß und tropfend, wie er war, und vor Freude über ein wasserdurchtränktes Bild grunzend, auch einsteigen ließ.

In dem oberen Raum bei Heiss und Lourde hatte Evans'

Vernehmung jenen Stand erreicht, da er zu wissen begehrte, warum Abel und Dodo am Abend des 24. Mai mit Gring sprechen wollten. Es folgte eine längere Gesprächspause, da sich Heiss und Lourde zu antworten weigerten. Abel und Dodo verschlossen sich, nicht wie Muscheln, die man ohne Mühe aufbrechen kann, sondern eher wie die Tresorräume in einer der Banken, in denen ihnen ihre Verwandtschaft nicht über den Weg traute. Miriam beschwor Evans und den Sergeanten, nicht wegen ihr so nachsichtig zu sein. Falls sie die beiden gründlich in die Mangel nehmen wollten, mit oder ohne der Gerätschaft aus dem Carnavalet, habe sie nicht das geringste dagegen. Ja, sie bot sogar ihre Hilfe an, die Instrumente einsatzbereit zu halten, um sie bei Bedarf auszuhändigen. Aber Evans hielt nichts von Folter, nicht weil das grausam, sondern geschmacklos war.

»Hört mal, ihr Ratten«, sagte er. »Sie sind, wie ich dem Sergeanten bereits mitgeteilt habe, nicht gerade mit Geistesgaben gesegnet. Sie sind bloß das Werkzeug klügerer Diebe. Dennoch beherbergen Ihre Spatzenhirne ein paar kleine Informationen, die ich brauche. Ich werde sie Ihnen aus der Nase ziehen, keine Angst. Ich werde Sie wie ausgepreßte Zitronen zurücklassen. Wenn Sie mich hinhalten wollen, reiten Sie sich nur noch mehr rein.«

In diesem Moment schraken sie allesamt durch das Geräusch eines Taxis mit defekten Bremsen hoch. *Agent* Schlumberger, schlammbedeckt und bis auf die Haut durchnäßt, stob durch die Tür und die Treppe empor, hielt das Portrait hoch und rief: »Der Gonzo. Ich habe den verschwundenen Gonzo.«

Obgleich Evans gewöhnlich die Ruhe in Person war, konnte er sein Erstaunen nicht verbergen. Er keuchte und gluckste, als er sein eigenes Meisterwerk ergriff und gegen das Licht hielt. Dann zeichneten Bestürzung und Schmerz seinen Gesichtsausdruck.

»In der Stirn ist ein Loch«, sagte er.

Miriam stand an seiner Seite und sagte sanft: »Das tut mir aber leid.«

Sergeant Frémont starrte Schlumberger wütend an. »Was denken Sie sich eigentlich dabei, hier einfach reinzuplatzen und *noch* ein Gemälde anzuschleppen? Als ob wir nicht schon genug Gemälde hätten. Neunundvierzig im Louvre, ungefähr tausend in dieser Bruchbude, davon die Hälfte Fälschungen...«

»Sagen wir, sechzig Prozent«, sagte Evans, der seine Enttäuschung zu verbergen suchte. Dann betrachtete er das Bild etwas genauer. »Beim Jupiter!« entfuhr es seinen Lippen. »Sergeant, schnauzen Sie unseren Freund, den *agent*, nicht an. Er hat uns genau das gebracht, was wir brauchen, eine Botschaft.«

»Eine Botschaft? Sie sind nicht ganz bei Trost«, sagte der Sergeant. »Auf dem Ding steht nichts geschrieben außer H. Jansen, und wir haben seine Unterschrift fünfzigmal auf Gemälden und zweimal auf Schecks. Warum sollte ein weiteres hingekritzeltes ›H. Jansen‹ so schrecklich interessant sein?«

»Das Loch in der Stirn. Sagt Ihnen das nichts?« fragte Evans. »Und wir dürfen nun sicher sein, daß die Entführer stromaufwärts gefahren sind.«

Der Sergeant ergriff das Bild und brummte: »Das Loch ist mit Bedacht gesetzt worden. Das war kein Zufall.« Er schämte sich bereits seiner Begriffsstutzigkeit.

»Na also«, sagte Evans. »Da besteht nicht der geringste Zweifel. Das Loch ist absichtlich gesetzt worden. Daraus dürfen wir schließen, daß auch die Stelle mit Sorgfalt gewählt wurde. In die Mitte der Stirn. Hat das etwas zu bedeuten, Sergeant?« Ohne die Antwort abzuwarten, wandte er sich an Bonnet. »Bringen Sie mir bitte eine große Frankreichkarte. Verschwenden Sie keine Minute.«

Miriam war von Evans' Metamorphose nicht wenig verblüfft. Seine Gelassenheit war wie weggeblasen. Er verströmte Energie und Entschlossenheit.

»Sergeant«, sagte Evans. »Werfen Sie diese beiden Kröten in die dreckigste Zelle, die Sie haben. Sammeln Sie alle Kerzenlicht-Grecos dieses Unternehmens ein. Sie werden sechs auftreiben, wenn ich mich nicht irre. Verschließen Sie die Türen, und lassen Sie das Gebäude bewachen, so daß sich nicht einmal eine Küchenschabe *(Stylopyga orientalis)* hier rein- oder rausquetschen könnte.«

»Das sind keine Küchenschaben. Das sind Wasserwanzen *(Phyllodromia germanica)*«, sagte Dodo trotzig. Und als er sich auf die Zunge biß, landete der Sergeant einen heftigen Tritt auf Dodos Spann.

»Und jetzt«, sagte Evans, »dürfen wir keinen Augenblick verlieren. Sergeant, ich muß darauf bestehen, daß Jansen freigelassen wird. Wir haben eine arbeitsreiche Nacht vor uns, und Hjalmar muß uns helfen.«

»Aber der Präfekt. Er wird nie und nimmer sein Einverständnis geben.«

»Der Teufel soll ihn holen. Verbinden Sie mich mit ihm.«

Die Aussicht, den Schwarzen Peter weiterreichen zu dürfen, ließ den Sergeanten vor Freude erstrahlen. »Schlumberger, verbinden Sie Monsieur Evans mit dem Präfekten«, sagte er, was der Elsässer ohne Zögern in die Wege leitete: »Da ist er«, sagte er wenige Sekunden später und fügte leise hinzu: »Die Laus.«

»*Monsieur le Préfet*«, sagte Evans in seinem tadellosen Französisch, »hier spricht Homer Evans... Hören Sie doch erst mal zu. Hier spricht auch der ordnungsgemäß ernannte *agent plénipotentiaire* des amerikanischen Geheimdienstes, zur Aufklärung des Falls Hugo Weiss abkommandiert... Ja. Sie werden die Papiere zu gegebener Zeit sehen, und Sie werden einen Anruf des Außenministers erhalten, und falls Sie sich als hinderlich und starrköpfig erweisen sollten, werden Sie einen versiegelten Brief vom Präsidenten der Republik bekommen... Ja. Sie haben der Republik zu dienen, wie Sie wissen sollten.«

Frémont brodelte vor Glück. Er war von dem Präfekten so oft in aller Öffentlichkeit angebrüllt worden, daß die Art und Weise, wie Evans mit ihm verfuhr, das Leben des Sergeanten um Monate, vielleicht sogar Jahre verlängern würde. Der Präfekt war Royalist und haßte schon das Wort Republik.

Evans schlug am Telephon plötzlich einen anderen Ton an. »Ah, das klingt sehr viel vernünftiger«, sagte er. »Ich will nicht kleinlich sein. Sie dürfen den Mann, den Sie hartnäckig Gonzo nennen, gerne der Obhut Sergeant Frémonts überantworten, der dann die Verantwortung für ihn übernimmt. Sie können der Presse erzählen, daß der Gefangene zum Ort des Verbrechens geführt wird, oder was immer Sie auch wollen. Ich erwarte, daß Jansen in zehn Minuten hier ist. Gute Nacht.«

16. Kapitel

EIN SCHUSS AUF WHISTLERS TANTE

Gaston Honoré Crayon de Crayon, Präfekt der Seine, saß nervös am Schreibtisch seines inzwischen leeren Büros der inzwischen fast leeren *préfecture*. In seinen Augenbrauen haftete noch eine Spur violetter Tinte und in seiner Seele mehr als eine Spur tiefen Grolls auf Gonzo, alias Jansen. Der Präfekt hatte all die Verdächtigen und Zeugen vom ersten Blick an nicht gemocht, Oklahoma Tom vielleicht ausgenommen, aber gegen niemanden hegte er größere Abneigung als gegen den großen Norweger, der ihn mit seiner eigenen Amtstinte besudelt, ganze Korporalschaften seiner vorzüglichsten Beamten durch den Raum geschleudert hatte, und der der rechtmäßige Besitzer von 250.000 Francs war, die gegenwärtig im Tresor des Präfekten ruhten. Der Präfekt war Geld nicht in dem Maße wie der verstorbene Ambrose Gring zugetan, glaubte er doch, daß jede größere Summe zweifelhafter Herkunft dem Thronprätendenten Frankreichs zustehe und keinesfalls etwas in den Händen irgendwelcher Amerikaner zu suchen habe.

Im Labor des berühmten Dr. Hyacinthe Toudoux lag auf einem Operationstisch der Leichnam von Greeng, Ambrose, gebahrt, dem ein paar Bestandteile entnommen worden waren zwecks Spurensuche nach Arsen, Strychnin, Bilsenkraut, Schierling und so ziemlich allen bekannten und weniger bekannten Giften. Es klappte nichts. Lackmuspapier, das, in die *crème de cacao* getaucht, eigentlich hätte rosa werden müssen, verfärbte sich grün oder blauviolett. Flüssigkeiten, die Schaum hätten werfen sollen, fingen an zu zischen und umgekehrt. Hin und wieder öffnete der Präfekt die Tür, warf einen höhnischen Blick auf das gräßliche Geschehen, schnaubte und ging wieder, nur um bei Maggie vorbeizuschauen, die stumpfsinnig leugnete, Miss Montana zu sein, mit ihren dürren Klauen dem Präfekten drohte und ihm versicherte, daß man ihn teeren und federn werde, sobald Britannien erfährt, wie man ihr hier mitspielt.

Nach jedem Scharmützel zwischen Maggie und dem Präfekten brachen die Wächterinnen in brüllendes Gelächter aus, schlugen sich gegenseitig mit einer Wucht auf ihre Hintern und Schultern, die jeden normalen Patienten zu Boden geworfen und die gebrechlicheren zu lebenslangen Invaliden gestempelt hätte. Maggie warf dem Präfekten genau das an den Kopf, was auch die baß- und baritonstimmigen Ladies ihm gerne gesagt hätten, weswegen diese ihr die ausgesuchteste Behandlung angedeihen ließen, ihre Lyoner Würste mit ihr teilten, die genug Knoblauch enthielten, um sämtliche Untersuchungsergebnisse Hyacinthe Toudoux' zunichte zu machen; dann spülten sie mit einem Rotwein nach, mit dem man die Vergoldung der alten Uhren am Justizpalast auf der anderen Straßenseite hätte wegätzen können.

»Ist ja gut«, murmelte Evans, »ist ja gut. Wir haben eine arbeitsreiche Nacht vor uns, falls Monsieur Crayon de Crayon jemals den Telefonhörer auflegt.«

Gleichzeitig wurden in der Firma Heiss und Lourde die Herren Heiss, Lourde und Bonnet mit Handschellen aneinandergekettet, sechs Kerzenlicht-Grecos wurden in den bereitstehenden Polizeiwagen geworfen, und nachdem dieser auf abschüssiger Bahn angeschoben worden war, um den Motor in Gang zu bringen, kam Hjalmar rein, der eine Schar Polizisten wie einen Kometenschweif hinter sich herzog. Ihm folgte Jackson, etwas weniger ungestüm und noch immer die Mütze des jungen Franzosen auf dem Kopf.

»Heiliger Strohsack! Ich brauch was zu trinken«, sagte Jansen.

Schlumberger, der damals trocken war, erbot sich, eine Flasche Zwetschenwasser zu besorgen.

»Lieber gleich ein halbes Dutzend«, sagte Jansen. »Meine Knete ist noch immer in der *préfecture*, aber Julliard sagt, ich sei kreditwürdig.«

»Es wird mir eine Ehre sein, dem Urheber dieses hervorragenden Selbstbildnisses etwas zu trinken zu kaufen, Monsieur Gonzo«, sagte Schlumberger.

»Ach, dieses Ding«, sagte Hjalmar verschämt und polterte dann völlig überrascht los: »Mensch! Wo haben Sie denn Ihr Bild aufgetrieben, Evans? Teufel, da ist ein Loch drin. So'n Pech.«

»Dieses Loch«, sagte Evans, »ist genau das, was den Fall lösen wird. Diese winzige Öffnung wird uns zu Hugo Weiss führen.«

»Stimmt dieses ganze Geschwätz über seine Entführung eigentlich?« fragte Hjalmar.

Da explodierte Sergeant Frémont. »Monsieur Gonzo«, sagte er, »glauben Sie, daß die Polizei nur aus Jux und Dollerei Himmel und Hölle in Bewegung gesetzt hat?«

»Nichts für ungut, Sergeant«, sagte Gonzo. »Ich bin schließlich auch der Dumme dabei. Ich wurde in den Knast geworfen, mir wurden mein Geld, meinen Schlips, meinen Gürtel, meine Schnürsenkel etc. abgenommen. Man hat mich zu Gewalttätigkeiten animiert, hat mich bedroht...«

Der Sergeant lächelte. »Violette Tinte«, murmelte er. »Lassen Sie mich die Hälfte des Zwetschenwassers bezahlen.«

Währenddessen hatte sich Evans mit der Frankreichkarte beschäftigt. »Ah«, sagte er schließlich und führte seinen Zeigefinger auf eine Stelle nördlich von Paris. »Loch in der Stirn. Das ist das Werk jenes ausgezeichneten Offiziers und Gentlemans Oberst Lvov Kvek. Mal sehen. Stirn. Front. ›Front‹ heißt auf französisch Stirn.« Homer beugte sich wieder über die Karte. »Nun ist es so«, fuhr er triumphierend fort, »daß etwa 220 Kilometer flußaufwärts, nördlich der Pont Notre Dame an den Ufern der Seine das kleine Dorf Frontville liegt. Geht Ihnen ein Licht auf, Sergeant?«

Der Sergeant war voller Bewunderung. »Glauben Sie, daß die vermißten Personen in Frontville sind?«

»Gestern waren sie in Frontville«, sagte Evans. »Ich vermute, daß sie auch jetzt noch da sind, es sei denn, die Entführer haben Wind bekommen... Es war ein Fehler, in der Presse diesen ganzen Trubel um Heiss und Lourde zu machen. Das könnte die Bande hellhörig gemacht haben... und wäre für Weiss und Kvek gefährlich...« Evans erhob seine Hand, und alle Anwesenden lauschten voll atemloser Spannung seinen Worten.

»Freunde«, sagte er, »es stimmt, daß wir allen Grund haben, sofort zu handeln. Doch muß jeder von Ihnen eine Rolle übernehmen. Ich weiß nicht, wer von Ihnen welche Rolle spielen muß. Zunächst müssen Sie verstehen, was hier überhaupt gespielt wird. Und um das zu verdeutlichen, muß ich ein paar Jahre zurückgehen. Sie wissen zweifellos, daß der Kongreß der Vereinigten Staaten 1913 ein Einkommenssteuergesetz verabschiedet hat, das den Herrschaften höherer Einkommensstufen ganz und gar nicht schmeckte. Augenblicklich sannen die Reichen auf Wege, Vermögenswerte zu unterschlagen und Steuern zu hinterziehen. Große Summen kann man nur schlecht verschwinden lassen, aber ein cleverer Angestellter des mißlaunigen Multimillionärs T. Prosper Stables hat ein Hintertürchen gefunden. Der Plan funktionierte kurz gesagt so: Ein Agent in Europa kauft ein Bild, entweder einen preiswerten alten Meister so für 30.000 Dollar oder eine Fälschung mit Expertisen, mit oder ohne Schmiergeld. Dieses Gemälde, das 30.000 Dollar gekostet hat, wird dann von einem anderen Agenten Mr. Stables' an eine Scheinfirma verkauft, und der Betrag, den Stables an sich selbst zahlt, beläuft sich dann auf ungefähr 150.000

Dollar. Dieser Vorgang wird wiederholt, bis der Multimillionär an die Öffentlichkeit tritt und von Heiss und Lourde (einer inoffiziellen Stables-Firma) für 500.000 Dollar einen Greco kauft. Dieser Greco gelangt steuerfrei nach Amerika und wird dem Skowhegan Museum gestiftet. Durch legalen Hokuspokus spart Stables 250.000 Dollar Einkommenssteuer, erfreut sich nahezu einer halben Million Dollar, die sich, was die Regierung betrifft, in Luft aufgelöst hat und wird zudem als großer Wohltäter und Kunstkenner gefeiert.

Sie haben inzwischen mitbekommen, Sergeant, daß es gefälschte Kerzenlicht-Grecos *en masse* gab, als wir die Szene betraten. Kauf- und Verkaufsgeschäfte waren in die Wege geleitet worden, sechs Museen hatten die sogenannten Spenden akzeptiert, Stables war drauf und dran, alles in allem ungefähr 3 Millionen Dollar zu verdienen. Handlanger wie unsere Freunde Abel und Dodo sollten eine kleine Kommission einstreichen, die ihnen fürstlich vorkam. Habe ich mich klar genug ausgedrückt?«

»Und was hat Hugo Weiss damit zu tun?« fragte der tief beeindruckte Sergeant.

»Ist Ihnen denn noch nicht aufgefallen, daß Hugo Weiss' Gegenwart in Paris, ausgerechnet zu dem Zeitpunkt, da die Transaktion über die Bühne gehen sollte, den ganzen Plan Stables' gefährdete, war er doch schon vor Jahren vor den gefälschten Kerzenlicht-Grecos gewarnt worden.«

»Mein Kopf, mein Kopf«, jammerte der Sergeant und griff nach dem Aspirin, das Miriam bereithielt.

»Heiss und Lourde fürchteten, Hugo könnte durch einen Galerienbummel ihre Pläne über den Haufen werfen«, fuhr Evans fort. »Da kam der unglückselige Gring ins Spiel. Gring hatte für Stables schon zuvor die eigentümlichsten Schnüffelaufträge übernommen, und ich bin überzeugt, daß ihn Abel und Dodo aufgesucht haben und ihn beauftragten, als Reporter der Zeitschrift ›Art for Art's Sake‹ bei Hugo vorzusprechen, um herauszufinden, ob dieser einen Bummel durch die örtlichen Galerien beabsichtigte. Ich habe guten Grund anzunehmen, daß Gring versagte, zumal Miriam auffiel, daß sich Heiss und Lourde, als sie das nächstemal mit Gring konferierten, enttäuscht und ungehalten zeigten.«

»Die haben also Gring um die Ecke gebracht«, sagte der Sergeant. »Ich habe gleich gewußt, daß sie die Schuldigen sind, aber Sie haben mich mit Ihrem Gerede total verwirrt. Rufen wir den Präfekten an...«

»Nicht so schnell«, sagte Evans. »Gring ist tot, leider. Wir werden seine Mörder schon noch finden. Jetzt müssen wir uns aber auf Hugo Weiss konzentrieren, der in Frontville, nicht weit von Châtillon-sur-Seine ist. Stables und seine steuerhinterziehenden Kompagnons haben bislang noch nie Gewalt angewendet und haben höchstwahrscheinlich ein paar Ganoven angeheuert, die nicht zögern würden, wenn es brenzlig wird, Hugo und wen auch immer zu töten und die Leichen zu beerdigen, um sich dann in ihre verstreuten Verstecke zu verkrümeln.«

»Können wir uns nicht endlich aufmachen?« fragte Hjalmar. »Aber sag mal, Evans, was wird aus Gwendolyns Ausstellung? Das dürfen wir ihr nicht vermasseln... Sie kriegt deswegen schon Ringe unter den Augen, obwohl ihr Zeug momentan im Louvre ist, aber das nutzt ihr ja auch nichts.«

»Ganz richtig, wir müssen uns um Gwendolyn kümmern«, sagte Evans und winkte Schlumberger herbei. »Schlumberger«, fuhr er fort, »gehen Sie in das *bistrot* da rüber und lassen Sie sich eine Karaffe Olivenöl geben. Sie werden dort eine Reihe moderner Bilder vorfinden, deren Maler von Heiss und Lourde äußerst schäbig entlohnt worden waren, wenn man den Wert dieser Werke in Betracht zieht. Übermalen Sie die Signaturen und signieren Sie überall mit ›Poularde‹. Achten Sie darauf, die Farbe gut mit dem Olivenöl zu vermischen...«

Sergeant Frémont speuzte und zischte wie ein alter Vulkan.

»Wählen Sie fünfzehn aus. Wenn's geht, welche mit Garagen, Bäumen und Bauernhäusern – und dann lassen Sie die Bilder auf Staatskosten zur Arson Galerie in Chicago schaffen.«

Frémont hatte zu zischen aufgehört und verströmte Geräusche vielfältigster Natur. Evans wandte sich ihm zu und klopfte ihm gutmütig auf die Schulter. »Das erklärt die geheimnisvollen fünfzig Jansens«, sagte er. »Hjalmar konnte Hugo Weiss nicht genügend Bilder vorweisen, weswegen wir ein paar zusätzliche auftreiben mußten. Harmloser, kleiner Scherz...«

»Harmlos, wenn man außer acht läßt, daß unter Vortäuschung falscher Tatsachen 250.000 Francs lockergemacht wurden, genug Geld, um fünf französische Familien bis zum Ende ihrer Tage am Leben zu erhalten.«

»Alle Familien, ob in Frankreich oder sonstwo, leben bis zum Ende ihrer Tage«, sagte Evans. »Unsere gegenwärtige Aufgabe besteht darin, das Ende der Tage von Weiss und meinem Freund Kvek hinauszuzögern.«

»Machen wir uns also auf den Weg«, sagte Hjalmar, und Jackson brummte zustimmend. »Wie kommen wir nach Frontville? Und sollen wir schießen oder diese Gangster lebend fangen?«

Evans lieh sich von den wartenden Beamten fünf Pistolen und Munitionsgürtel aus. »Können Sie schießen?« fragte er Miriam und reichte ihr eine Waffe.

Statt zu antworten, ergriff sie die Pistole, lächelte, und schon schnellten alle Anwesenden in die Luft. Miriam hatte nur einen Schuß abgegeben, dann ging sie zum anderen Ende des Raums und holte das Portrait der Tante Whistlers. In der Stirn, genau an der Stelle wie in Gonzos Selbstbildnis, klaffte ein tadelloses Patronenloch.

»Genügt das, um in Ihren Spähtrupp aufgenommen zu werden?« fragte sie bescheiden, doch erwartungsvoll lächelnd.

Sergeant Frémont griff nach dem Aspirin und schluckte den ganzen Rest. Miriam wandte sich ihm zärtlich zu. »Kopf hoch, Sergeant. Denken Sie daran, am Ende des Regenbogens ist Hydrangea...«

»Und vergessen wir auch nicht die Mickey Finns«, sagte der Sergeant und faßte Mut.

17. Kapitel

DIE ANKER GELICHTET!

Hätte die von Homer Evans' bereits zitierte französische Dichterin die Seine einmal kurz vor der Morgendämmerung in Augenschein genommen, hätte sie nicht jene verdrießlichen Worte zu Papier gebracht, ›*Quelle chose malsaine, la Seine*‹. Sie wäre der stillfließenden Würde des Flusses anheimgefallen, ganz zu schweigen von seinen raunenden Verlockungen und Gefahren, seinen Wellen, die die ehrwürdigen Bäume umspülten (*Platanus orientalis, Salix fluviatalis* und so weiter), den Mauern, an denen sich die geheimen Klagen brachen, und den Brücken, die von schicksalsgebeugten Menschen überquert wurden. Kurz, die Dichterin hätte all die Ausdünstungen, üblen Gerüche und alljährlichen Überschwemmungen der Keller vergessen und etwa folgendermaßen angehoben:

›*La Seine, quand même et après tout,*
Est forte jolie de la source jusqu'au bout.‹
(Immerhin und trotz allem ist die Seine
Vom Anfang bis zum Ende wirklich schön.)

Der Rettungsmannschaft, bewaffnet und zu Taten bereit, von Evans im Namen der Vereinigten Staaten und Sergeant Frémont für die Dritte Französische Republik (1871 – 19..) angeführt, gehörten noch Miriam, Hjalmar Jansen und der Ex-Reporter des New Yorker ›Herald‹ Tom Jackson an, der hoffte, mit einer guten Story seinen Job zurückzubekommen. Durfte man den hastigen Anweisungen von Evans

Glauben schenken, die der leicht verunsicherte Sergeant weitergeleitet hatte, war an der Pont d'Alma ein Polizeiboot vertaut, genau am Fuß der berühmten Zuave, die während der Hochwassermonate als Wasserstandsanzeiger dient und das restliche Jahr über als Schmuckstück fraglichen ästhetischen Werts. Wie schon erwähnt, war es kurz vor Sonnenaufgang, jene Stunde, die angeblich die schwärzeste ist. Die Sterne verloschen, die Brückenlaternen blickten verschüchtert drein. Verschlafene Lumpensammler wühlten in den Mülltonnen, in den städtischen Märkten herrschte frühe Betriebsamkeit. Auf dem Montparnasse erreichte die nächtliche Fröhlichkeit ihren Höhepunkt, kräftig unterstützt von Rosa Stier, Harold Simon, dem wackeren Finnen und der unerschrockenen Olga, der munteren Cirage und Hjalmars *concierge,* die etwas von der Rückkunft einiger Inhaftierter hatte läuten hören und Informationen über Hjalmars 250.000 Francs einholen wollte, da 645 Francs dieser Summe ihr legitimerweise zustanden.

Der amerikanische Schwarze, der auf den Namen A. Melchisedek Knockwoode hörte, hatte aus Gründen verständlicher Erschöpfung aufgehört zu rennen und schritt eilig gen Norden. Er wußte, oder glaubte zu wissen, was Polizeibeamte mit jenen anstellen, die falsche Kunde übermittelt haben, zumal wenn diese, wie bei Sergeant Frémont, einen wahren Taumel an freudiger Erwartung ausgelöst hatten. Was A. Melchisedek Knockwoode betraf, so war Hydrangea Palmerstone Waite ein beliebiges schwarzes Mädchen, das ihn unwissentlich in die größte Scheiße seit der Meuse-Argonne-Offensive in Montfaucon gegen die Deutschen geritten hatte. Er nahm sich vor, das Problem zu Ende zu denken, aber erst nach Erreichen einer sicheren Stätte oder was er dafür hielt.

Die sterblichen Reste Ambrose Grings ruhten noch immer im Labor des Dr. Hyacinthe Toudoux und wurden in regelmäßigen Abständen von dem Präfekten besichtigt, den dieser Anblick ebensowenig entzückte wie das einstmals lebendige und natürlich versammelte Ensemble der Gringschen Gliedmaßen. Der Mediziner befand sich am Rand eines Nervenzusammenbruchs, hatte er sich doch nur mit Mühe zügeln können, seinem Chef einen Becher *crème de cacao* mit Salzsäure an den Kopf zu werfen, als dieser mal wieder vorbeischaute und sagte: »Schön, der Mann ist tot. Was haben Sie sonst noch herausgefunden?«

Eine ehrliche Antwort hätte nur lauten können: »Nichts, Sir.« Aber Ärzte können sich ehrliche Antworten kaum je leisten.

»Im Mageninhalt findet sich noch eine Spur von irgend etwas anderem außer *crème de cacao«*, hub Dr. Toudoux an. »Auf die gängigen Tests reagiert es nicht, und es ist so mild, daß Regenwürmer ohne weiteres darin herumschwimmen.« Er hielt einen zweiten Becher hoch, in dem Regenwürmer waren, die einen sehr zufriedenen Eindruck machten.

»Ich glaube kaum, daß sich all die an dem Fall beteiligten Regierungen für Regenwürmer interessieren«, sagte der Präfekt. »Um Himmels willen, weisen Sie endlich Resultate vor. Wie und warum ist diese Zierde unseres Staates zu Tode gekommen? Er wurde weder erdolcht, erwürgt, ertränkt noch aus einem Fenster geworfen oder erschossen, erhängt oder guillotiniert. Warum sagen Sie nicht einfach, er sei eines natürlichen Todes gestorben und damit basta.«

»Ich bin sicher, daß sein Tod alles andere als natürlich war«, sagte der Doktor. »Ja, ich würde mich weigern, einen entsprechenden Todesschein zu unterschreiben.«

Der Präfekt stürmte aus dem Raum, wobei er eine Reihe Reagenzgläser niederriß. Er wußte nicht, daß eine seiner baßstimmigen Hilfspolizistinnen anonym die Britische Botschaft anrief, um mitzuteilen, daß ein rothaariges Mädchen, das behauptete, Untertan der britischen Krone zu sein, in einem lauwarmen Bad gefangengehalten werde und lauthals nach dem Beistand ihrer Regierung rufe.

Heiss und Lourde spielten in der Amtsstube des Präfekten Binokel und beschwerten sich, daß die Karten durch die violette Tinte gezinkt seien. Sie hatten nichts ausgeplaudert, da niemand ihnen Fragen gestellt hatte. Die Kerzenlicht-Grecos hatten bereits die Prüfung fast aller Experten Frankreichs bestanden, so daß sie vom Louvre keinerlei Ärger zu erwarten hatten, und was mit Whistlers Tante und den fünfzehn modernen Gemälden geschehen war, die inzwischen die Signatur ›Poularde‹ trugen und sich auf dem Weg zur Arson Galerie, Chicago, befanden, entzog sich glücklicherweise ihrer Kenntnis.

»Entlassen Sie die Bootsführer«, sagte Evans zu Sergeant Frémont, als sie an Bord der *Deuxième Pays de Tout le Monde* gingen, wie das Polizeiboot hieß. »Jansen kennt den Fluß wie seine Hosentasche. Er hat ein Kapitänspatent.«

»Und was geschieht, wenn der Motor aussetzt?« fragte der Sergeant. Wie so viele Romantiker hatte er von technischen Dingen keinen Schimmer.

»Selbst Miriam könnte ihn mit geschlossenen Augen in seine Einzelteile zerlegen«, sagte Evans.

»Ach, ihr Amerikaner«, seufzte der Sergeant. »Meine Hydrangea ist eher jemand von der schutzbedürftigen Sorte. Beim Anblick einer Pistole oder eines Motors würde sie sicher laut zu schreien anfangen. Ich fürchte, sie würde auch seekrank werden, armes Ding. Wann frühestens könnte sie eintreffen?«

»Sie ist unterwegs«, sagte Evans. »Heute nacht haben wir etwas anderes zu tun.«

Hjalmar hatte den Motor bereits angeworfen und stand am Steuer. Der Sergeant und Jackson nahmen mittschiffs Platz. Miriam saß mit Evans am Bug, ihre Hand ruhte leicht widerstrebend auf der Pistole. Evans lächelte. Er versuchte, sich auf den Zweck ihrer Reise zu konzentrieren, doch konnte er nicht umhin, auf Miriam stolz zu sein. Ihre Haltung weckte seine latente Liebe zum fernen Vaterland und zu jenen Institutionen, die solch resolute Damen prägten. Begehrenswert? Weiblich? Ja...

»Zum Teufel mit Walt Whitman«, sagte er laut.

»Ich weiß. Eine Frau wartet«, sagte sie mit leuchtenden Augen. »Wir sollten diesen Fall möglichst schnell abschließen.«

Virtuos und schwungvoll hatte Hjalmar das Boot zur Mitte des Flusses gelenkt und jagte in vollem Tempo stromaufwärts. Vom Fluß aus, zumal in einem so tiefliegenden Gefährt wie der *Deuxième Pays*, entfaltet das alte Paris ganz unerwartete Reize. Mauern und Türme erscheinen in neuen Proportionen, Perspektiven verkürzen, Höhen verlängern sich. Sie fuhren am Grand Palais vorbei und schon kurz danach am Louvre, in dessen Obhut sie die 49 Gemälde glaubten. In Wirklichkeit waren diese aber zwischen Werke des 19. Jahrhunderts geraten, die in Provinzmuseen gezeigt werden sollten, weswegen sie in kleinen Sendungen und falsch ausgewiesen überall zwischen Dijon und Arles verstreut waren. Linker Hand erhob sich in seiner grandiosen, fast poetischen Häßlichkeit das Samaritaine.

»Wohin?« fragte Hjalmar, als sie der Ile de la Cité gefährlich nahe gekommen waren.

»Backbord«, sagte Evans.

Ach, verflossene Jahrhunderte! Ach, Geschichte! Die *conciergerie* zur Stunde der Morgendämmerung. Notre Dame vor Federwolken wie rosagefärbte Engel. Der Kirchturm von Saint Chapelle. Der unheilvolle Tour St. Jacques. Noch zügiger in Fahrt kommend, glitten sie zwischen der Altstadt und der Ile St. Louis dahin, vorbei an der duftenden Halle aux Vins, hinter der sie aus dem Jardin des Plantes das Gebrüll der Löwen, Tiger, Schakale und Hyänen hörten. Das gemahnte die vorsichtigen Mitglieder der Anwesenden an die bevorstehenden Gefahren. Die vorsichtigen Mitglieder waren freilich Frémont und Tom Jackson. Letzterer war, wie so mancher gute Mann, zu Lande schlichtweg Spitzenklasse, aber zu Wasser, selbst auf einem so schmalen Fluß wie der Seine, mußte er sofort an die Schönheit eines unsterblichen Aphorismus von Panurge denken: »Wohl dem, der Kartoffeln pflanzt, steht er doch mit beiden Füßen auf festem Grund.« Das Bündnis von schaukelndem Boot und Raubtiergebrüll war ein klein wenig zuviel für Oklahoma Tom.

»Ich glaube, ich gehe mal runter und lege mich hin«, sagte er.

»Wo glauben Sie eigentlich zu sein?« wetterte Hjalmar gutmütig. »Das heißt nicht ›runter‹, sondern ›unter Deck‹. Und nehmen Sie einen ordentlichen Schluck Zwetschenwasser...«

»Würg, gurgel«, sagte Jackson und kletterte die kleine Kajütstreppe hinunter.

Die anderen ließen eine Flasche kreisen, und als sie bei Hjalmar angekommen war, leerte er sie in einem Zug und warf sie über die Reling.

»Hätte wohl meinem Freund, dem Präfekten, einen Gruß in die Flasche stecken sollen«, sagte Hjalmar. »Mann, die frische Luft tut gut!«

»Denken Sie daran, daß Sie in meinem Gewahrsam sind«, sagte der Sergeant. »Wenn jemand von Ihnen verlorengeht, bin ich meinen Job los.«

»Keine Angst. Ich kriege noch 250.000 Francs und wenn nicht, schnappe ich sie mir aus dem Versteck des Präfekten«, sagte Hjalmar.

Allein bei dem Gedanken mußte der Sergeant wieder loskichern. Über den Maler Gonzo wußte er nicht viel, aber als Tintenbekleckser des Präfekten und als Steuermann war er astrein. Der kräftige Norweger fand ohne Mühe die Fahrrinne, brüllte Freunden auf vorbeifahrenden Schleppern und Barkassen Grüße zu und den Barbesitzern am Ufer. Das Flußvolk hatte schon längst den hünenhaften, polternden Künstler in sein Herz geschlossen, und selbst Evans war beruhigt, als er sah, wie er das Boot handhabte und in welch hohem Ansehen er bei den Kahnführern und Hafenarbeitern stand.

»Bis Châtillon kann uns nichts passieren«, sagte Evans, der nochmals die Karte studierte. »Da gehen wir dann an Land und erkunden die Gegend ein wenig. Wie sieht denn Frontville aus, Hjalmar?«

»Nur ein paar Häuser gegenüber einer bewaldeten Insel?«

»Einer Insel?«

»Ungefähr hundert Meter lang. Ein paar Hütten, in denen die Kahnführer manchmal schlafen und vier oder fünf Höhlenwohnungen.«

»Höhlenwohnungen? Wofür?«

»War während des Krieges ein Munitionslager. Die Armee hatte dort hochexplosiven Sprengstoff gelagert, weil die feindliche Luftwaffe da niemals suchen würde. Jede Menge Schutzraum. Hohe Bäume. Und wenn das Zeug in die Luft geflogen wäre, wäre fast niemand verletzt worden. Gar nicht so doof, diese Scheißfranzosen…«

Der Sergeant richtete sich auf. »Ich muß sagen, Ihre Huldigung an meine Landsleute ist geradezu überwältigend«, antwortete er.

»Was soll's? Ich mag Ihr Land gut genug, um hier zu leben«, sagte Hjalmar. »Schließlich war ich gerade im Gefängnis, nur weil ich hierbleiben will.«

Jackson tauchte aus der Kajüte auf, erbsengrün.

»Keinen Streit, wenn ein Kumpel im Sterben liegt«, sagte er.

Sie fuhren an einer ländlichen Gegend vorbei; Dörfer mit rotgedeckten Dächern und fernen Hügeln, weiße Straßen zerteilten die Ebene und schlängelten sich die Hügel empor. Fruchtbares Frankreich, Quelle ständigen Neids weniger glücklicher Länder, Mutter eines friedlichen, kernigen Volks, das das Leben nimmt, wie es kommt. Die Scheißfranzosen an der Seine waren an diesem Morgen alles andere als doof. Sie pflügten die reiche, schwarze Krume oder zogen behaglich die kreideweißen Straßen entlang, die zu beiden Seiten mit Pappeln *(Populus nigra italica)* gesäumt waren. Die gestriegelten Pferde strotzten vor Kraft, die Rinder standen bis zu den Knien in saftigem Gras.

»Ich sterbe, wenn das noch schöner wird«, sagte Miriam. Ihre Hand hatte die Pistole losgelassen und ruhte in Höhe ihres weißen, jungen Halses.

»Können Sie schwimmen?« fragte Evans.

Statt einer Antwort erhob sie sich, und nur Evans' beherzter Griff um ihre schlanke Hüften konnte verhindern, daß sie sich rücklings in die Flut stürzte.

»Ich glaub's Ihnen schon«, sagte Evans. »Und bitte keine Mätzchen mehr in Gegenwart des Sergeanten. Er kann nur ein begrenztes Maß an Aufregung vertragen. Übrigens, der Whistler, den Sie heute früh durchlöchert haben, war ein Original. Schießen Sie ohne meine Zustimmung auf nichts, nicht einmal auf Gemälde.«

»Ich werde brav sein«, sagte sie. »Wie wär's mit einem Drink?«

»Sie werden torkeln, noch ehe wir Bar-sur-Seine erreicht haben«, sagte der Sergeant mit sorgenvoller Miene.

»Teufel. Sie haben uns nie betrunken an Bord gesehen«, sagte Hjalmar. »Das ist nicht wie beim Kaffeetrinken, wo man ein bißchen vorsichtig sein muß.«

»Ich bin für Sie verantwortlich, ob betrunken oder nüchtern«, grunzte der Sergeant, und Jackson fiel ihm dumpf ins Wort.

»Ich könnte auch einen zur Brust nehmen«, sagte er. »Schlechter kann's mir nicht mehr werden.«

Miriam sang wie eine Drossel: »Groß ist die Zahl der Schmerzen, und die Zahl der Becher klein / Es bleibt nichts übrig, als ewig betrunken zu sein.« Sie hielt inne und wandte sich Evans zu: »Sie werden doch den Mörder des armen Ambrose finden? Ich fühle mich irgendwie verantwortlich.«

»Seine letzten Gedanken galten Ihnen«, sagte Evans.

»Ihnen und dem Öl, kein Zweifel.« Dann fuhr er sehr ernsthaft fort: »Ich werde den armen Kerl schon rächen, glauben Sie mir. Dennoch gibt mir seine Ermordung das größte Rätsel in dieser wirren Affaire auf. Angenommen, man hätte Heiss und Lourde ausschalten können... Gott! Wie dumm von mir! Sergeant! Hjalmar! Fahren Sie die nächste Telefonzelle an. Ich muß sofort das Hauptquartier verständigen.«

»Und was wollen Sie von denen?« fragte der Sergeant.

»Daß sie zwei weitere Morde verhindern... Nein, drei. Ich habe den Angestellten Monsieur Dinde vergessen.«

Es gab eine leichte Erschütterung, als der Bug der *Deuxième Pays* das Ufer vor dem Rendez-vous des Imprévoyants rammte, gleich westlich von Bar-sur-Seine. Der Fluß war breiter an dieser Stelle, hohes Gras stach aus dem Morast, schwere Äste neigten sich über Bäche und Nebenarme, und der Gesang der Amsel *(Merula merula)* mischte sich in das freudige ›Bonjour‹, mit dem der Wirt Hjalmar begrüßte. Während Evans telefonierte, versammelten sich die anderen an der Bar, und diesmal wurde sogar Sergeant Frémont schwach und kippte einen kleinen Brandy. Die Aussicht auf drei weitere Morde während seiner Abwesenheit hatte ihm arg zugesetzt. Er wußte, daß man ihm wieder alles in die Schuhe schieben würde, sollte etwas schiefgehen.

Evans rief nicht den Präfekten an. Er wollte Taten, keine Auseinandersetzungen. Es dauerte keine halbe Stunde, ehe er mit dem Justizminister verbunden war.

»Hier spricht Homer Evans.«

»Vielleicht sollte ich Sie lieber mit dem Kriegsministerium verbinden«, schlug der Justizminister vor, der ebenfalls reichlich Übung hatte, wenn es galt, Probleme weiterzuleiten.

»Der Sonderbeauftragte der amerikanischen *sûrete generale*«, fuhr Evans fort.

»Ach ja. Selbstverständlich. Dieser verschwundene Millionär... Monsieur... Monsieur...«

»Weiss.«

»Ja, natürlich. Weiss. Haben Sie ihn gefunden? Ihr Botschafter, ulkiger Vogel, versicherte mir, er sei vermutlich nur was trinken gegangen. Könnte er auf Sauftour sein...?«

»Ich werde mehr über ihn wissen, noch ehe der Tag zu Ende ist«, sagte Evans. »Jetzt habe ich aber etwas von größter Wichtigkeit auf dem Herzen. Würden Sie bitte den Präfekten anrufen und sich zwei Verdachtspersonen überantworten lassen, Abel Heiss... Nein, nicht Weiss. Weiss heißt Hugo mit Vornamen. H wie Henriette. Nein, nicht Henriette. Abel Heiss. H-E-I-S-S. Und sein Partner Sascha Lourde. Jetzt haben Sie verstanden. Heiss und Lourde. Und einen Angestellten namens Dinde. Heiss, Lourde und Dinde. Lassen Sie sie sofort schwerbewacht in Ihre Behörde kommen, und halten Sie sie dort fest. Lassen Sie niemanden in ihre Nähe kommen.«

»Verdachtspersonen sitzen gewöhnlich in der *préfecture* ein«, sagte der Minister.

»Wenn es diese Männer das Leben kosten sollte, wird die Presse erfahren, daß ich Sie gewarnt habe«, sagte Evans streng. »Nun, wollen Sie zur Tat schreiten, oder muß ich meinen Botschafter verständigen?«

»Ich mache, was Sie wollen«, sagte der Minister. »Ihr Amerikaner wollt immer mit dem Kopf durch die Wand, aber ich mag Ihren Botschafter. Macht nie Schwierigkeiten.«

»Noch heute abend werden Sie Hugo Weiss zurückhaben«, versprach Evans. »Wenn Sie meine Anweisungen ausführen, werde ich ihn zuerst zu Ihnen bringen, damit er sich den Pressefotografen stellen kann.«

»Ich werde nichts unversucht lassen. Heiss, Lourde und Dinde. Guten Tag.«

Das Telefon klickte ein, und Evans gesellte sich seinen Freunden in der Bar zu. Jackson war schon beinahe wieder er selbst. Noch nicht ganz, doch befand er sich eindeutig auf dem Wege der Besserung.

»*Lie down, little dogies*«, sang er, während ihm Miriam auseinandersetzte, daß Dogies auf amerikanisch keine Hunde sind, sondern die bedauernswert reduzierten Brüder der Kühe.

»Ihre Sprache ist bar jeglicher Logik. In einem so großen Land wäre Logik wahrscheinlich sowieso fehl am Platz«, meinte Sergeant Frémont.

18. Kapitel

EIN KARTOFFELSTAMPFER ERWEIST SICH ALS BUMERANG

Kaum war die Wirtsfrau Hjalmars ansichtig geworden, sperrte sie ihre Tochter Gaby in ein Zimmer im ersten Stock und bewachte sie wie eine grimmige Hyäne.

»Meine Mutter war sehr streng«, sagte Madame Sosthène dem schmollenden Mädchen, »aber nicht streng genug. Du sollst von ihren Fehlern profitieren.«

Wäre Homer Evans nicht so sehr mit seinem Anruf beschäftigt gewesen, wäre sein Mitgefühl nicht so grenzenloser und allumfassender Natur gewesen, daß es sich die Sicherheit selbst so jammervoller Gestalten wie Heiss und Lourde hätte angelegen sein lassen. Dann wäre ihm zweifellos ein dürrer, doch drahtiger Mann im Hinterzimmer aufgefallen, der die Kleidung eines Flußarbeiters trug, darin aber irgendwie nicht ganz echt aussah. Der Fremde lauschte gierig dem Gespräch der Rettungsmannschaft. Dann setzte dieses finstere Subjekt in einem Tempo durch den Wald, daß weder Amseln *(Merula merula)* noch der flinke Distelfink *(Carduelis elegans)* mithalten konnten. Er erspähte schließlich ein Motorrad, dessen Besitzer, der sich zu einem Tête-à-tête mit seinem Mädel eingefunden hatte, momentan außerstande war, ein Eigentumsdelikt zu vereiteln oder einer davonknatternden Harley- Davidson habhaft zu werden. Die Geschwindigkeit, mit der der Fremde diese Gegend verließ, mag eine teilweise Erklärung durch die Enthüllung seines Namens finden. Es war Barnabé Vieuxchamp, dessen verstorbener Großvater, nachdem er Barnabés Vater gezeugt hatte, nach Amerika geflohen war, wo er eine neue Familie gegründet hatte, diesmal unter dem amerikanischen Namen, Barney Oldfield.

In der Zwischenzeit stellte Evans eine telefonische Verbindung zu Dr. Hyacinthe Toudoux her. Der gute Doktor hatte solchen Ärger mit den sterblichen Überresten Ambrose Grings, daß er, als das Telefon läutete, laut ausrief: »Verdammter Ex-Gigolo. Wenn er noch am Leben wäre, würde ich ihn selbst um die Ecke bringen.«

Er nahm den Hörer ab.

»Hier spricht Homer Evans, *agent plénipotentiaire* der Vereinigten Staaten im Fall Hugo Weiss. Ihr Ruhm, Dr. Toudoux, ist weit über die Grenzen Frankreichs, ja, Europas gedrungen. Nicht nur Ihre Monographie *Ressuscitations effectives des ivrognes, avec notations pratiques sur le delirium tremens*, sondern auch Ihr umfangreicheres Werk über den Gebrauch von heißem Apfelmus und aromatischen Ammoniakdestillaten sind meinen Landsleuten durchaus geläufig.«

»Wahrscheinlich hat mich mein amerikanischer Verleger übers Ohr gehauen«, sagte Dr. Toudoux. »Die Einnahmen waren mehr als spärlich.«

»Zu tiefschürfend für Laien und selbst die meisten Fachleute«, tröstete Evans.

Seit er mit dem Fall Hugo Weiss befaßt war, taute Dr. Toudoux erstmals ein wenig auf.

»Sehr liebenswürdig. Sind Sie Mediziner, Monsieur Evans, wenn ich fragen darf?«

»Lediglich Amateurchemiker, ein *dilettante«,* sagte er.

»Sie sind kein *dilettante*«, rief Miriam entrüstet. »Sie sollen Ihr Licht nicht immer so unter den Scheffel stellen.«

»Sie haben doch die Autopsie eines gewissen Ambrose Gring übernommen, nicht wahr?« fragte Evans den Doktor.

»Es ist meine unerschütterliche Meinung, daß sein Tod keine natürlichen Ursachen hat«, sagte der Doktor.

»Ich bin überzeugt, daß Sie recht haben und der Präfekt

sich irrt. Natürlicher Tod, also wirklich! Selbstverständlich haben Sie alle Routineuntersuchungen angestellt – Strychnin, Arsenik, Blausäure, Zyanid etc.«

»Ein Kinderspiel«, sagte Dr. Toudoux. »Und mit niederschmetternden Ergebnissen.«

»Darf ich einen Vorschlag machen? Ich möchte, daß Ihnen, Doktor, in diesem Fall jegliche Ehre allein angerechnet wird. Aus verständlichen Gründen muß ich mich im Hintergrund halten...« sagte Evans.

»Soll mir eine Freude sein«, sagte Toudoux gnädig. »Sollten Sie mir helfen, den Präfekten als noch größeren Esel bloßzustellen, als er ohnehin schon ist, haben Sie in mir einen lebenslangen Freund gefunden.«

»In Amerika...« fing Evans an. »Besteht Gefahr, daß Ihnen jemand zuhört?«

»Nicht die geringste. Fahren Sie fort. In Amerika...« sagte der Doktor.

»In Amerika gibt es ein Spezifikum, das Ärzten nicht allgemein bekannt ist und Mickey Finn heißt. Es handelt sich um eine Flüssigkeit, von der nur wenige Tropfen in einem gewöhnlichen Getränk genügen, um schon nach zehn Minuten das Bewußtsein für mehrere Stunden auszuschalten. Bei robusten Typen sind die Nebenwirkungen ziemlich harmlos. Leichte Kopfschmerzen, brüllender Durst, Gewissensbisse, lückenhaftes Kurzzeitgedächtnis, Sie wissen schon.«

»Ich kann Ihnen folgen«, sagte Dr. Toudoux. »Ich habe über die Michael Finns gelesen und mich bemüht, mehr darüber zu erfahren, aber in der amerikanischen Fachliteratur kommt das Zeug nicht vor.«

»Da liegt der Hase im Pfeffer. Die Herstellung eines perfekten Mickey Finn ist ein altes Berufsgeheimnis, geht vermutlich auf die Inkas zurück, und das kostbare Rezept ist Medizinern nicht bekannt, sondern so manchem Mundschenk und Barbesitzer. Der Vater hat es dem Sohn weitergegeben, und es blieb Außenseitern streng verborgen. Es wurde benutzt, um ungebärdige Kundschaft in Kaschemmen zu beruhigen, um ehrbare Trinker an übermäßigem Konsum zu hindern, um ganze Schiffsmannschaften seetauglich zu erhalten. Als ich noch zur Universität ging, mußte ich mir schließlich ein Thema für meine Dissertation aussuchen, und ich wählte ›Das Mickey Finn‹. Meinem akademischen Ruf war es nicht zuträglich, und ich fand, es sei unfair, meine Ergebnisse zu veröffentlichen, obwohl ich zwei Jahre geopfert hatte, um das Geheimrezept für Mickey Finns und seine Geschichte und Entwicklung durch sämtliche Zeitalter zu erkunden. Barbesitzer sind unter anderen die nützlichsten Bürger unserer Gesellschaft. Sie sind schon immer Freunde der Menschheit gewesen. Laß sie ihr sorgsam behütetes Geheimnis wahren, sagte ich mir, und so mußte ich zwei weitere Jahre in eine Dissertation über rote Flanellunterwäsche investieren.«

»Werden Sie mir die Ehre geben, mich in das Geheimnis einzuweihen?«

»Erst müssen Sie mir versprechen, das Rezept niemals preiszugeben oder auch nur anzudeuten, daß Sie es kennen«, sagte Evans.

»Monsieur Evans«, sagte der Doktor inbrünstig, »ich bin Kriegsveteran, Ritter der Ehrenlegion, Mitglied der Wissenschaftlichen Akademie Frankreichs und habe 1910 die französische Fechtmannschaft in Rom zum Sieg geführt. Das Wort eines Toudoux...«

»Genug, Doktor... Wir verstehen uns... Nun lernen Sie folgendes auswendig, schreiben Sie es nicht nieder. Untersuchen Sie die Verdauungsorgane meines verschiedenen Bekannten nach *Oleum crotali confluenti*, dem Öl der Wüstenklapperschlange. Sie werden herausfinden, falls Sie es finden, daß dieses Öl ein klein wenig besser löslich ist als das der Diamant- und der Baumklapperschlange oder der kleineren Abarten, wie sie im Gebirge vorkommen. Dann suchen Sie sorgfältig nach Spuren von *Tinc. argalli spicati*

Texarkanae. Das ist keineswegs das übliche Marihuana, aus dem die Zigaretten gedreht werden, sondern eine Art Locoweed, das es nur in Texas und Arkansas gibt. Untersuchen Sie auch den Rest *crème de cacao* in Grings Glas. Ich rufe Sie so bald wie möglich wieder an.«

»Ich werde Ihnen Ihre Hilfsbereitschaft nie vergessen«, sagte Dr. Toudoux. »Die Welt ist so reich an internationalen Mißverständnissen, selbst unter befreundeten Ländern wie den unseren. Das liegt bestimmt nicht an Männern unseres Berufsstandes, den Wahrheitsfindern. *Oleum crotali confluenti.* Strömt der Fluß dieser Worte nicht harmonische Poesie aus? Und *Tinctura argalli spicati arcanae.* Dasselbe Metrum hat der englische Lyriker Keats verwendet, als er sein berühmtes Rätsel vortrug: ›*Oh, what is so rare as a day in June.*‹«

»Genau«, sagte Evans. Dann rief er den Justizminister an, um sich nach Heiss, Lourde und Dinde zu erkundigen. Zu seinem Entsetzen erfuhr er, daß man Abel und Dodo auf freien Fuß gesetzt hatte; ihre Leichen seien aber bislang nicht gefunden worden.

»Und der Angestellte Dinde? Wo ist er?«

Die Antwort ging in einem ohrenbetäubenden Schrei der Wirtin unter. Was während der nächsten Sekunden geschah, begriff Evans erst später. Er sah einen Gegenstand durch die Luft sausen, eine Handgranate mit langem Holzgriff, wie sie im Weltkrieg unter der Bezeichnung ›Kartoffelstampfer‹ bekannt war. Sie steuerte zielsicher auf die Gruppe an der Bar zu. Mit einem Arm schleuderte er Miriam über den Tresen, wobei er den Wirt über den Haufen warf, der ebenfalls zu Boden ging. Der Sekundenbruchteil, in dem sein Leben vor seinen Augen hätte abrollen sollen, gehörte einem wehmütigen Rückblick auf jene Tage, da er ruhig im Dôme saß, seinen müßigen Gedanken nachhing und einen Drink schlürfte... Ein Blitz zuckte auf, der jedoch ganz anders beschaffen war, als Evans erwartet hatte. Der Blitz war grau und bestand aus

Hjalmar Jansens gewaltigem, rechtem Arm. Mehr sah Evans nicht, aber dann sah er, wie das Geschoß in die entgegengesetzte Richtung flitzte, fort von seinen Freunden und auf die *Deuxième Pays* zu, deren Motor wild stampfte.

Auf halbem Wege zwischen der Bar und dem Ufer und keine zehn Fuß hoch in der Luft explodierte die Granate. Eine schreckliche weißsilberne Flamme zuckte auf, dann ging es wie Hagel durch die Blätter. Vier Flaschen zerbarsten, und ihr Inhalt rieselte auf Miriam, die, geschwächt von ihrem Sturz, noch nicht in der Lage war, sich zu erheben. Aber Evans' ganze Aufmerksamkeit galt Tom Jackson, der seine Hand gegen die Stirn preßte, leichenblaß auf die Knie sank und vornüberkippte.

»Die klauen das Boot«, brüllte Jansen und rannte wie ein Besessener in Richtung Steg. Drei Männer waren auf der *Deuxième Pays*, einer am Steuerrad, ein zweiter am Motor und ein dritter lag bäuchlings im Heck.

»Passen Sie auf. Er hat ein Maschinengewehr«, sagte Sergeant Frémont. Er war zu vernünftig, um dem verwegenen Norweger zu folgen, aber auch zu tapfer und als Repräsentant seines Landes unter Fremden zu stolz, um sich zu Boden zu werfen. Ob Hjalmar die Warnung gehört hatte, läßt sich nicht feststellen. Er lief weiter, die *Deuxième Pays* entfernte sich vom Ufer.

»Oh, du Hornochse! Du Vollidiot«, sagte Evans, seine phlegmatische Betrachtungsweise der Welt aufgebend. Hjalmar war nämlich mit einem enormen Kopfsprung in die Seine getaucht und machte sich kraftvoll kraulend an die Verfolgung des Bootes. Der Sergeant weinte, Evans schloß die Augen, Tom Jackson sank in Ohnmacht. Nur Miriam, die den Kopf über den Rand des Tresen erhoben hatte, ergriff die Initiative. Ihre Pistole sprach ein zweites Mal, dann biß sie sich auf die Lippen und blickte Evans erschrocken an.

»Es tut mir ja so leid«, sagte sie. »Ich soll ja nicht ohne Ihre Erlaubnis schießen.«

Die wahre Bedeutung ihrer Entschuldigung dämmerte Evans erst später, da er sein Augenmerk auf den Mann im Heck gerichtet hatte, der offenbar jegliches Interesse an den Ereignissen verloren hatte. Seine Hand lag schlaff auf dem Gewehr, seine Augen starrten ins Leere. Jansen legte an Tempo noch zu, seine riesigen Arme flogen wie Dreschflegel auf und nieder, während seine Füße die Fluten in derartige Raserei versetzten, daß Gründlinge *(Gobis gobis)* und Quappen *(Boarces viviparus)* in schierer Panik das Weite suchten.

»Er holt auf. Meiner Treu, diese Amerikaner!« sagte Frémont und steckte verschämt seine Pistole weg, die er unbewußt bei Miriams Schuß gezogen hatte.

»Es tut mir ja so leid...« wiederholte Miriam und sah Evans forschend an.

»Sie haben Hjalmars Leben gerettet«, sagte er schlicht, aber seine Augen sagten viel mehr, so viel, daß Miriam errötete und sich am Tresen festhalten mußte, damit ihre Knie nicht nachgaben.

Herz und Muskeln mögen noch so rüstig sein, der Mensch wird an Kraft und Tempo einem gutfunktionierenden Benzinmotor immer unterlegen sein. Jansen fiel zurück und mußte die Verfolgungsjagd aufgeben.

»Warum zum Teufel hast du nicht geschossen?« fragte der Bandit am Steuerrad, das er wild herumwirbelte, um einen Baumstumpf zu umschiffen.

»Siehst du nicht, daß der Kerl tot ist?« sagte sein Komplize am Motor.

Der Mann am Steuer war zwar willens zu schießen, aber keineswegs willens, als Zielscheibe zu dienen. Als er begriff, daß neben ihm ein Leichnam lag, der noch kurz zuvor sein Kumpel gewesen war, geriet der dermaßen aus der Fassung, daß er den Baumstumpf streifte, anstatt ihm auszuweichen. Der Motor hustete klagend, und die verklumpte Schiffsschraube gab ihren Geist auf. Die *Deuxième Pays* hatte einen knappen Kilometer zurückgelegt und ruhte nun auf einer

Sandbank. Schwer zu entscheiden, ob die beiden übriggebliebenen Gangster zuerst ins Wasser gesprungen waren, oder ob Evans zuerst gerufen hatte: »Macht schon! Der Motor ist verstummt.«

»Ich trage dem Präfekten gegenüber die Verantwortung für das Boot«, sagte Sergeant Frémont, ein Gedanke, der ihn zu einem beachtlichen Spurt bewog. Evans lag in Führung, Hjalmar, tropfnaß wie er war, belegte den zweiten Platz, gefolgt von Miriam, die schon manchen Wettlauf mit einem schnaubenden Stier zur rettenden Umzäunung eines Viehhofs gewonnen hatte. Tom Jackson hatte rasch wieder das Bewußtsein erlangt, war aber, obwohl man ihm versicherte, daß seine Wunde harmlos war und volle drei Millimeter das Gehirn verfehlt hatte, noch zu schwach loszulaufen, weshalb er sich auf anfeuernde Zurufe beschränkte. Sosthène, der Wirt, untersuchte trübsinnig die zerbrochenen Flaschen. Seine Frau keifte: »Ich hab dir ja gleich gesagt, daß es Ärger gibt, als die drei Banditen den Fluß hochkamen.«

»Welche Banditen?« fragte Jackson, wieder ganz Reporter.

»Die, die den stupsnasigen Schlepper und die große, graue Barkasse hatten. Ich sagte Sosthène, daß mir diese Barkasse vom ersten Augenblick an nicht gefallen hat«, sagte die Wirtin.

»Waren das dieselben Banditen, die das Boot gestohlen haben?« fragte Sosthène.

»Wenn man dich so reden hört, könnte man meinen, hier gebe es nichts anderes. Natürlich waren es diese Schurken aus Paris. Wußten kaum, wie man ein Boot lenkt. Wer sonst würde hier um vier Uhr in der Früh vorbeikommen?«

»Ist das eine so ungewöhnliche Zeit für eine vorbeiziehende Barkasse?« fragte Jackson.

»Wenn sie stromaufwärts fährt«, sagte die Wirtin. »Sie legten an, um etwas zu essen und zu trinken. Sie aßen, als sei eine Hungersnot ausgebrochen. Äußerst seltsam. Am Flußufer gibt es jede Menge Restaurants.«

»An welchem Tag sind sie vorbeigekommen, und was haben sie mit der Barkasse gemacht?« fragte Jackson.

»Freitag morgen, war genau vier Uhr. Was sie mit der Barkasse gemacht haben, weiß ich nicht. Wenn's nach mir ginge, würde sie mit Mann und Maus versinken.«

»Hatten Sie irgendwelches Frachtgut dabei?« fragte Tom und spielte an seinem Verband, der aus einem sauberen Schanktuch bestand.

»Heu«, sagte sie abschätzig. »Und ein paar Ballen haben sie auseinandergerupft. Recht merkwürdig. Ich hab keine Tiere an Bord gesehen.«

Während Jackson seine brachliegende Neugierde trainierte, hasteten Evans, Hjalmar, Miriam und Sergeant Frémont in genannter Reihenfolge durch den Wald, zerteilten Blätter, Zweige, Rinden und Gestrüpp, wurden von Ästen, Stümpfen und Dornsträuchern gebeutelt. Miriam kam, wie man eingestehen muß, vergleichsweise glimpflich davon, konnte sie doch auf eine jahrelange Erfahrung im Geländelauf zurückblicken, während die anderen nur an hallendes Pflaster gewohnt waren. Ja, Frémont war noch nie auf dem Lande gewesen, zog man seine Ferienaufenthalte im August nicht in Betracht, aber da hatte er dem Angeln und nicht dem Sprinten gefrönt.

Schließlich erspähte Evans die gestrandete *Deuxième Pays*. Die beiden Gangster waren im dichteren Wald hinter dem gegenüberliegenden Ufer verschwunden. In Windeseile hatten die vier konditionsstarken Mitglieder der Weiss-Expedition den Fluß zur Sandbank durchwatet und das Boot bestiegen, um die Lage zu erkunden.

Hjalmar war sofort zum Heck gegangen, wo der Körper des unglücklichen Schützen lag. Er packte ihn am Kragen und setzte ihn auf die Bank.

»Eins zu eins«, sagte er. »Die haben Gring bekommen und wir diesen Kerl da.«

Miriam hielt sich im Bug der *Deuxième Pays* versteckt. Es

war was anderes, auf eine Zielscheibe zu schießen oder einen verwundeten Stier oder selbst auf ein Portrait von Whistlers Tante. Einen Mitmenschen umzulegen, egal wie übel dieser auch sein mochte, bedeutete eine völlig neue Erfahrung. Sie redete sich ein, sich an derlei gewöhnen zu können, doch dieser Zustand war noch in weiter Ferne. Sie blickte Evans ein wenig verzweifelt an, und der verstand sofort.

»Wirf eine Decke über den Toten«, sagte er Hjalmar.

»Ich werfe ihn einfach in die Kabine«, sagte Hjalmar. »Wenn da ein Leck ist, werde ich ihn reinstopfen.«

»Nom de Dieu«, sagte Sergeant Frémont, »Sie vergessen wohl alle, daß ich einen Job habe und eine Familie zu ernähren habe. Ich muß seine Papiere zu Protokoll nehmen.«

»Wenn Sie bei diesem Ganoven irgendwelche Papiere finden, kaufe ich Ihnen eine neue Uniform. Die haben Sie nach diesem Zug durchs Dornengestrüpp auch nötig«, sagte Hjalmar.

Hjalmar lag nicht falsch mit seiner Vermutung, wie sich rasch herausstellte. Der dahingeschiedene Scharfschütze trug so wenig Papiere bei sich wie ein Wildkaninchen.

»Wie steht's mit Fingerabdrücken?« grunzte Hjalmar. »Ist doch besser als nichts.«

»Wir werden den Leichnam nach Hause nehmen, falls wir jemals wieder nach Hause kommen sollten«, sagte der Sergeant. »Ich muß gestehen, Mr. Evans, daß ich die Gefahren, die Sie andeuteten, unterschätzt habe. Die Ereignisse der letzten halben Stunde haben einen Sinneswandel herbeigeführt.«

»Bloß wegen so einer lumpigen Handgranate, einem Maschinengewehr und einem Gangstertrio?« fragte Evans spöttisch. »Ich fürchte, daß wir bald noch größere Risiken auf uns nehmen müssen. Die ganze Situation gefällt mir nicht. Unsere Kidnapper sind gewarnt worden und können nun zur Offensive übergehen. Dabei hatte ich gehofft, sie überraschen zu können.«

»Wenn sie unseren alten Hugo erledigen, werde ich ihnen die Leber rausreißen und sie mir zum Mittagessen dünsten«, sagte Hjalmar und blickte finster und entschlossen drein.

»Retten will ich Hugo, nicht ihn begraben«, sagte Evans. »Wir müssen vor diesen Kerlen in Frontville sein, oder unser philanthropischer Freund ist dem Untergang geweiht. Aber wie sollen wir dorthin gelangen? Wir haben keine Harley Davidson, unser Boot ist auf Grund gelaufen.«

»Seht mal«, sagte Miriam, »da sind ein paar Pferde. Warum fangen wir sie nicht ein und reiten einfach los?«

Die Antwort war ein viermaliges Platschen, als Evans, Hjalmar, Frémont und Miriam in der genannten Reihenfolge wieder in die Seine sprangen und der Uferwiese zustrebten.

19. Kapitel

KUMPANEI

Ihrer neuerlangten Freiheit wurden Heiss und Lourde nicht so recht froh. Die rasch aufeinanderfolgenden Erfahrungen des verflossenen Tages hatten ihrer zwielichtigen Karriere ärger zugesetzt als der gefälschte Giotto, den sie in Vorkriegstagen gegen einen noch unechteren Cimabue eingetauscht hatten. Zu allem Übel war der bombastische Rahmen des Cimabue nicht vergoldet, wie die Expertisen behaupteten, sondern mit Heizkörperbronze bestrichen.

Die kürzliche Ankunft des Millionärs Hugo Weiss, da sie drauf und dran waren, einen Räumungsverkauf von Kerzenlicht-Grecos in die Wege zu leiten, war Vorbote noch schlimmerer Ereignisse gewesen, als Giotto und Cimabue sich je hätten ausdenken können. Erst hatte Gring bei seinem Auftrag versagt, dann war er ermordet worden. Dann hatten zwei Araber, die nur darauf brannten, geschröpft zu werden, ihnen neuen Mut geschenkt, doch entpuppten sich die Beduinen als Agenten der Regierung der Vereinigten Staaten. Dann wimmelte es überall von Polizisten. Die Vorladung des Präfekten beendete wie ein Wunder Evans' gnadenloses Verhör. Schließlich waren sie wieder auf freiem Fuß – aber war das vielleicht nur eine Falle? Sie waren sich da nicht so sicher. Da sie nichts Besseres zu tun wußten, begaben sie sich zu ihrem Laden, den man mit viel gutem Willen ein Unternehmen nennen konnte. Er war leer, sah man von Wasserwanzen und alten Meistern ab.

»Ich habe das schreckliche Gefühl, daß ich etwas vergessen habe«, sagte Dodo und rieb sich seine Fußknöchel, die noch immer von den Absätzen des Sergeanten schmerzten.

Durch Dodos kleine Bemerkung wurde Abel wieder aktiv. »Die Bullen haben die Grecos. Sie müssen spätestens morgen auf den Weg gebracht werden«, sagte Abel.

»Vielleicht gibt der Präfekt sie uns zurück. Er war nicht so hartherzig, wie ich angenommen hatte«, sagte Dodo.

»Du Trottel. Das gehört doch zu ihrer Methode. Erst haut uns einer eins über die Rübe, dann macht der andere einen auf Florence Nightingale. Sie schnappen uns, lassen uns dann frei. Die spielen mit uns Katz und Maus.«

»Mindestens«, sagte Dodo. »Aber was sollen wir machen? Wir können die Bilder nicht sausenlassen, unser einziges gutes Geschäft. Es lief alles einfach zu glatt. Sechs Grecos auf einen Schlag. Ich frage dich, was macht jemand mit sechs gleich großen Grecos...«

»Halt die Klappe. Ich muß nachdenken«, sagte Abel. Es war offensichtlich, daß seine Gedanken nicht allzu erheiternd waren. Doch schließlich sagte er: »Wir brauchen ein halbes Dutzend neue. Das ist unsere einzige Rettung.«

»Das anstrengende Verhör hat wohl dein Gehirn ein wenig durcheinandergebracht«, sagte Dodo. »Wer kann von heute auf morgen sechs Grecos herbeizaubern?«

»Du weißt, wer«, sagte Abel.

»Er hat nie mehr als drei alte Meister pro Woche zuwege gebracht«, sagte Dodo. »Vielleicht ein paar mehr, wenn es um so'n Zeug wie Millets ging, mit zwei pflügenden Bauern und ein paar Bäumen oder Kirchtürmen, alles braun wie Bratensauce. Dieser Greco hat es in sich. Das kann man nicht einfach so raushauen.«

»Die neue Methode. Wie wäre das?«

»Meinst du, das klappt? Kann unser Mann Kerzenlicht photographieren?«

»Er muß«, sagte Abel. »Ich werde ihm die Daumenschrauben anlegen. Der hat genug auf dem Kerbholz, um seine gesellschaftliche Stellung zu verlieren. Je höher seine gesellschaftliche Stellung, desto mehr kann ich ihm schaden, wenn ich meine Falle öffne.«

»Aber kopieren kann er«, sagte Dodo. »Das muß man ihm lassen. Wenn man ihm ein Bild gibt, macht er es so perfekt noch einmal, daß man sie nicht voneinander unterscheiden kann. Natürlich hat ein so talentierter Kerl seine Launen.«

»Da wir nun seinen Namen haben, werde ich ihm einen Dämpfer aufsetzen«, sagte Abel. »Man hat mich lange genug schikaniert.«

Sie setzten sich ihre Hüte auf, Abel einen breitkrempigen Bowler und Dodo eine verwegene Filzbedeckung, die unter der Bezeichnung ›Rendezvous-Hütchen‹ im Handel war. Noch drei Minuten ehe die Spezialeinheiten des Justizministers den Boulevard Haussmann entlangfegten, um die beiden Galeristen wieder in Gewahrsam zu nehmen, schritten diese schon behend in Richtung Avenue Pierre Premier de Serbie, in ein Viertel also, über das seit den Tagen Millerands kein Fahndungsnetz mehr geworfen worden war. Vor einem reichverzierten Haus der Gründerzeit blieben sie stehen, strichen ihre Jacketts glatt, blickten nervös die menschenleere Straße auf und ab und drückten einen Klingelknopf. Die Tür öffnete sich, und die *concierge* schnauzte sie an, nachdem sie einen flüchtigen Blick auf sie geworfen hatte: »Dienstboteneingang gefälligst.« Das brachte Abel endgültig auf die Palme.

»Scheißen Sie auf den Dienstboteneingang. Wir verkaufen nichts. Wir sind in seriösen Geschäften unterwegs«, sagte er.

»Welches Stockwerk?«

»Das oberste.«

»Niemand da«, schnarrte die *concierge*.

»Dann warten wir halt auf der Treppe«, sagte Abel und stieß Dodo in den unglaublich engen Aufzug. Der Aufzug machte es rumpelnd und krächzend fast bis zum obersten

Stockwerk, nahe genug jedenfalls, daß Dodo die Tür aufstemmen und rausklettern konnte, um dann Abel helfend und zerrend die Hand zu reichen. Sie zogen die Klingelschnur, und ein Diener öffnete die Tür.

»Der Meister wünscht nicht gestört zu werden«, sagte der Diener.

»Er muß aber gestört werden«, sagte Abel. »Wir wollen ihn auf der Stelle sehen.«

»Unmöglich. Der Meister hat strikte Anweisung gegeben, nicht gestört zu werden, während er malt«, beharrte der Diener. Er konnte nur schlecht verheimlichen, daß ihm Abel und Dodo unsympathisch waren. Erst mal waren sie einfach zu jung, um beim Meister vorsprechen zu dürfen, dann trugen sie nicht die Bänder der Ehrenlegion, und überdies hielten sie Hüte in ihren Händen, wie sie ihm seit dem traurigen Tag nicht mehr untergekommen waren, da er seinen Meister von einer Toulouse-Lautrec-Vernissage abzuholen gezwungen war.

»Guten Tag«, sagte der Diener kühl und rüstete sich, die Tür zu schließen. Dodo zögerte keinen Moment. Die Technik gezielter Fußtritte des Fakirs Yenolob war an ihm derart oft ausprobiert worden, daß er sie nun selbst hinreichend beherrschte und den Diener kurz außer Gefecht setzen konnte, so daß Abel und Dodo keine Mühe hatten, in die Eingangshalle zu schlüpfen. Das darauf einsetzende Handgemenge trieb den Meister, Pinsel und Palette in Händen, zur Eingangstür, und es war kein Geringerer als Paty de Pussy, Vizepräsident der *Société des Artistes Français* und Initiator der geplanten Stiftung *Hugo Schussicker Weiss Institut Artistique de la Prudence et de la Sécurité.*

»Was soll das bedeuten?« begehrte er zu wissen.

»Schön langsam, Maître«, sagte Abel. »Weisen Sie diesen Clown erstmal an, die Mücke zu machen. Wir müssen mit Ihnen sprechen.«

»Adolphe, schaffen Sie die beiden augenblicklich fort«,

sagte Paty de Pussy dem Diener, der mit seinem Fuß beschäftigt war.

»Er kann uns nicht rausschmeißen«, sagte Abel. »Aber verständigen Sie doch die Polizei! Dodo und ich sind gerade aus der *préfecture* entlassen worden. Ihre sauberen Freunde wären nicht wenig überrascht, wenn rauskäme, daß wir in Ihrem Atelier sind.«

»Das ist ein Skandal«, sagte Paty de Pussy schon etwas weniger aggressiv. »Es war ausgemacht, daß alle Transaktionen von einem Mittelsmann abgewickelt werden...«

»Offenbar lesen Sie keine Zeitung«, sagte Abel. »Ihr Mittelsmann ist tot. Er wurde im Café du Dôme ermordet.«

Paty de Pussy sank wie ein Häufchen Asche zusammen. »Gehen Sie, Adolphe«, sagte er, »pflegen Sie Ihren Fuß mit einem Senfwickel, bis ich Sie rufe.«

Er wies Abel und Dodo in sein geräumiges Atelier, schloß verstört alle Türen und sogar das Oberlicht. Seine Hände zitterten, verrieten ein Höchstmaß an Besorgnis. Ambrose Grings Ableben hatte ihn weniger niedergeschmettert als der Umstand, daß ihm Gring noch das Honorar für sechs Kerzenlicht-Grecos schuldete, die nicht nur äußerst kunstfertig gefälscht worden waren, sondern noch dazu auf so alten Leinwänden, daß Experten mehrerer Länder darauf hereingefallen waren.

»Meine Herren«, jammerte Paty de Pussy, »schonen Sie mich, wenn es möglich ist. Trug der ermordete Monsieur Gring eine größere Summe Geldes bei sich?«

Abel kapierte sofort und spie verächtlich auf den Designer-Teppich. Habsucht innerhalb sozial niederer Klassen vermochte er gerade noch nachzuvollziehen, aber wenn jemand, dem es nie an etwas gemangelt hatte, nur noch nach Geld gierte, hatte er bei Abel verspielt.

»Sprechen Sie von Ihrer Bezahlung?«

»Meinen... em... Einkünften«, sagte Paty de Pussy.

»Nichts zu machen. Der Posten Grecos ist nicht bezahlt worden und wird auch nicht bezahlt...«

Paty de Pussy erhob sich und wedelte mit den Armen in der Luft herum. »Nicht bezahlt. Sie meinen... nicht bezahlt. Das ist Betrug. Ich bin Banditen und Mördern aufgesessen. Canaille.«

»Die Bullen haben alle konfisziert«, sagte Abel.

Paty de Pussy sank in einen Louis-XIV-Sessel. »Ich bin ruiniert.«

»Immer mit der Ruhe«, sagte Dodo. »Wir haben Sie doch nicht verpfiffen. Für wen halten Sie uns eigentlich?«

Der Meister war und blieb heftig verstört. »Sie sind gekommen, um mich zu erpressen«, sagte er.

»Keineswegs. Wenn Sie uns zu Wort kommen ließen, könnten wir Ihnen mitteilen, warum wir gekommen sind.«

»Ach ja, bitte«, sagte der Meister.

»Keiner weiß was über diese Grecos außer einem Hornochsen namens Evans. Er ist heute nicht in der Stadt, und ich habe zuverlässige Informationen, daß er auch nicht wieder zurückkommen wird. Heute nicht, nie mehr. Kapiert?« sagte Abel.

»Ich will nichts mit Mord zu tun haben, außer mit politischem und somit gerechtfertigtem Mord«, sagte Paty de Pussy und richtete sich zu voller Größe auf.

»Beruhigen Sie sich«, sagte Abel. »Sie sollen ja nicht gewalttätig werden. Wir wollen nur einen neuen Posten Grecos, sechs Stück, genau gesagt. Und zwar gleich morgen früh. Wenn wir das Zeug kriegen, werden wir Sie nicht anschwärzen. Wir werden den Bullen nicht mal sagen, daß wir Sie überhaupt kennen. Kein Mensch wird Sie wegen Betrugs und Unterstützung einer kriminellen Vereinigung anklagen. Ihr Name wird mit dem Mordfall nicht in Verbindung gebracht werden. Sie werden aus allem rausgehalten. Wenn Sie sich aber als der große Macker aufspielen und uns hinhalten, na ja, die Guillotine werden Sie nicht gleich bekommen, aber das, was Frankreich als zweitschlimmste Strafe bereithält. Das verspreche ich Ihnen. Denken Sie auch mal an die Schlagzeilen. Sproß französischer Aristokraten als Bandenführer entlarvt. Preisträger narrt die Kunstwelt mit Fälschungen. Pikant, was?«

»Grandios«, murmelte Dodo und rieb sich die Hände. »Hör mal, Abel. Wär's nicht besser, ihn zu verpfeifen? Wär doch 'ne Riesenshow vor Gericht. Damen der Gesellschaft, die vor Entsetzen zusammenbrechen. Und in der Presse Monsieur Pussys Großaufnahme und darunter in zwei Spalten die Grecos – Original und Fälschung.«

Paty de Pussy war am Ende seiner Widerstandskraft. Der Schweiß hatte seinen Kragen bereits aufgeweicht und rann ihm nun über Rücken und Beine. Seine Hände zitterten so arg, daß sich Abel gezwungen sah einzugreifen.

»Hör auf, Dodo«, sagte er. »Wenn er das große Zittern hat, kriegt er nur noch Pissarros und van Goghs hin. Wir brauchen aber lupenreine Grecos.«

»Du weißt doch, wie diese Griechen sind«, sagte Dodo. »So daneben, daß sie nicht mal 'nen Typen mit einem geraden Gesicht malen können. Schon gut. Keine seelische Grausamkeit mehr. Wollen wir zur Sache kommen.«

»Ja. Zur Sache«, sagte Abel. Dann wandte er sich freundlich lächelnd Paty de Pussy zu: »Sie merken, daß wir großherzig sind. Wir wollen nicht, daß Sie Ihrer Entlohnung verlustig gehen, weder für das halbe Dutzend, das Sie bereits abgeliefert haben, noch für die sechs, die Sie heute fertigstellen werden. Was soll's? Es kann Ihnen nichts schaden, wenn Sie mal 'ne Nacht durcharbeiten. Haben Sie eine Rotlichtbirne?«

Der Vizepräsident der *Artistes Français* nickte und versuchte, seine Fassung wiederzugewinnen. Auch Abel war bestrebt, dem Fortgang der Dinge eine etwas ruhigere Note zu verleihen.

»Ich weiß«, hob er in gewinnendem Tonfall an, »daß es kaum zumutbar ist, Ihnen sechs alte Meister in nur achtzehn

Stunden abzuverlangen, aber wir müssen sie gleich morgen früh auf den Weg bringen. Andernfalls werden wir alle in die Röhre gucken. Die sechs ersten werden die Bullen dem Louvre übersenden, was rein gar nichts zu bedeuten hat. Und dieser Evans, der mehr weiß, als ihm guttut, wird bald gewaltig in der Patsche sitzen. Jetzt verraten wir Ihnen ein echt großes Geheimnis. Einer unserer Geschäftspartner hat gerade eine Methode entwickelt, Leinwand lichtempfindlich zu machen, wodurch sie sich auch für photographische Abzüge eignet. Haben Sie das kapiert?« Abel lächelte erfreut. Paty de Pussy tappte noch immer im dunkeln, aber wenigstens zitterten seine Hände nicht mehr. Und Abel fuhr fort: »Kapieren Sie denn nicht? Wir machen 'ne Leinwand lichtempfindlich, ein Stück von der Rolle, die Sie in Toledo aufgetrieben haben. Wir photographieren einen Greco, vergrößern ihn aufs Originalformat, übertragen ihn auf die Leinwand, und Sie panschen die Farben drauf. Sie wissen so gut wie ich, daß beim Kopieren alter Meister nichts zeitraubender als die Vorzeichnung ist, die richtigen Linien und Proportionen. Stimmt's?«

Paty de Pussy nickte. Seine Laune war nicht mehr ganz so mörderisch. Es war richtig, daß er mit einer photographischen Vorlage auf der Leinwand die Farben in affenartiger Geschwindigkeit würde auftragen können. »Ich werde machen, was ich kann«, sagte er. »Aber für Akkordarbeit will ich eine Zulage bekommen.«

»Fünfzig Prozent«, sagte Dodo großherzig. »Los jetzt. Drücken Sie die El-Greco-Farben auf die Palette, und um Himmels willen, achten Sie auf das Rot in der Kerzenflamme. Greco hat Koschenille erst benutzt, als er fast so alt wie Sie war. Das weiß ich inzwischen genau.«

»Danke für den Hinweis«, sagte Paty de Pussy. »Ich werde rote Pigmentfarbe oder Krapprot verwenden, die allerdings schon in sechzig oder siebzig Jahren Risse aufweisen wird.«

Dodo strahlte. *»Maître«*, sagte er, »auch wenn sie nur vierzig Jahre hält, werde ich Sie im Jenseits auf beide Wangen küssen.«

»Das werden Sie hübsch bleibenlassen«, sagte Paty de Pussy kühl. »Unsere geschäftlichen Beziehungen bedeuten noch lange nicht, daß wir gesellschaftlich auf einer Stufe stehen.«

»Von mir aus«, sagte Dodo. »Aber mischen Sie jetzt endlich die Farben an. Mein Partner und ich werden inzwischen die Photos machen und zwar hier. Sagen Sie Adolphe, er soll Salami und harte Eier und ein paar Flaschen Bier auffahren.«

20. Kapitel

KEINE SEKUNDE ZU FRÜH

In rasendem Tempo näherte man sich Frontville, wobei die Reiter weder sich noch ihre Pferde schonten. An der Spitze galoppierte Evans, wich geschickt den Bäumen aus und übersprang Baumstümpfe und querliegende Stämme. In seiner Rechten hielt er die Landkarte, die wie ein Banner in der Luft flatterte. Ab und zu warf er einen Blick darauf, um den Kurs geringfügig zu korrigieren.

»Da ist die Insel«, rief er schließlich. Und als die beiden Gangster von der *Deuxième Pays* im selben Augenblick ins Freie traten, fügte er hinzu: »Fesseln Sie sie. Miriam. Schnell.«

Mit geübter Hand warf Miriam das Halfterseil, das sie schon zuvor zu einem Lasso geknotet hatte. Die Schlinge legte sich um die Schultern der keuchenden Gangster, und wenige Sekunden später waren sie gefesselt. Wer beschreibt das Erstaunen der Rettungsmannschaft, als sie just in diesem Moment Tom Jackson die Szene betreten sah? Noch immer war sein Kopf mit einem Geschirrtuch verbunden. Er war einem Hinweis Mme Sosthènes gefolgt und hatte den großen, grauen Lastkahn und in dessen geladenem Heu Lvov Kveks Taxi entdeckt.

Rasch gab Evans Anweisungen. Sie saßen wieder auf, wobei Jackson Miriams Pferd nahm. Das Wasser platschte unter den Hufen, und wenig später hatte man die Insel erreicht. Dann pfiff ein Geschoß über ihre Köpfe hinweg, und Evans sah einen Mann aus der Lichtung gen Norden rennen. Ein zweiter Ausreißer wählte einen einfacheren Weg und sprang ins Wasser – genau gegenüber von Frontville, wo am Landungssteg ein ziegelroter Schlepper seiner harrte.

Sofort durchschaute Evans die Lage. Wenn die Bande auf dem Schlepper zu entkommen suchte, warum floh dann einer zum anderen Ende der Insel? Und wo kamen die altmodischen Feuerwaffen und Munitionsbestände her? Natürlich aus den Unterständen. In den Unterständen war Sprengstoff gelagert, unbekannte Mengen TNTs. Ohne zu zögern wandte er sich Miriam zu. »Holen Sie diesen Mann ein«, sagte er heiser, glitt vom Pferd und wies in Richtung Norden. »Wenn er sich bückt oder hinkniet, schießen Sie ihn augenblicklich nieder.«

Und schon lief Homer, dicht gefolgt von Hjalmar und Frémont, zu der Lichtung, wo die Unterstände waren. Es gab drei Eingänge, die sich kaum voneinander unterschieden. Er wählte den mittleren und bedeutete seinen Begleitern, die beiden anderen zu betreten. Über allem lastete eine unheilvolle Stille, die nur durch das schwere Atmen des Trios unterbrochen wurde. Jackson, der sich auf eigene Faust in Richtung Schlepper aufgemacht hatte, sah sich plötzlich einem Gewitter von Maschinengewehrsalven ausgesetzt und suchte Schutz in einer Suhle.

Eine steile Leiter mit morschen Sprossen führte in den mittleren Unterstand. Der Geruch abgestandenen Zigarettenrauchs schlug ihm entgegen. Er hob eine Decke auf, die über ein Erdloch gebreitet lag und erblickte Hugo Weiss, an Händen und Füßen mit Draht gefesselt, den Kopf in einen Zementsack gehüllt. Mit unmenschlichem Kraftaufwand hievte Evans den Multimillionär über die Schulter und erklomm die Leiter; sein Herz drohte vor Anstrengung zu bersten, sein Atem blähte die Lungen und trocknete die Luftröhre aus. Nur mühselig arbeitete er sich wieder empor und erreichte über rutschige und zersplitternde Sprossen endlich die Oberfläche. Und nun machte er etwas, das jedem vernünftigen Menschen als reine Wahnsinnstat hätte erscheinen müssen. Den bewußtlosen Hugo noch immer über der Schulter, eilte er unverzüglich dem Fluß entgegen und tauchte mit seiner Bürde zum Stromesgrund, als sich die Erde in einer dumpfen Explosion aufbäumte. Felsbrocken und Erdklumpen prallten auf das Wasser und sanken neben ihm ins Flußbett. Als er keine Sekunde länger die Luft anzuhalten imstande war, schwamm er nach oben, atmete tief durch und tauchte wieder unter, um Hugo zu holen.

Miriam, zerschrammt und halbnackt, lag bewußtlos auf der Erde, und ihr Pferd lag mehr oder weniger auf ihr. Sie war, Evans' Anweisung gemäß, dem fliehenden Mann gefolgt, doch als dieser sich bückte, verfing sich das Pferd in einem Kaninchenloch, stürzte, warf Miriam ab und brach sich das Genick. Zwar hätte das Tier Miriam um ein Haar unter sich begraben, andererseits hatte es sie vor den fliegenden Gesteinstrümmern gerettet.

Als Evans den Knebel aus Hugo Weiss' Mund entfernte und festzustellen versuchte, ob sein Herz noch schlug, wurde er von schlimmen Vorstellungen gepeinigt. Weiss lebte, wenn auch halb ertrunken, aber immerhin konnte er wieder ins Leben zurückgeholt werden. Evans' größte Sorge galt seinen Gefährten und dem tapferen Kvek. War es überhaupt möglich, daß sie nicht zu Atomen gesprengt oder zertrümmert worden waren? Und Miriam? War es nicht mit Sicherheit auch um sie geschehen? Unter solchen Gedanken setzte Homer seine künstliche Beatmung fort, um das Wasser aus den Lungen des Millionärs zu pumpen. Miriam! Welch liebliches Geschöpf war sie doch gewesen! Wie geizig hatte er sie mit Komplimenten bedacht! Hjalmar! Nie wieder würde er rumpoltern oder malen! Frémonts Karriere! Das brutale Ende eines tapferen Beamten, der seinen Platz in einer feindlich gesinnten Welt wiederzugewinnen getrachtet hatte. Tom Jackson!

Hätte Evans gewußt, was sich seit seinem letzten Appell alles ereignet hatte, wäre er fröhlicher mit Hugo Weiss zu

Werke gegangen. Die Architekten der Unterstände, jene Scheißfranzosen, denen Hjalmar ein gewisses Maß an Intelligenz zugebilligt hatte, hatten diese mit Bedacht so ausgerichtet, daß sie nicht auf die Ortschaft Frontville wiesen. Dabei waren die Scheißfranzosen von dem Gedanken ausgegangen, daß die Unterstände samt dem gelagerten Sprengstoff, sollten sie vom Feind entdeckt und in die Luft gejagt werden, im menschenleeren Wald und nicht in Frontville niedergehen würden. Die Richtigkeit ihrer Erwägungen hatten die Ereignisse des Nachmittags bestätigt. Hjalmar hatte am Boden des linken Unterstands den ebenfalls gefesselten und geknebelten Kvek gefunden, ihn im Nu nach oben geschleppt und sich in der Überzeugung gen Frontville begeben, daß dort, wenn auch kein Wodka, so doch wenigstens Brandy erhältlich sei, das mindeste, um einem ermatteten Russen das Leben wieder einzuhauchen. Die Detonation warf ihn zwar zu Boden, doch surrten alle fliegenden Objekte in die entgegengesetzte Richtung.

Frémont, der seinen Unterstand leer vorgefunden hatte, war, wie auch Jackson, nicht entgangen, daß sich der Schlepper auf den Weg machte. Er war gerade dabei, den Steuermann unter Beschuß zu nehmen, als die gewaltige Explosion ihn derart hoch in die Luft schleuderte, daß er einen Hühnerhabicht *(Buteo borealis)* verwundete, der gerade über einem Hennengehege in Frontville kreiste.

Von Miriam abgesehen, betrauerte jeder jeden; dann gerieten sie plötzlich in Bewegung. Frémont fand Jackson, Hjalmar und auch Kvek, der nur entfesselt und mit einem Drink gestärkt werden mußte. Dann stießen sie auf Miriam und befreiten sie von der Last des Pferdes. Dezent tasteten sie sie nach gebrochenen Knochen ab, stellten ihre Unversehrtheit fest, hüllten sie in Lvovs Mantel und machten sich auf, um das Ufer abzusuchen. Zwei Minuten später stießen sie auf Evans und den entkräfteten Hugo Weiss, der gerade schwach die Augen öffnete und Fragen murmelte, die langsam Form annahmen und einen Sinn ergaben. Zuerst wollte er verständlicherweise wissen, wo er war. Dann erkannte er Evans und Hjalmar und strahlte vor Freude, soweit das jemandem möglich ist, der dreißig Minuten lang auf einem Zementsack gekaut hatte und anschließend halb ertränkt worden war.

»Sie bringen mir Glück, mein Junge«, sagte er Hjalmar, als er wieder halbwegs zu sich gekommen war. »Welch ein Abenteuer!«

»Das war knapp«, sagte Evans, »und das Abenteuer ist noch nicht vorbei. Aber ich vermute, daß sich der Rest für Sie höchst erfreulich gestalten wird, höchst erfreulich.«

Dann bemerkte er, daß Oberst Kvek ein bewußtloses Mädchen in seinen Armen trug, und hätte Miriam sehen können, wie tief bewegt er war, sie wäre erneut in Ohnmacht gefallen.

21. Kapitel

DAS GEHEIMNISVOLLE MICKEY FINN

Eine Szene recht anderer Natur trug sich in der *préfecture* des Bezirks Ste Anne zu. Ein großer, hohlwangiger Mann, Lord Stewe, hielt einen großen Seidenhut in Händen. Er wurde von mehreren Untersekretären flankiert, die allesamt graugestreifte Hosen, Gehröcke und ebenfalls große Hüte trugen. Frauen mit Baß- und Baritonstimmen stellten sich ihnen in den Weg, während man den Präfekten, M. Crayon de Crayon, suchte.

Maggies verzweifeltes Anliegen hatte die britische Botschaft erreicht, und wenn Hilferufe britischer Untertanen an die richtige Adresse gelangen, fangen große Hüte an, sich in Bewegung zu setzen.

»Ich bitte um Verzeihung, Herr Botschafter«, hub der Präfekt an.

»Zunächst, Monsieur, würde ich gerne mit Miss Dickinson sprechen«, sagte der britische Botschafter.

»Wir haben keine Miss Dickinson, nur ein geistesgestörtes Mädchen namens Mademoiselle Montana, Mitglied der Bilderbanditen-Bande«, sagte der Präfekt.

»Um den Vorschriften Genüge zu tun, würde ich gerne sehen, was Sie haben«, sagte der Botschafter höflich.

»Ganz wie Sie wünschen«, sagte der Präfekt.

Maggie war zwar ein robustes Mädchen, doch sind einige Stunden in einem lauwarmen Bad mit Knoblauchwürsten und Wein als einziger Nahrung geeignet, die Inbrunst eines liebeskranken Mädchens abzumindern. Maggies Gedanken waren weniger um Hjalmar und sein eisiges Atelier in der

Rue Montparnasse gekreist, als um England, ihre ehrbaren Eltern, ihr ruhiges, gemütliches Zuhause und um einen Dorfburschen, der sie während ihres kurzen Aufenthalts gebeten hatte, ihr sündiges Leben in diesem neuzeitlichen Babylon aufzugeben und sich seiner fürsorglichen Obhut anzuvertrauen. Aber dort hatte sie diesen Burschen kaum eines Gedankens gewürdigt und Hjalmar entgegengefiebert, dem sie sich in fröhlicher Selbstkasteiung aufopfern wollte. Das Gesundheitsbad hatte jedoch zu der erwähnten Metamorphose geführt. Dann nahm der Botschafter das Heft in die Hand.

»Sie sind offenkundig britischer Nationalität«, sagte er, während sie versuchte, sich mit dem Duschvorhang zu bedecken. »Darf ich fragen, was Sie hier machen?«

»Ich habe jemanden gesucht, einen Mann«, stotterte sie, von der formellen Kleidung und den steifen Manieren ihres Gegenübers eingeschüchtert. »Mein Kerl ist in die Bredouille geraten. Weiß auch nicht, warum.«

»Warum wurde dieses Mädchen verhaftet?« wollte der Botschafter von dem Präfekten wissen.

»Sie hatte zugegeben, mit dem Kriminellen Gonzo zu verkehren, der zwei Dutzend meiner Beamten verprügelt und mich mit violetter Tinte übergossen hat, ganz zu schweigen davon, daß er einen Amerikaner um 250.000 Francs geprellt hat...«

»Amerikaner legen es geradezu darauf an, geprellt zu werden«, sagte der Botschafter. »Machen Sie, was Sie wollen mit Ihren Amerikanern oder Gonzos, aber ich verlange, daß Sie dieser jungen Dame ihre Kleidung zurückgeben und sie augenblicklich freilassen.«

»Sie kam aus freien Stücken hierher. Sie wird schnurstracks zurückkommen«, sagte der Präfekt.

»Ich werde Sorge tragen, daß sie das nicht tut. Sie wird sofort nach England reisen und nicht zurückkehren. Sie haben mein Wort, daß sie kein Visum mehr erhält.« Dann wandte er sich Maggie zu: »Junges Fräulein«, sagte er, »es schickt sich nicht für eine ehrbare Engländerin, hinter Desperados herzurennen, noch dazu ausländischen Desperados. Sie sollten in Ihr Heimatdorf zurückkehren, zu Ihren rechtschaffenen Eltern... Sie haben doch rechtschaffene Eltern, oder?«

Maggie nickte wie hypnotisiert.

»Hätte mich auch gewundert«, sagte der Botschafter. »Fallen Sie in ihre Arme und bitten Sie sie um Vergebung. Sagen Sie ihnen, daß ich empfehle, Ihnen ohne Wenn und Aber zu vergeben. Und gibt es keinen Liebhaber, der da noch eine Rolle spielt?«

»Doch. Ein ehrlicher, zuverlässiger Bursche und kreuzanständig«, schluchzte Maggie.

»Sagen Sie ihm, daß ich ihm empfehle, zu vergeben und zu vergessen. Ja, genau. Vergeben und vergessen. Nur, Miss Dickinson, bürden Sie ihm nicht zu viel zu vergessen auf. Übertreiben Sie es nicht mit Ihren Geständnissen, meine Gute. Sonst liefern Sie dem jungen, anständigen Liebhaber noch einen Vorwand, zur Flasche zu greifen und trübsinnig zu werden.«

»Wenn Sie mich hier nur rauslassen, werde ich all Ihren Anweisungen folgen, Sir«, sagte Maggie schnatternd, und damit war die Unterredung beendet.

Dr. Hyacinthe Toudoux' Labor war ganz von Formaldehyd und strahlender Laune beherrscht. Triumphierend hielt der wackere Arzt einen Becher in der Hand. Er tauchte ein Stück Lackmuspapier hinein, das sogleich die gewünschte rosa Färbung annahm. Ein Tropfen einer bestimmten Säure, und das Zeug fing an zu sprudeln und zu schäumen, ein Quantum einer anderen Säure, und der Inhalt wurde trübe, um nach fünf Minuten über einem Bunsenbrenner wieder wasserklar zu werden.

»*Crotali confluenti*«, murmelte der Doktor. »In der Tat recht anders als das der Baumschlange oder der großen Klapperschlange der Everglades. Ich kann Monsieur Evans gar nicht dankbar genug sein. Und erst das *Argalli spicati Texarkanae!* Mir ist nur ein Rätsel, daß selbst eine Überdosis von diesem sogenannten Mickey oder Michael Finn weder einen Marienkäfer *(Megilla maculata)* noch eine Labormaus *(Peromyseus leucopus)* und schon gar nicht ein Meerschweinchen tötet. Wie ist es diesem unsäglichen Typ (er deutete auf Ambroses verstreute sterblichen Reste) gelungen, über die Klinge zu springen? Die narkotisierenden und schlaffördernden Eigenschaften dieses alten Inkageheimnisses, dieses Mickey oder Michael Finn, tun ihre volle Wirkung bei Insekten und Kleintieren. Marienkäfer sind sechs Stunden, Labormäuse zwei Stunden fünfzehn Minuten bewußtlos, und Meerschweinchen versinken mindestens fünfundvierzig Minuten in einen tiefen Schlaf. Ich muß mich noch mal mit Monsieur Evans beratschlagen, ehe ich die Sterbeurkunde unterschreibe. Ach was, natürliche Todesursache. Was soll's?! Vielleicht wird ihn das lehren, sich nicht in wissenschaftliche Angelegenheiten zu mischen, von denen er nichts versteht. Er soll noch lange an Greeng Ambrose denken. Ich werde Greeng wieder schön ordentlich zusammenflicken.«

Zurück in Frontville hielten die Retter und die Geretteten einen Schwatz in der örtlichen Bar. Evans beglückwünschte zunächst Oberst Kvek, da dieser so geistesgegenwärtig gewesen war, eine Botschaft auf den Weg zu schicken, dann versicherte er Weiss, daß das Selbstportrait Gonzos mühelos zu restaurieren sei. Aus Châtillon hatte man zwei hochtourige Autos geordert, und die Gesellschaft teilte sich wie folgt auf: Kvek und Hugo Weiss machten sich mit Sergeant Frémont nach Paris auf. Weiss sollte sich bei einem seiner Cousins versteckt halten, bis Homer alles geregelt hatte. Evans übertrug Hjalmar und Jackson die Aufgabe, die Pferde zusammenzutreiben und zum Café des Imprévoyants zu reiten, um die Banditen auf dem Schlepper abzufangen.

Evans selbst und Miriam rasten in dem zweiten Auto dem Boulevard Haussmann entgegen.

Bei dem Gedanken, daß der Millionär versteckt werden sollte, um den höheren Tieren an den Kragen zu gehen, wurde es Sergeant Frémont mehr als mulmig zumute. In der Dritten Republik galt es einfach als unschicklich, Jagd auf führende Köpfe zu machen. Ehe man sich trennte, hatten Weiss und Kvek noch kurz erzählt, wie sie entführt worden waren. In der Nähe der Pont Royal war ihrem Taxi der Weg abgeschnitten worden, dann war ihnen ein Betäubungsmittel gespritzt worden, und erst an Bord einer großen, grauen Barkasse namens *Presque Sans Souci* hatten sie wieder ihr Bewußtsein erlangt.

»Die Einzelheiten hören wir dann später«, sagte Evans, und schon waren die Autos in gelben Staubwolken verschwunden.

»Glaubst du, daß diese Männer hier jemals wieder vorbeischauen werden?« fragte die Tochter des Barinhabers.

»Du hättest dasein sollen, als die Amerikaner hier 1918 durchzogen«, sagte er.

Das Mädchen lächelte. »Da bin ich ein knappes Jahr zu spät gekommen, Pa«, sagte sie.

Der Barinhaber wurde auf einmal nachdenklich. »allerdings«, sagte er gereizt, »allerdings.«

Bei Heiss und Lourde waren die Rolläden niedergelassen, aber nachdem Homer und Miriam die Wachen durch heftiges Klopfen geweckt hatten, wurde ihnen geöffnet. Sofort rief Evans die *préfecture* an und bat darum, Dinde mit allen konfiszierten Kerzenlicht-Grecos vorbeizuschicken.

Dem erbarmungswürdigen Angestellten klapperten die Zähne, seine Muskeln zuckten. Homer beruhigte ihn.

»Monsieur Dinde«, hub er an, »es wird Ihnen nichts geschehen. Ich habe Sie kommen lassen, um Ihnen einen Gefallen zu erweisen. Ihre Arbeitgeber haben sich zuweilen über Ihren Mangel an Initiative beklagt, stimmt's?«

»Tagtäglich. Ich versuche...«

»Genau«, sagte Evans. »Jetzt gebe ich Ihnen Gelegenheit, alles wiedergutzumachen. Die Herren Heiss und Lourde sind momentan verhindert, und ihre Geschäfte ruhen. Ich möchte, daß Sie diese Bilder verpacken und sie an ihren Bestimmungsort schicken, wenn Ihre Arbeitgeber dann zurückkommen, werden sie vor Freude außer sich sein, daß ihnen dieser Handel nicht entgangen ist.«

»Wie kann ich Ihnen das jemals vergelten?« sagte Dinde, Tränen der Dankbarkeit in den Augen. Er reichte hinter einen gefälschten Tintoretto, auf dem Jesus bei der Vertreibung der Schächer aus dem Tempel dargestellt war, und öffnete die Tür eines versteckten Tresors, der drei Bücher enthielt, eines für die französische Regierung, eines für Reklamezwecke und eines für die Geschäftspartner selbst. Aus diesem dritten schrieb Dinde eilig sechs Namen und Adressen ab, alles kleine Museen in den Vereinigten Staaten. Eine halbe Stunde später waren die Gemälde einzeln verpackt und adressiert.

»Ich werde mich um die Zollpapiere kümmern«, sagte Evans. »Und nun, Monsieur Dinde, gehen Sie nach Hause und schlafen Sie sich ordentlich aus. Die Obrigkeit wird Sie nicht mehr belästigen und mein Freund Oklahoma Tom auch nicht. Er ist bloß ein Mensch mit gutem Kern und rauher Schale. Tut keinem was.«

Der Zoll war nur ein paar Blocks entfernt. Eine kurze Anweisung des Justizministers stimmte den Inspektor gefügig, und bald war jedes Paket frankiert und bescheinigt. Die Papiere wiesen den Inhalt als antik und zollfrei aus. Als sich der Inspektor die Adressen genauer ansah, hielt er inne und kratzte sich am Kopf.

»Komisch«, sagte er. »Vor knapp zwanzig Minuten habe ich einen identischen Stapel abgefertigt. Dieselben Museen, dieselben Adressen. Und ebenfalls Grecos.«

»Ach wirklich«, sagte Evans und fingerte nach einem

Tausendfranc-Schein, »darf ich fragen, wer sie gebracht hat?«

»Jemand von einem Transportunternehmen, Jean Bart heißt er. Hat seine eigene kleine Firma mit zwei Lastern auf dem Boulevard Sébastopol«, sagte der Inspektor. »Soll ich Ihre Sendung jetzt trotzdem losschicken?«

»Unbedingt«, sagte Evans. »Lassen Sie sich durch nichts davon abhalten.« Und er gab ihm die tausend Francs.

»Wird sofort erledigt«, sagte der Inspektor.

Homer war bereits zum Boulevard Sébastopol unterwegs, und er dachte angestrengt nach.

»Neue Steinchen, die sich nicht in das Puzzle fügen«, murmelte er.

22. Kapitel

EIN KÖRPER ALS KÖDER

Der Besitzer des Rendez-vous des Imprévoyants war von den Ereignissen des Vormittags derart übermüdet, daß er seine Überlegungen einstellte, wer wohl, wenn überhaupt jemand, für die Flaschen aufkommen würde, die von den Granatsplittern zertrümmert worden waren, und nach oben schlurfte, um sich einer wohlverdienten Ruhe hinzugeben. Seine Frau hatte bereits ihre wachsamen Augen geschlossen, nachdem Hjalmar außer Sichtweite ihrer Tochter war, und sich auf die andere Seite des breiten Ehebetts gerollt, wo sie von den Tagen träumte, da sie ihre Mutter ausgetrickst hatte. Gabrielle, oder Gaby, saß auf der kleinen Terrasse und wünschte, sie sei ein Motorboot, damit große, starke Männer sich um sie rauften.

Die *Deuxième Pays* ruhte noch immer auf der Sandbank hinter der Flußbiegung und beherbergte die sterblichen Reste des Steuermanns, der unter dem Namen Eloi le Mec bekannt war.

Ehe Hjalmar und Jackson die Insel verließen, fesselten sie noch einmal gründlich die Banditen, die Opfer von Miriams Lasso geworden waren, und überantworteten sie den beiden diensthabenden Polizisten in Châtillon.

»Wir können eine gute halbe Stunde vor dem Schlepper beim Rendez-vous sein, und ich wäre nicht überrascht, wenn die Männer auf dem Boot dort anlegen würden, um etwas zu essen und sich dann aus dem Staub zu machen. Für ihre Zwecke genau die richtige Gegend, jede Menge Wälder, menschenleere Wege. Kein schlechtes Versteck«, sagte Hjalmar.

»Werden Sie nicht bei dem Kahn haltmachen und versuchen, mit dem Taxi zu fliehen?« gab Jackson zu bedenken.

»Es würde zu lange dauern, es aus dem Laderaum zu hieven. Außerdem hält das ganze Land Ausschau nach diesem Taxi«, sagte Hjalmar.

Sie setzten die Pferde in Trab und galoppierten davon. Wenig später vernahm Gaby Hufegetrappel, und sie schloß eilends die Tür zum Café in der Hoffnung, ihre Mutter möge durch die Geräusche nicht geweckt werden. Und tatsächlich, als Hjalmar und Tom eintrafen, war Gaby ganz allein, um sie zu begrüßen.

»Hallo«, sagte sie, schob sich an Hjalmar und lächelte schüchtern.

»Wo hast du dich denn versteckt?« fragte er und war voll freudigen Muts, wie immer, wenn ihm ein hübsches Gesicht gepaart mit Offenherzigkeit begegnete.

»Mama hat mich nach oben geschickt, als du heute früh hier warst«, sagte sie. »Mama ist sehr streng, ja.«

»Wo ist sie jetzt?« fragte Hjalmar. Dann fiel ihm ein, daß er Dringenderes zu tun hatte. »Hör zu, Kind«, sagte er, »ich kümmere mich später um dich. Jetzt muß ich erst mit deinem Vater reden.«

»Verdammt noch mal. Ich hab auch immer Pech«, sagte Gaby, doch Hjalmar faßte sie unters Kinn und wiederholte sein Versprechen, sich so bald wie irgend möglich ihrem Anliegen zu widmen.

»Hand aufs Herz!« sagte sie.

Hjalmar lächelte und legte seine Hand aufs Herz, und das Mädchen trottete widerwillig nach oben, um ihren Vater zu wecken. Sosthène erhob sich verschlafen und zog auf dem Weg nach unten die Hose hoch.

»Vier Flaschen«, sagte er. »Wer bezahlt mir das?«

Hjalmar klopfte ihm so beherzt auf die Schulter, daß ihm die Hose herunterrutschte und er wieder von vorne anfangen mußte.

»Sie werden den Schaden doppelt und dreifach ersetzt bekommen, wenn Sie mir helfen«, sagte Hjalmar.

»Unter der Bedingung, daß keine Bomben mehr fliegen«, sagte Sosthène. Daß neuer Ärger ins Haus stand, schwante ihm bereits.

»Wir müssen sie überrumpeln«, sagte der Norweger. »Die Kidnapper sind mit dem Schlepper hierhin unterwegs. Ich habe herausgefunden, daß sie in der Nähe der aufgelaufenen *Deuxième Pays* beidrehen, um den Leichnam ihres Kumpels aufzulesen, damit er den Bullen nicht als Beweismaterial in die Hände fällt. Wenn die Bullen nämlich rausfinden, daß ihr Kumpel Eloi le Mec war, kann man den Rest der Bande leicht dingfest machen.«

»Ich bin ein friedliebender Mensch...« fing Sosthène an.

Die Stimmen hatte Mme Sosthène aufgeweckt, die ihren zerzausten Kopf aus dem oberen Fenster streckte. »Diese vier Flaschen. Wer kommt dafür auf?« sagte sie. Dann erspähte sie Gaby, die versuchte, sich hinter einem der Pferde zu verstecken. »Gaby, du kommst sofort hoch!«

»Ach, Mama«, sagte Gaby.

»Tu, was deine Mutter sagt«, sagte Sosthène ohne rechte Überzeugung, dann wandte er sich wieder Hjalmar zu: »Ich hab keine Lust, in neue Schießereien verwickelt zu werden. Ich laß die Rolläden runter und den Schlepper vorbeiziehen.«

Jetzt kam es auf jede Minute an. Hjalmar mußte sich schnell etwas einfallen lassen.

»Na schön«, sagte er, daß ihn Mme Sosthène hören konnte. »Wenn Sie sie an der *Deuxième Pays* vorbeiziehen lassen, werden sie hier haltmachen und Ihren Saftladen ausplündern.«

»Sosthène, tu, was der Herr sagt. Tu genau das, was er sagt, und ich verstecke inzwischen die Vorräte im Gebüsch«, sagte Mme Sosthène und zog ihre Strümpfe hoch, während sie nach unten eilte. Auf der Treppe begegnete sie Gaby, die nach oben ging, und versetzte ihr eine schallende, mütterliche Ohrfeige.

»Ach, Mama, ich hab doch nichts getan«, jammerte Gaby. »Aber bald«, fügte sie leise hinzu und drehte sich nach Hjalmar um.

Hjalmar erklärte Sosthène kurz, was er zu tun hatte. Er sollte Hjalmar und Jackson zu der Sandbank rudern, auf der die *Deuxième Pays* aufgelaufen war. Da Jackson etwa so groß wie der verstorbene Eloi le Mec war, sollte er die Kleider mit dem Leichnam vertauschen und sich so leichenähnlich wie möglich in die Kabine legen, während Hjalmar, eine Pistole in jeder Hand, sich unter ein paar Jutesäcken daneben verstecken würde. Dann sollte Sosthène mit dem echten Leichnam in sein *bistrot* zurückkehren und auf das Entwarnungssignal warten, drei Schüsse in rascher Folge. Das hieße dann, die Kidnapper seien überwältigt und gefesselt worden, worauf Sosthène zurückrudern würde, um sie alle zum Ufer zu bringen.

Sobald sie alleine waren, setzte Hjalmar Tom seinen Plan auseinander. Gefahr drohte von dem schwenkbaren Maschinengewehr im Heck des Bootes. Wenn Hjalmar nicht irrte, waren noch drei Gangster übrig. Zwei würden an Bord der *Deuxième Pays* gehen, um den Leichnam fortzuschleppen, einer würde bei dem Maschinengewehr bleiben. Hjalmar wies Tom an, so lange tot zu spielen, bis er an Bord des Schleppers sei, während Hjalmar unter den Jutesäcken verharren würde, den Blicken der Verbrecher entzogen. Sobald sie Tom aufs Deck sinken ließen, würde Hjalmar einen Schuß in die Luft feuern. Die drei Verbrecher würden sich unwillkürlich zur *Deuxième Pays* umdrehen, Toms Gelegenheit, den Mann am Maschinengewehr mit dem Kolben seiner Waffe außer Gefecht zu setzen, gleichzeitig würde Hjalmar auftauchen, in jeder Hand eine Pistole, und ›Hände hoch!‹ rufen. Darauf würde Tom die beiden restlichen Gangster durchsuchen, Hjalmar würde an Bord des Schleppers kommen, und als krönenden Abschluß würde man die Banditen fesseln.

Der einzige Haken war nur, daß die Verbrecher sofort merken könnten, daß Jackson ein Amerikaner war.

»Was ist mit der Totenstarre?« fragte Jackson. »Hat die nach so kurzer Zeit schon eingesetzt oder nicht?«

»Keine Ahnung. Einfach steif und sperrig bleiben«, sagte Hjalmar und fügte schnell hinzu: »Da kommen sie.«

Und wirklich, schon tauchte der Schlepper in der Flußbiegung auf, und Hjalmars geübtes Ohr verriet ihm, daß seine Vermutung richtig war. Der Schlepper drosselte das Tempo, und nach scheinbar endloser Zeit hörte man eine Trosse aufs Deck der *Deuxième Pays* schlagen. Die Schlinge kam genau über das Steuerrad zu liegen. Dann vernahm man Getrappel und rauhe Stimmen, und Hjalmar sah, wie schwere Stiefel und Kordhosenbeine die Leiter in die Kabine hinabstiegen.

»Da ist die Leiche«, sagte einer der Banditen, und Tom Jackson spürte, wie er unsanft hochgehoben und durch die Kabine und über die Sprossen gezerrt wurde. Jetzt kam der Augenblick, vor dem er am meisten Angst hatte – dem Tageslicht und den Blicken der Entführer ausgesetzt zu sein. Und schon fühlte er, wie sich die Muskeln der Arme, die ihn hielten, seltsam strafften.

»Das ist nicht Mec«, brüllte der Gangster.

»Kopf runter!« rief sein Partner, da Hjalmar, als er merkte, daß sein Plan nicht ganz vorschriftsmäßig verlief, hochgesprungen war, eine Pistole in jeder Hand.

»Hände hoch!« rief Hjalmar. Die beiden an Bord der *Deuxième* Pays rissen ihre Hände derart bereitwillig in die Höhe, daß Jackson ihnen entglitt und mit dem Kopf genau auf dem Kompaß aufschlug; die Umwelt versank in waberndes Dunkel, nicht das übelste Schicksal, wenn man die Umstände berücksichtigte.

Der Mann am Maschinengewehr hätte nicht schießen können, ohne seine Kumpels zu durchsieben, und in der

Pariser Unterwelt ist es nur zulässig, seinen Kumpel zu durchlöchern, wenn der sich an die Braut eines anderen macht. Da der Ersatzsteuermann keine Gangsterbraut im Radius von hundert Kilometern nennen konnte, hechtete er in den Maschinenraum und zog den Hebel auf ›Volle Fahrt voraus‹ . Leider hatte er vergessen, daß der Schlepper an der *Deuxième Pays* hing. Die Folge war ein gewaltiger Ruck, der Hjalmar beinahe das Gleichgewicht kostete und die beiden Gangster, die er in Schach hielt, zu Boden stürzen ließ. Die besaßen jedoch die Geistesgegenwart, ihre Hände trotzdem einigermaßen hochzuhalten, und Hjalmar, von Natur aus weichherzig, honorierte den guten Willen und ließ sie am Leben.

Sosthène, der in seinem *bistrot* auf die drei rasch aufeinanderfolgenden Schüsse gewartet hatte, sah das Boot mit der *Deuxième Pays* im Schlepptau vorbeidampfen. Er zögerte nicht lange und machte sich in die Wälder davon. Irgendwie gefiel ihm das alles nicht. Mme Sosthène, die weniger leicht einzuschüchtern war, zerrte den Leichnam zur Eingangstür, schüttelte die Faust und keifte.

»Ihr könnt dieses Ding nicht in meinem Restaurant lassen«, schrie sie.

»Tut mir leid«, rief Hjalmar, ohne sich umzudrehen. Wieder einmal dachte er angestrengt nach, was ihm allmählich stank. Den geschlagenen Nachmittag hatte er fast nichts anderes getan, und es war kein Ende abzusehen. Kurz vor der nächsten Flußbiegung hatte er einen provisorischen Plan entwickelt.

»Sagt mal, ihr Lumpen«, wandte er sich an die beiden zermürbten Gangster, »seid ihr eigentlich lebensmüde?«

Trotzig verweigerten sie die Antwort. Mit seinem genagelten Stiefel versetzte er ihnen einen Stoß. »Raus mit der Sprache!« sagte er, »oder ich jag eine Ladung Blei in euch.«

»Unser Leben ist uns so lieb wie das unserer Nächsten«, sagte der ältere.

»Vielleicht liegt euch daran, es noch ein wenig zu verlängern«, regte Hjalmar an.

»Wenn unsere Ehre darunter nicht leidet«, erwiderte der Wortführer.

Hjalmar prustete los. »Ehre. Daß ich mich nicht totlache! Wirklich köstlich!« Sein dröhnendes Gelächter war das erste Geräusch, das wieder in Tom Jacksons Bewußtsein drang.

»Was gibt's zu lachen?« fragte Tom, richtete sich auf und rieb seine Augen.

»Ehre«, kicherte Hjalmar.

»Habt ihr den Verstand verloren?« fragte Jackson. »Wo sind wir überhaupt? Herr im Himmel, wir sind auf See.«

»Sie haben gemerkt, daß Sie Amerikaner sind«, sagte Hjalmar.

»Hätte ich mir gleich denken können«, sagte Jackson. »Das passiert immer, egal, was ich anhabe oder sage. Also, was nun?«

»Filzen Sie die beiden Kerle«, sagte Hjalmar, »achten Sie nur darauf, daß sie stets zwischen Ihnen und dem Schlepper sind, sonst könnte der Robinson Crusoe da drüben auf die Idee kommen, Ihnen das Licht auszublasen.«

Die Durchsuchung förderte vier Kartoffelstampfer zutage, zwei Revolver, ein paar Schlagringe, eine rostige Pinzette und eine verknitterte Rolle Fliegenpapier. Jackson, blutverschmiert und in den Kleidern der Leiche, durfte keinerlei Hoffnung hegen, jemals weniger amerikanisch auszusehen.

»Als Sie aus Ihrer Ohnmacht erwachten, setzte ich diesen Herren gerade auseinander, daß, falls sie noch ein wenig zu leben gedächten, sie ihren Freund anweisen sollten, den Schlepper auf der Sandbank zu rammen und dann seine Flossen hochzuhalten«, sagte Hjalmar. »Wenn er auch nur über einen Funken Kameradschaftsgefühl verfügt, wird er sich dran halten, um das Leben seiner Kumpels zu retten.«

»Wahrscheinlicher ist, daß er die Trosse kappt und sich

alleine aus dem Staub macht«, sagte der ältere Bandit mit trauriger Stimme.

»In diesem Fall muß ich euch als Schutzschild benutzen und ihn auf der Stelle niederschießen.«

»Sollten Sie ihm vielleicht gleich mal klarmachen«, rief der jüngere Gangster.

»Danke. Sagen Sie's ihm«, sagte Hjalmar.

Dem Hilfssteuermann wurde in Argot zugerufen, was von ihm verlangt wurde, und worin die traurige Alternative bestand. »Wie hält man dieses Scheißding an?« rief er.

»Den Hebel ganz nach unten drehen, da wo ›Null‹ steht«, erklärte der ältere. »Dann das Steuer gegen den Uhrzeigersinn drehen. Und mach schnell. Der Gorilla, der uns hier in Schach hält, hat nicht viel Geduld. Ist übrigens kein Bulle. Hat noch nicht klargemacht, für wen er arbeitet.«

»Ich bin Freund des Kerls, den ihr entführt habt und in die Luft jagen wolltet«, sagte Hjalmar finster.

Der ältere Bandit fing zu wimmern an: »Was hätten wir denn tun können? Wir mußten verduften. Wir konnten doch kein belastendes Material zurücklassen, oder? Sind Ihr Freund und dieser Russe eigentlich bei der Explosion umgekommen? Ich habe mit Barnabé hier noch eine Wette offen.«

»Wir haben sie gerettet«, sagte Hjalmar.

Der ältere atmete erleichtert auf. »Ehrlich gesagt, mir fällt ein Stein vom Herzen. Ich habe diese Typen von Anfang an gemocht. Die meisten Leute, die man entführt, sind entweder großkotzig wie Graf Pipi oder die reinsten Jammerlappen. Eine wahre Wohltat, mal zwei Opfer zu haben, die was einstecken können.«

Der Steuermann erwog noch immer die beiden Möglichkeiten – Kapitulation oder Fluchtversuch. Um ihm die Entscheidung zu erleichtern, feuerte Hjalmar auf seinen Hut, der wie eine Tontaube gen Himmel sauste. Noch ehe der Hut auf dem Fluß landete, war der Mann im Maschinenraum verschwunden, um den Hebel zu ergreifen. Doch dann verließ ihn der Mut. Er wagte nicht, sich am Steuerrad zu zeigen. Hjalmar schoß auf eine der Spaken, und schon surrte das Rad gegen den Uhrzeigersinn los.

»Das sollte reichen«, sagte er und hielt sich für den Moment bereit, da der Schlepper auf die Sandbank und die *Deuxième Pays* an den Schlepper stoßen würden.

»Sagen Sie mir, was ich zu tun habe«, sagte Tom Jackson. »Ich weiß zwar nicht, wie man ein Schiff lenkt, aber ich weiß, was mir gefällt.«

»Springen Sie zunächst an Bord des Schleppers und stopfen Sie dieses Knäuel Fliegenpapier in die Mündung des Maschinengewehrs«, sagte Hjalmar. »Wenn wir dann nachkommen, fesseln Sie diese beiden Verbrecher, während ich mich unten um den dritten kümmere. Dann springen Sie ans Ufer und fangen das Tau, das ich Ihnen zuwerfe. Knoten Sie es um einen Baumstumpf.«

Alles klappte wie besprochen. Der verängstigte Gangster ergab sich ohne Widerstand, und alle drei wurden, an Händen und Füßen gefesselt, in die Kabine der *Deuxième Pays* geworfen und an die Leiter gekettet. Tom bezog am oberen Ende der Treppe Posten, um sie zu bewachen und ihnen ein wenig in die Beine zu schießen, sollten sie eine falsche Bewegung machen. Hjalmar erledigte andere Aufgaben, wobei er seine Lieblingsballade grölte: ›Halt deine Freunde fern von deinem Mädel‹. Er hatte den Schlepper von der Sandbank gebracht und lenkte das Gefährt geschickt in Richtung Rendez-vous des Imprévoyants, wo alkoholhaltige Erfrischungen, ein Leichnam und ein Telephon ihrer harrten. Desgleichen etwas zu essen, was weder Hjalmar noch Jackson seit dem Vormittag untergekommen war.

Mme Sosthène stand noch immer vor der Tür des *bistrot* und beäugte feindselig den Leichnam. Als sie den Schlepper kommen sah, schäumte sie vor Empörung.

»Gaby, los nach oben!« sagte sie streng.

»Ach, Mama. Laß mich doch dies eine Mal unten bleiben.

Du brauchst sowieso jemanden, der an der Bar aushilft, jetzt, da Papa fort ist«, sagte sie.

»Dann bleibst du aber im Freien, wo ich dich sehen kann«, sagte die Frau.

»Ach jemine!« sagte Gaby, und ihre Mutter, so hartherzig sie auch war, hatte Mühe, ein Lächeln zu unterdrücken. Sie mußte an sich und die amerikanischen Expeditionsstreitkräfte denken. Hjalmars Gesang stieß sie jäh in die Gegenwart zurück.

»Es wird Zeit, daß Sie zurückkommen. Vier Flaschen sind noch nicht bezahlt und die Überreste von diesem Blödmann wegzuschaffen.«

»Wir wollen Eier und haufenweise Pommes«, rief Hjalmar glückstrahlend. »Ab in die Küche!«

Die gefangenen Gangster regten sich vergrämt, und Jackson fingerte am Abzug seiner Pistole. »Keine Sorge. Wir lassen euch nicht verhungern«, sagte Jackson. »Schließlich müßt ihr bei Kräften sein, um die Tortur der Verhöre durchzustehen.«

»Gewaltanwendung ist unzulässig«, sagte der ältere Gangster. »Laut Gesetz vom 16. Juli 1839...«

»Wenn ihr auspackt, wird euch dieses Gesetz schützen«, sagte Hjalmar und wandte sich an Jackson: »Sollen wir sie den Bullen in Châtillon übergeben oder auf diesem alten Kahn nach Paris bringen?«

»Und unsere Barkasse?« fragte einer der Gangster. »Können Sie die nicht auch mitnehmen? Wenn unser Anwalt noch so in Form wie früher ist, werden wir nicht lange arbeitslos sein.«

»Kvek wird sein Taxi haben wollen«, sagte Jackson.

»Meinetwegen nehmen wir den ganzen Krempel mit«, sagte Hjalmar.

Während Mme Sosthène sich am Herd zu schaffen machte, rief Hjalmar den Sergeanten an.

»Ich hab sie alle«, sagte Jansen, »und auch den Kahn, den

Schlepper, die Barkasse und das Taxi. Wir sind morgen abend zwischen acht und neun Uhr in Paris. Geben Sie Evans Bescheid.«

Der Sergeant tat sein Bestes, Hjalmar in aller Höflichkeit zu danken und ihm zu seiner hervorragenden Leistung zu gratulieren, doch in Frémonts Hinterkopf schwirrte der Gedanke an die höheren Tiere, ein Gedanke, der ihm zusehends Magendrücken verursachte. Hing ihm erst einmal der Ruf an, dreist gegen seine Vorgesetzten vorgegangen zu sein, wäre seine Karriere unrühmlich besiegelt, obgleich er den Rosenkranz-Fall aufgedeckt und Hugo Weiss gefunden hatte. Die Gewißheit, daß Hydrangea ihm entgegenstrebte, so schnell die *Ile de France* das Meer zu durchpflügen imstande war, ließ sein Herz jubeln und alle Sorgen kurz verschwinden. Aber Hydrangea gehörte nicht zu den Mädchen, die nicht um den Wert eines Dollars oder gar Francs wußten. War er einmal arbeitslos, würde er sie möglicherweise erneut verlieren.

»Guter Freund«, rief Oberst Kvek, packte den Sergeanten und besudelte ihn mit Wodka, »warum denn so traurig? Sehen Sie mich an, ein Ausgestoßener, ein Verbannter, ein Schuldner der Firma Citroën für ein Taxi. Und ich lache... Ho ho ho ho ho. Ich trinke. Gluck gluck gluck gluck. Ich singe. Hören Sie zu: ›*Poi, lestotschaka poi*‹. Ich singe. Ich schlucke.«

»Na gut. Noch einen kleinen Brandy«, sagte der Sergeant und versuchte, sich mit seinem Schicksal abzufinden. »Der Job ist flötengegangen. Ist eh alles egal.«

»Ich bin heilfroh, daß mein Job flötengegangen ist. Ach, Weiss, das ist etwas, das Ihnen niemals zuteil wird, diese Freude, dieser Taumel, wenn man ohne Beschäftigung ist. Darauf müssen wir trinken und unsere Gläser zerschmettern«, johlte Kvek.

»Diesmal hätten Sie auf der alten *Dresden* herkommen sollen...« Weiss ließ fröhlich seinen Schluckauf los, kippte seinen Wodka runter und lachte, als sein Glas an dem siebenarmigen Leuchter auf der Fensterbank zersplitterte.

23. Kapitel

ZWEI HERZEN SCHLAGEN NICHT MEHR IM GLEICHTAKT, EIGENTLICH ÜBERHAUPT NICHT MEHR

Ohne Schwierigkeiten trieb Evans den freischaffenden Transportunternehmer im Boulevard Sébastopol auf. »Ich weiß nicht mehr«, sagte letzterer, doch fünfzig Francs frischten sein Gedächtnis auf, und Evans erfuhr zu seiner Überraschung, daß der Hauptfälscher niemand anderes als Paty de Pussy war, und daß sich Heiss und Lourde in Pussys Atelier versteckt hielten.

»Ich dachte, Gring sei der Mittelsmann«, sagte Evans zu Miriam. »Mir war nicht klar, daß Paty de Pussy direkt mit solchen Pfeifen wie Abel und Dodo zu tun hat.«

»Aber Gring ist tot... sagt man. Wäre das nicht vielleicht eine mögliche Erklärung?« sagte Miriam zögernd.

»Sie haben die Nuß geknackt. Natürlich, Abel und Dodo haben Ambrose das Messer auf die Brust gesetzt oder sind ihm heimlich gefolgt und sind so an die Adresse gelangt, die sie rausfinden wollten. Dennoch, kein Mensch, nicht mal ein Gespenst kann in einer einzigen Nacht sechs Grecos malen.«

»Sollen wir Paty de Pussy aufsuchen?« fragte das Mädchen.

»Vorher muß ich noch ein paar Kleinigkeiten erledigen«, antwortete Evans.

Beim Place du Châtelet fanden sie eine Telefonzelle und erfuhren von Weiss, daß Hjalmar die gesamte Entführerbande festgenommen hatte und sich am folgenden Tag auf Fahrt begeben würde mit dem Schlepper, der Barkasse, dem

Kahn, Tom Jackson, den Waffen, Messern und Schlagringen, dem Sprengstoff und der Munition, der Leiche von Eloi le Mec, dem von Barnabé Vieuxchamp gestohlenen Motorrad sowie dem Besitzer des Rendez-vous des Imprévoyants nebst Ehefrau und Tochter. Nachdem Hjalmar über zwei Stunden lang alle fünf Minuten drei Schüsse in rascher Folge abgefeuert hatte, war Sosthène aus dem Wald gekommen, einem Nervenzusammenbruch nahe. Um ihn zu beruhigen, bot ihm Jansen die gastronomische Gewerbekonzession für die Flußreise nach Paris an. Man hatte auf der *Presque Sans Souci* provisorisch eine Bar und einen Grill eingerichtet. Der stämmige Norweger hatte die Gefangenen so gefesselt, daß sie trinken und Sosthène von dem Geld bezahlen konnten, das man vor ihre Füße gehäuft hatte.

»Wie schade, bei dieser Fahrt nicht dabeisein zu können«, sagte Weiss, nachdem er Evans all die ihm bekannten Einzelheiten mitgeteilt hatte. »Aber wir haben hier auch keine schlechte Party. Ich wünschte, Sie könnten mitfeiern.«

»Hätten Sie etwas dagegen, wenn ich unseren alten Freund, den Botschafter, vorbeischicke?« fragte Evans. »Ich glaube, ihm gebührt die Ehre, Sie der Öffentlichkeit zu präsentieren, wenn's soweit ist.«

»Aber ich bitte Sie! Eine großartige Idee«, sagte Hugo, und das Geklirr, das man durchs Telefon hörte, zeugte vom Niedergang eines weiteren Glases.

Der Botschafter war alles andere als abgeneigt. Er war hocherfreut, Hugo in Sicherheit zu wissen, obgleich er nicht von seiner Meinung abzubringen war, der Philanthrop sei lediglich auf Sauftour gewesen und habe sich die Geschichte von der Entführung nur ausgedacht.

»Ich troll mich gleich rüber«, sagte der Botschafter. »Mein Gott, das erinnert mich an die alte *Dresden*. Wir haben die Spirituosen der ersten und zweiten Klasse weggeputzt... Junge, wenn nicht die Freiheitsstatue... Nun ja. Ich muß los. Wie in alten Zeiten, beim Jupiter!«

Evans und Miriam überquerten nachdenklich die Brücke. Die Abenddämmerung legte sich auf die Seine und verwischte die wohlbekannten Türme. Die Vögel schliefen in den Bäumen am Quai, die Bücherstände waren zugesperrt, der Quai aux Fleurs war menschenleer.

»Tut mir leid«, unterbrach Evans das Schweigen, »meine nächste Aufgabe muß ich alleine erledigen.«

Miriam schluckte. »Das ist nicht fair«, sagte sie. »Sie sollten das Risiko nicht...«

»Ach, Risiko«, sagte er erleichtert. »Nein, keinerlei Risiko. Eher etwas unappetitlich, das ist alles. Ich muß Dr. Hyacinthe Toudoux meine Aufwartung machen und... em... seinem Labor, Sie wissen schon. Liegt alles mögliche durcheinander da und riecht schlecht.«

»Verstehe. Armer Ambrose«, sagte sie. »Ich reiße mich zwar nur ungern von Ihnen los, aber in diesem Fall will ich mich fügen. Es sei denn, ich müßte zu weit fort.«

»Warten Sie auf einer der Bänke vor der *préfecture*«, sagte er. »Wenn Sie wollen, wird Sie ein Beamter beschützen.«

»Ich kann auf mich selbst aufpassen«, sagte sie. »Nur, bleiben Sie nicht so lange. Ich habe Hunger.«

»Natürlich. Wie unaufmerksam von mir. Wir haben seit gestern nichts gegessen – oder schon seit vorgestern? Ich bin sofort wieder zurück«, sagte Evans und eilte in die *préfecture.* Die Tür zum Büro des Präfekten stand halb offen, aber er wollte erst mit ihm sprechen, wenn die *Presque Sans Souci* angekommen war. Im Vorbeigehen hatte er das Gefühl, der Präfekt habe ihn gesehen, wolle sich aber aus irgendeinem Grund ebenfalls erst später mit ihm unterhalten. Er ging zum Ende des Ganges und klopfte an die Tür des Doktors.

»Herein«, sagte Dr. Toudoux. Als er den Besucher erkannte, ging er ihm entgegen, um ihn herzhaft zu umarmen. »Welch *Oleum crotali confluenti!* Ein derart göttliches Schlangenöl ist mir bislang noch nicht untergekommen! Wie sind Sie da bloß draufgestoßen, mein Junge? Und das *Argalli spicati Texarkanae.* Einfach genial, Monsieur Evans. Nur eine Kleinigkeit bereitet mir noch Kopfzerbrechen. Woran ist der Typ gestorben? Ich habe das Zeug an Marienkäfern, Labormäusen und Meerschweinchen ausprobiert und sogar im Dienst der Wissenschaft Frou Frou, dem unappetitlichen Mops des Präfekten, eine gehörige Dosis verabreicht.«

Ein Tuch bedeckte die säuberlich zusammengesetzten Überreste Grings. Evans gab ihnen einen bedächtigen Klaps, ehe er sprach. »Darum bin ich gekommen, Doktor. Um diesen Aspekt des Falles zu klären. Ich würde mich freilich nicht erdreisten, Ihrer Erfahrung und Ihrem Ansehen...«

»Schon gut, mein Junge. Wissenschaftler sollten zusammenarbeiten. Mir geht nur der Hut hoch, wenn dieser elende Präfekt sich da einmischt.«

»Verstehe«, sagte Evans. »Ich hatte das zweifelhafte Vergnügen, Gring zu kennen, und zufällig weiß ich, was er unmittelbar vor seinem Tod getrieben hat. Gewöhnlich ist ein Mickey Finn harmlos. Wie Sie so trefflich nachgewiesen haben, tötet es nicht einmal einen Marienkäfer, geschweige denn einen Mops oder eine Labormaus. Man muß jedoch berücksichtigen, daß Gring, als er den tödlichen *crème de cacao* trank, physisch und psychisch in einem jämmerlichen Zustand war. Seine Lebenskraft, mit der es ohnehin nie weit her war, befand sich am Nullpunkt. Er glaubte, ihm seien gerade millionenschwere Ölfelder weggeschnappt worden.«

»Ah, Springquellen, die in die Luft schießen, schwarzes Öl, das Prärien überflutet. Er hat da ein paar eingebüßt, sagen Sie? Armer Kerl. Vielleicht habe ich allzu schlecht von ihm gesprochen. Ich hätte ihn nie und nimmer für einen Geschäftsmann gehalten. Offen gestanden, ich dachte, er sei Zuhälter. Der Verlust der Ölquellen mag dem harmlosen Gift in der Tat tödliche Wirkung verliehen haben. Ich werde das auf den Totenschein schreiben. Zusammenspiel völliger Erschöpfung und finanziellen Ruins. Ach ja, die Wissenschaft ist die einzige Geliebte, der man den Hof machen sollte.

Ölquellen verlieren. Ich habe sie natürlich nur im Kino gesehen, aber es muß einem schon verflixt zusetzen, wenn man ihrer verlustig geht. Doch verzeihen Sie, ich bin so erfreut, dieses schwierige Problem mit Ihrer unschätzbaren Hilfe gelöst zu haben, daß ich Ihre Suche nach dem Multimillionär ganz vergessen habe. Haben auch Sie Erfolg gehabt?«

»Zwischen Ihnen, mir und dem *corpus delicti* – ich habe Hugo Weiss gefunden, den russischen Oberst, das Taxi und sämtliche Entführer, von denen nur einer ums Leben kam.«

»Weniger Arbeit für mich, Gott sei Dank«, sagte Dr. Toudoux.

»Aber niemandem etwas sagen, nicht einmal dem Präfekten...«

»Diesem Scheißkerl bestimmt nicht. Ich war versucht, ein wenig *crotali confluenti* an ihm auszuprobieren und auf das Schlimmste zu hoffen.«

»Ich werde Sie morgen abend wiedersehen. Bis dahin alles Gute. Und nicht vergessen – kein Wort.«

»Ich habe meine Männer bei der Niederwerfung Roms...« hub Dr. Toudoux an, aber Evans war schon im Korridor unterwegs. Er dachte wieder angestrengt nach. Als er beschlossen hatte, sein Gespräch mit dem Präfekten zu verschieben, hatte er zunächst nicht vermutet, daß der Präfekt nicht den geringsten Wert darauf legte, ihn zu sehen. Was hatte das zu bedeuten? Homer zögerte nur kurz, dann pochte er vernehmlich an die Tür des Präfekten. Keine Antwort. Evans klopfte noch lauter. Plötzlich hatte er das dumpfe Gefühl, daß etwas ganz fürchterlich schiefgelaufen war. Er versuchte die Tür zu öffnen, sie war abgesperrt. Er stieß die Tür mit der Schulter auf, und das Schloß gab so leicht nach, daß Evans auf dem präfektoralen Schreibtisch zu liegen kam, umgeben von Splittern und violetter Tinte. Ansonsten war das Zimmer leer.

Von bösen Ahnungen getrieben, hastete er zum Fenster. Deutlich konnte er die Bank sehen, auf der Miriam sich niedergelassen hatte. Auch die Bank war leer. Mit einem Fluch auf den Lippen riß Evans das Fenster auf, sprang ins Freie und rannte wie besessen das Trottoir entlang. Nichts Verdächtiges war zu sehen oder zu hören, nur ein paar harmlose Spaziergänger. Von Miriam keine Spur. Homer versuchte, sich zu beruhigen. Vielleicht ist sie nur kurz reingegangen... Auch die hübschesten Mädchen machen derlei. Wild klopfenden Herzens zwang er sich zu warten. Er nahm seine Taschenuhr zur Hand und starrte auf den schneckenhaften Sekundenzeiger. Eine Minute. Zwei. Drei. Er hielt es nicht länger aus. Er eilte in die Präfektur zurück, wobei er um ein Haar *agent* Schlumberger über den Haufen gerannt hätte.

»Wo steckt Ihr Chef? Ich muß ihn auf der Stelle sprechen«, sagte Evans. Der Präfekt war nirgend aufzutreiben.

Evans' Nonchalance war restlos verschwunden. Sein Gesicht war kreidebleich. Das war jetzt kein Fall mehr, der ihn im Grunde nichts anging und den er kühlen Kopfes betrachten konnte. Und war ihm vor kurzem noch ein wenig unbehaglich zumute, weil er den Sergeanten in einen Konflikt mit seinen Vorgesetzten trieb, so war das jetzt wie weggeblasen. Er rannte die Avenue de la Justice entlang, und jeder konnte sehen, daß er vor nichts zurückschrecken würde.

Keine zwei Minuten später verschwand er im Eingang des Hôtel des Hirondelles. Ben Sidi begrüßte ihn mit der gewohnt vollendeten Höflichkeit.

»Der Friede Allahs ergieße sich auf dich und deine... ich bitte um Vergebung, bemerke ich doch jetzt erst, daß Sie es eilig haben«, sagte der taktvolle Araber.

Trotz seiner Verzweiflung verstand es Homer Evans, seine Manieren zu wahren.

»Dank sei Ihnen für Ihre Anteilnahme, o ehrenvoller Ben Sidi Abel Mamout«, begrüßte er sein Gegenüber. »Unsere gemeinsamen Freunde, die Polizisten, haben ihre Hände noch nicht auf meine Schultern gelegt.«

»In meinem Land würde man sie den Schakalen in der

Wüste zum Fraße vorwerfen«, sagte Ben Sidi teilnahmsvoll. »Diese Woche haben sie bereits zweimal mein friedvolles Unternehmen heimgesucht.«

»Ich weiß«, sagte Evans. »Aber haben Sie meinen Friseur gesehen, Sie wissen schon, der mir geholfen hat, wie ein Sohn Allahs auszusehen?«

Ben Sidi zog sich kurz zurück, fragte etwas auf arabisch und nickte: »Da ich wußte, o Freund, daß Sie den Barbier Henri ins Vertrauen gezogen haben, habe ich ihn versteckt gehalten.« Und er führte Evans zu einer kleinen Geheimkammer.

Henri war am Ende seiner Nerven, und als er Homer sah, warf er sich ihm, bildlich gesprochen, zu Füßen, anstatt aus dem Fenster zu springen, was er gerade tun wollte, als seine Tür plötzlich geöffnet wurde.

»Dieser Ungläubige lebt nicht in Frieden mit der Welt«, sagte Ben Sidi, und Evans versuchte, den Friseur zu beruhigen.

»Henri«, sagte er, »wenn Sie sich viel Ärger ersparen wollen, erzählen Sie mir alles. Ich weiß, daß Sie hin und wieder Ihrer Frau ein Schlafmittel verabreichten, wenn Sie auf Freiersfüßen gingen...«

Henri hechtete zu dem geöffneten Fenster und wurde von Ben Sidis hurtiger Hand zurückgehalten.

»Meiner Meinung nach war das recht anständig von Henri«, versetzte der Araber. »Es kann nie schaden, seine Mitmenschen mit Zartgefühl zu behandeln.«

Inzwischen konnte sich Henri wieder ein wenig beherrschen.

»Ich wollte keinen Schaden anrichten«, sagte er. »Ich ging ins Dingo, um eins dieser amerikanischen Mickey Finns zu kriegen. Mr. Evans, Sie gingen mir nicht aus dem Kopf. Ich wußte, daß Sie in Schwierigkeiten waren, und daß Gring irgend etwas damit zu tun hatte. Trauen Sie keinem Mann, der sich selbst rasiert, Mr. Evans.«

Homer versprach es ihm, und der Friseur fuhr fort: »Ich sah Gring auf der *terrasse* des Dôme, und mir kam sogleich der Gedanke, daß Sie ihn vielleicht sehen wollten, und daß der Boss hier (er zeigte auf Ben Sidi) wissen könnte, wo Sie steckten. Unterwegs schnappte mich ein Zivilbeamter, der mich beim Kauf des Mickey gesehen hatte, und brachte mich aufs Revier. Dort filzte mich der Präfekt und fragte mich über das Mickey aus, und ich hatte solchen Bammel, daß ich ihm alles darüber erzählte. Er hat es mir abgenommen...«

»Das ist alles, was ich wissen muß«, sagte Evans und wollte augenblicklich das Hotel verlassen. Dann ging ihm plötzlich etwas durch den Sinn – wenn die fraglichen Gangster schon einen Anschlag auf Miriam verübten, war es mehr als wahrscheinlich, daß sein eigenes Leben ausgelöscht werden würde, noch ehe er seine Mission erfüllt hatte. Der arabische Schriftgelehrte Ben Abou war der Stenographie kundig, und Homer diktierte ihm rasch, was er über die Bilder-Bande wußte – genug, um allen Beteiligten den Rest zu geben. Das Protokoll wurde in vier Exemplaren ausgefertigt: eins für den amerikanischen Botschafter, eins für Hugo Weiss, eins für den Justizminister und das vierte für Evans selbst.

Nach getaner Arbeit griff Homer zum Telefon. Es war ihm schon längst klar, daß die Desperados einen Kahn, der randvoll mit belastendem Beweismaterial war, keinesfalls unbehelligt lassen würden.

Innerhalb von zehn Minuten hatte er eine Verbindung zu Hjalmar im Rendez-vous des Imprévoyants. Homer setzte ihm kurz die Lage auseinander und fragte Jansen, wo er den Angriff erwarte.

»Bei Charenton« sagte Hjalmar, ohne zu zögern.

»Genau meine Meinung«, sagte Evans. »Der Fluß ist in dieser Gegend recht tückisch, und in den Steinbrüchen dort sind Explosionen an der Tagesordnung. Auch führen zahlreiche Straßen aus dieser Stadt, wie die Speichen eines Rads. Es gibt Industriegebiete und Wälder mit einsamen Häusern.

Lassen Sie während der Nacht das Boot und die Gefangenen keine Minute aus den Augen und vor allem – bleibt nüchtern, du und Jackson. Wenn ihr angegriffen werdet, bin ich zur Stelle, aber zunächst werde ich nicht sichtbar sein. Bis dann.«

Trotz seiner schrecklichen Sorgen und Ängste mußte sich Homer fest in der Gewalt haben, mußte er über alle Details nachdenken. Statt sich also geradewegs zu Paty de Pussys Atelier zu begeben, suchte er erst einmal Dr. Hyacinthe Toudoux auf.

»Dr. Toudoux«, sagte er, »Sie haben doch Karteikarten und Akten über alle konfiszierten Drogen, Flüssigkeiten, Pulver und Pillen, die man bei Verdächtigen gefunden hat?«

»Aber selbstverständlich, Mr. Evans«, sagte er.

»Vor zwei Tagen wurde bei einer Razzia im Hôtel des Hirondelles ein gewisser Henri Duplessis festgenommen«, sagte Evans.

»Ein Moment. Duplessis. Ich seh mal unter ›D‹ nach.«

Er durchwühlte die Kartei, erst ruhig, dann mit wachsender Ungeduld, bis er Aktendeckel hervorzog wie ein Bär, der die Rinde von einem Baum kratzt.

»Eigentümlich«, sagte er. »Nichts zu finden.«

»Das habe ich mir gedacht«, sagte Evans finster. »Diesem Mann wurde ein Fläschchen mit Mickey Finn abgenommen.«

»Kombiniere, das tödliche Mickey Finn.«

»Das Fläschchen hätte man Ihnen aushändigen sollen. Aber das ist unterblieben. Kommen Sie«, sagte Evans und ging zum Büro des Präfekten. Die Tür war wieder zugesperrt, aber noch nicht repariert. Wie zuvor öffnete Evans die Tür mit Hilfe seiner Schulter. Zum Erstaunen seines Begleiters machte sich Homer daran, die Schubladen des Schreibtischs aufzuziehen.

»Genau, was ich erwartet habe«, sagte er, nachdem er der untersten Schublade ein Fläschchen entnommen hatte.

»Aber es ist voll«, sagte der Doktor. »Das muß das falsche sein.«

»Nicht so schnell, Doktor. Lassen Sie uns zurück zum Labor gehen«, sagte Evans. Im Labor entledigte er sich seines Mantels, krempelte die Ärmel hoch und lieh sich eine weiße Schürze aus. Mit professioneller Geschicklichkeit entzündete er einen Bunsenbrenner, gab ein paar Tropfen des Fläscheninhalts in ein Reagenzglas und fügte ein wenig Säure hinzu. Nichts geschah. Dr. Toudoux sah ihm gebannt zu. Das blaue Lackmuspapier verfärbte sich kein bißchen in der geheimnisvollen Flüssigkeit, auch bewirkten jene Chemikalien keinerlei Änderung, die das *Oleum crotali confluenti* eingetrübt und zum Brodeln gebracht hatten. Evans roch an dem Reagenzglas und lächelte.

»Das hätte ich mir gleich denken können«, sagte er. »Es ist gewöhnliches *Oleum machinae scribendi,* Schreibmaschinenöl.«

»Merde alors«, schnaubte Hyacinthe Toudoux. Doch Evans legte zufrieden seine Schürze ab.

»Wenn Sie nichts dagegen haben, behalte ich das Fläschchen samt Inhalt. Sobald es seinen Zweck erfüllt hat, werde ich es zurückgeben«, sagte Evans.

»Ganz wie Sie wünschen. Dieser Fall wird von Stunde zu Stunde rätselhafter«, sagte der Doktor. Aber Evans hörte ihn nicht mehr, da er bereits die leeren Büros in der Hoffnung durcheilte, unbeobachtet den Seiteneingang zu erreichen.

»Nun zu meinen Freunden Abel und Dodo! Wir werden unser überfälliges Gespräch führen. Ich habe mal versprochen, euch wie alte Zitronen auszuquetschen. Ich werde noch gründlicher vorgehen. Und diesen Heuchler Paty de Pussy knöpfe ich mir auch vor... Hallo, Taxi!« rief er und ließ sich in die Avenue Pierre Premier de Serbie fahren. Ungeduldig drückte er die Klingel, und die vergitterte Tür öffnete sich.

»Entschuldigen, Sir, zu wem möchten Sie?« sagte die *concierge* ehrerbietig.

»Zu Monsieur Paty de Pussy«, antwortete Evans.

»Tut mir leid, aber Monsieur Paty de Pussy ist nicht zu Hause. Ich habe ihn zwischen vier und sechs Uhr fortgehen sehen, und er ist noch nicht zurückgekommen«, sagte die *concierge.*

»Zwischen vier und sechs«, wiederholte Evans sichtlich enttäuscht. »Es ist Ihnen wohl nicht möglich, den Zeitpunkt seines Fortgehens ein wenig präziser anzugeben, Madame?« fragte er und zog einen Fünfzig-Franc-Schein hervor.

»Um Viertel nach fünf«, sagte die *concierge* und nahm lächelnd ihr Trinkgeld entgegen.

»Ich gehe trotzdem hoch und warte. Wahrscheinlich wird er bald zurück sein«, sagte Evans.

»Wie Sie wünschen«, sagte die *concierge.*

Evans betrat den Aufzug, der stöhnend und ächzend gegen seine Gewichtszufuhr protestierte. Aufgrund seiner langjährigen Erfahrung mit französischen Aufzügen drückte Evans nicht den obersten Knopf, sondern den darunter. Der Aufzug ratterte rumpelnd los und klang wie der Klöppel einer durchgerosteten Glocke. Bei jedem Stockwerk wurde er langsamer und knackte, um dann unter Aufbietung all seiner Kräfte die Fahrt fortzusetzen. Evans blickte voll Ungeduld auf die Uhr. »Viertel nach fünf«, murmelte er. »Er ist schon seit gut vier Stunden fort.«

Er zog erst sanft, dann mit entschiedener Kraft an der Klingelschnur, was zu keinerlei Ergebnis führte. Nicht minder erfolglos blieb ein Stakkato heftiger Klopfzeichen. »Der Diener ist nicht zu Hause. Äußerst seltsam«, sagte Evans und fing an, die teppichbedeckte Treppe nach Haarnadeln abzusuchen. Nachdem er eine kurz über der fünften Etage gefunden hatte, ging er zu Paty de Pussys Wohnungstür zurück und schloß diese ohne Schwierigkeiten auf. Mit größter Vorsicht drehte er den Knauf, öffnete die Tür Zentimeter um Zentimeter und trat ein, knipste aber nicht das Licht an, machte jedoch für alle Fälle den Schalter ausfindig, der den Lüster in dem geräumigen Wohnzimmer erleuchten würde. Als sich seine Augen an das Halbdunkel gewöhnt hatten, stockte ihm der Atem. Er eilte zu dem Schalter zurück, zog seinen Revolver und machte Licht. Der Raum erstrahlte zwar nicht in Helligkeit – dazu war Paty de Pussy zu ökonomisch veranlagt –, doch immerhin flackerten acht der gut vierzig Glühbirnen des Lüsters rötlich auf und gaben den Blick auf zwei tote Männer frei. Der eine war klein, der andere groß; sie hingen schlaff und mit schiefen Köpfen an dem Lüster. Unter ihren Füßen, auf dem glänzenden Parkettboden lagen zwei Hüte, eine Melone und eine grüne Filzkappe, und eine Pfütze gelber Flüssigkeit breitete sich aus, etwa zwei Millimeter tief und einen knappen halben Quadratmeter groß.

Evans erkannte sofort, daß die beiden Männer Abel Heiss und Dodo Lourde waren. Er biß sich auf die Lippen. »Schon wieder habe ich was verpfuscht«, sagte er. »Ich hätte zuerst hierher kommen sollen. Wenn das so weitergeht, wird es bald weder Indizien noch Zeugen geben, nichts.«

Er hielt sich von den Leichen fern, da ihm eine seltsame Ahnung das Gefühl vermittelte, nicht alleine in der Wohnung zu sein. Nachdem er das Licht wieder ausgeschaltet hatte, schlich er sich an der Wand entlang, vorbei an dem winzigen Kamin, einer Büste von Ludwig XV. von Houdon und einer leeren Staffelei.

»Uch!« Ein unfreiwilliger Schreckensschrei entfuhr ihm. Seine Hand hatte etwas Feuchtes und Weiches berührt. Eine unangenehme Entdeckung fürchtend, schaltete er wieder das Licht an, nur um festzustellen, daß seine Hand mit Krapprot und Umbra verschmiert war. Er nahm die Palette auf.

»Großer Gott, das ist die Greco-Palette«, murmelte er. »Alle Farben richtig, kein Ton daneben.« Vorsichtig legte er die Palette beiseite und hoffte, die Fingerabdrücke Paty de Pussys nicht verwischt zu haben.

Evans verließ das Wohnzimmer und öffnete die Tür zu einem kleinen, verdunkelten Zimmer, in dem jedoch eine rote Lampe brannte.

»Eigenartig«, brummte er. »Eine Dunkelkammer.« In der Ecke lehnte eine Rolle Leinwand. Das Herz schlug ihm bis zum Halse; er schaltete das Licht an und nahm die Leinwand ehrfurchtsvoll zur Hand. »Du geheimnisvolles, wunderbares Gewebe«, keuchte er. »Der Gedanke, daß Grecos Hände dich berührt, daß seine Augen auf dir geruht haben! Wenn alle meine Freunde und Zeugen wegen meiner Nachlässigkeit sterben müssen, werde ich dich wenigstens vor weiterem, schmächlichem Mißbrauch retten.«

»Blubb«, sagte jemand, den Evans in all seiner Aufregung nicht bemerkt hatte. Es handelte sich um einen Mann in Hemdsärmeln, der über einer flachen Specksteinwanne lehnte, wobei seine Füße kaum den Boden berührten, und sein Gesicht hing wenige Zentimeter über einer gelben Flüssigkeit, die jener auf dem Boden unter den Leichen von Abel und Dodo glich. Evans löste sich von der kostbaren Leinwand und löste die Fesseln von den Händen des Mannes, die man ihm auf den Rücken gebunden hatte, hob ihn vom Wannenrand und zog ihm den Knebel aus dem Mund.

»Verbindlichen Dank, Sir«, sagte der Butler. »Ich habe Sie zwar läuten gehört, aber wie Sie sehen...«

»Natürlich. Verstehe vollkommen. Sie sind...«

»Adolphe.«

»Und Ihr Herr?«

»Wurde in einer dringenden Angelegenheit außer Haus gerufen, Sir. Möchten Sie nicht in den Salon gehen?« Adolphe ging voran, doch seine selbstbewußte Miene wich schlagartig, als er der grauenvollen Szenerie ansichtig wurde, die ihn erwartete. Er wäre sogleich zur Mitte des Raums geeilt, um die gelbe Flüssigkeit aufzuwischen, hätte Evans ihn nicht zurückgehalten.

»Vielleicht haben Sie eine Erklärung dafür?« fragte Evans streng.

»Bei allem, was mir heilig ist, ich weiß von nichts. Diese Männer haben sich hier praktisch gewaltsam Zutritt verschafft. Sie hatten meinen Herrn irgendwie in der Gewalt. Sie zwangen ihn nicht nur zu malen, sondern belegten auch die Dunkelkammer in Beschlag und hielten mich wegen Salami und Bier auf Trab. Salami, Sir. Ich bitte Sie! In einem Land, wo *charcuterie* zu hoher Kunst gereift ist... fettige Salami und Dünnbier verzehren...«

»Ich verstehe Ihre Gefühle, aber fahren Sie fort«, sagte Evans.

»Der Meister ist nicht mehr der jüngste. Man hätte ihn nicht so sehr antreiben dürfen. Nachdem er sechs Stunden gearbeitet hatte, wurden mir sechs Gemälde gegeben, die ich mit dem Haartrockner trocknen sollte.«

»Ach, mit einem Haartrockner«, sagte Evans.

»Dann habe ich sie sorgfältig verpackt und an irgendwelche Museen in Nordamerika adressiert. Kurz nachdem sie der Expreßbote abgeholt hatte, erhielt Monsieur Paty de Pussy einen Anruf... ich weiß nicht genau, von wem, aber ich glaube, er war von Monsieur Haute Costa de Bellevieu. Wie auch immer, es war dringend, und mein Herr verließ das Haus ohne Schal und Schirm. Das war zwischen halb fünf und halb sechs. Ich geleitete ihn zur Tür und sah zu, wie er die Treppe hinabging. Nach unten funktioniert der Aufzug nur, wenn er leer ist. Kaum war er meinen Blicken entschwunden, als ich von mindestens drei maskierten Männern gepackt, geknebelt, gefesselt und in einen Wäschekorb geworfen wurde.«

»Wie Falstaff«, sagte Evans.

»Falstaff hat sich da freiwillig reinbegeben. Das ist der Unterschied, Sir.«

»Sie haben recht«, sagte Evans. »Wo hielten sich die Herren Weiss und Lourde in der Zwischenzeit auf?«

»In der Dunkelkammer, Sir. Ich konnte nicht hören, was geschah, aber eine halbe Stunde später öffnete einer der Maskierten den Wäschekorb, brachte mich in die Dunkelkammer und versuchte, mein Gesicht in den Entwickler zu stoßen. Ein anderer Mann sagte: ›Komm schon. Er ist nur der Butler. Er hat nichts gesehen.‹ ›Sicher ist sicher‹, sagte der Mann neben mir und tauchte meinen Kopf wieder unter. Ein dritter Mann, offenbar der Anführer, sagte: ›Komm schon. Wir haben noch was zu tun‹, und ich wurde so zurückgelassen, wie Sie mich vorgefunden haben. Noch zwei Zentimeter, und ich wäre ertrunken.«

»Adolphe«, sagte Evans, »ich glaube Ihnen jedes Wort. Ich möchte, daß Sie sofort ein Taxi nehmen und zu dieser Adresse fahren.« Er kritzelte eine Adresse auf ein Stück Zeichenpapier. »Bringen Sie das Sergeant Frémont, den Sie dort antreffen werden, und bringen Sie ihn so schnell wie möglich her. Sagen Sie ihm aber, daß er unter allen Umständen erst mit mir sprechen muß, ehe er das Hauptquartier verständigt. Ist das klar?«

»In Ordnung, Sir. Sie wissen nicht, was es mir bedeutet, einen Auftrag ausführen zu dürfen, der nichts mit Salami zu tun hat. Ich werde Ihre Anweisungen gewissenhaft befolgen. Aber, Sir, denken Sie auch an meinen Herrn. Er schuldet mir eine Menge Geld, was nirgends schriftlich festgehalten ist. Ich möchte nicht, daß ihm etwas zustößt«, sagte Adolphe.

»Guter Mann«, sagte Evans, »wenn Ihrem Herrn etwas zustößt, sitze ich tiefer in der Patsche als Sie. Nun machen Sie sich auf den Weg.«

»Sehr wohl, Sir«, sagte Adolphe und setzte seinen Hut auf.

Evans öffnete sein Zigarettenetui und entnahm ihm eine Zigarette. Er hatte keine Streichhölzer. Es gab auch keine in der Wohnung, da die Paty de Pussys an Asthma litten und seit drei Generationen nicht mehr geraucht hatten. In der Küche fand er ein paar Schwefelhölzer, und er hustete, bis sich die beißenden Dämpfe verzogen hatten. »Und nun ein gründlicher Rundblick«, sagte er. »Ich möchte genau unterrichtet sein, wenn der Sergeant auftaucht.«

Er näherte sich den hängenden Leichen der beiden Kunsthändler mit gemischten Gefühlen. »Schon verrückt«, murmelte er, »dieses saubere Paar ist nie einer ehrlichen Arbeit nachgegangen, und da sind sie nun, tot wie El Greco oder Abraham, Isaak und Jakob. Der Tod, der große Gleichmacher. Nun, sie sind tot, aber was für eine Stümperarbeit! Erst versuchen die maskierten Männer, sie im Entwickler zu ertränken, was ihnen zu langsam geht, worauf sie sie ins Wohnzimmer zerren, um sie mit Bilderdraht aufzuhängen. Keine Fingerabdrücke auf dem Bilderdraht. Na gut. Sie starben zwischen fünf und sechs, das steht fest. Und sie wurden von Unbekannten ermordet, die Masken trugen. Mal sehen, was uns die Dunkelkammer enthüllt.«

Bei seiner ersten, flüchtigen Durchsuchung der Dunkelkammer war Evans der riesige Rahmen nicht aufgefallen, der zur Herstellung von Fotoabzügen diente. Ein brandneues Gerät, das genau dem Format der Kerzenlicht-Grecos entsprach. Eine Flasche mit der Aufschrift ›Sensibilisator 489‹ war halbleer. Blitzartig wurde Evans klar, wie man Grecos produzieren konnte, während man darauf wartete. Die Leinwand wurde lichtempfindlich gemacht und das originalgroße Foto aufgedruckt, wonach der Künstler nur noch die Farben aufzutragen hat. Homer roch gerade an dem Sensibilisator und freute sich auf einen interessanten Tag im Labor, wenn Miriam erst mal errettet und die Mörder der Gerechtigkeit überantwortet waren, als die Tür aufflog und Sergeant Frémont eintrat.

»Heiss und Lourde«, rief der Sergeant entsetzt, seinen Blick auf die beiden leblosen Körper geheftet, die durch den Luftzug der offenen Tür leicht ins Baumeln geraten waren.

Evans band ein Taschentuch um seine Hand und brachte sie wieder in ruhende Position.

»Während ich kurz bei Dr. Toudoux war, ist Miss Leonard von einer Bank vor der *préfecture* entführt worden. Wir müssen Miriam finden und zwar schnell... Diese unseligen Handlanger hier sollen meinetwegen bleiben, wo sie sind. Adolphe wird auf sie aufpassen. Nun los«, sagte Evans und zog den verblüfften Sergeanten am Ärmel.

24. Kapitel

VERBRECHEN IN EINEM ALTEN SCHLOSS

»Er hat nicht ›nichts trinken‹ gesagt, sondern ›nüchtern bleiben‹. Das ist ein Unterschied«, sagte Hjalmar.

»Okay, noch zwei Brandies«, rief Jackson.

»Darf ich ihnen nicht wenigstens diesen einen bringen, Mama?« bettelte Gaby, die neben ihrer schwitzenden Mutter hinter der Bar an Bord der *Presque Sans Souci* stand. Hjalmar hatte darum gebeten, die gesamten Bestände der Bar und des Restaurants an Bord des grauen Kahns zu bringen; die Gefangenen, das Beweismaterial, die Knarren, die Munition und die zusätzlichen Polizeiwächter aus Châtillon hatte man ebenfalls an Bord gebracht. Jedermann hatte man seinen Posten angewiesen, die Beweisstücke hatte man in einen Kasten geschlossen, der in Hjalmars Reichweite stand. Die Gefangenen und der Leichnam waren vorne und saßen auf dem bloßen Deck, von dem man das Heu geräumt hatte, damit die Lebenden rauchen konnten, ohne das Schiff in Flammen zu setzen. Der Schlepper war am Bug festgemacht, die Barkasse am Heck.

»Wenn jemand glaubt, er könne jetzt so ohne weiteres zu uns an Bord klettern, ist er nicht richtig im Kopf«, sagte Hjalmar. Er war überzeugt, daß die Gefahr in der Nähe von Charenton lauerte.

Sosthène und seine Frau waren glücklich, da sich ein ansehnlicher Geldstrom in ihre Kasse ergoß. Während der ersten beiden Stunden auf der *Presque Sans Souci* hatten sie mehr eingenommen als in den letzten sechs Monaten an Land. Der Wohlstand stimmte Mme Sosthène ungewöhnlich gnädig, weswegen sie ihrer Tochter sagte: »Na schön. Zum Teufel mit dir! Früher oder später wirst du mich wohl sowieso austricksen.«

»Au fein!« sagte Gaby überglücklich und machte sich mit dem Tablett auf den Weg.

Vorne grölten und sangen die Gangster ihre sentimentalen Lieder so laut, daß die Vögel in den nahen Wäldern ängstlich zitternd in ihren Nestern saßen.

»Solange wir nicht vor Anker gehen, kann niemand an Bord kommen. Wir haben Waffen. Wir sind im Vorteil. Wenn jemand auftaucht und behauptet, er sei vom Zoll, werden wir ihn mitsamt seinem verdammten Boot versenken. Wir sind hier in offizieller Mission. Wir haben Gefangene, Beweismaterial und eine Leiche. Ich bin Seemann, und was ich sage, gilt. Keine Menschenseele kommt mir hier an Bord, von Homer Evans oder Sergeant Frémont abgesehen. Und glaub mir, Tom, wenn dieser Amibraut was zustößt, bringe ich erst mal diese Ganoven um. Ich erwürge sie mit eigenen Händen.«

»Ich bin dabei. Aber sie ist nicht auf den Kopf gefallen. Ich glaube, sie weiß sich zu helfen.«

»Homer macht sich Sorgen«, sagte Hjalmar. »Wir dürfen den alten Homer nicht im Stich lassen.«

»Auf keinen Fall«, sagte Jackson.

»Schau mal vorbei, wenn du in Paris bist«, wandte sich Hjalmar an Gaby. »Ich werde dich malen, vorher – nachher...«

»Wenn ich von Mama fortkomme. Sie ist streng, aber sie wird schon ein wenig nachgiebiger«, sagte Gaby und trippelte zur Bar zurück. Die Gefangenen riefen ihr Anzüglichkeiten nach, die Gaby mit einer verächtlichen Geste erwiderte, die in einem alten Exemplar des ›*La Vie Parisienne*‹ abgebildet war, das sie unter dem Kopfkissen ihres Vaters gefunden hatte. In anderen Worten, auf der *Presque Sans Souci* ging es fröhlicher zu, als man von einer Gruppe erwartet hätte, die zum Teil in Ketten lag und dem Kerker entgegensah, zum Teil von den abgefeimtesten Kriminellen der Nation gejagt wurde. Tom Jackson muß cognacschlürfend ähnliche Gedanken gehegt haben, da er plötzlich deklamierte:

»Köstlich Gut verkauft der Winzer mir,
Möcht wissen, was kauft er dafür?«

»Mäßigung«, antwortete Hjalmar. »Wenn ich den Anschein erwecke, betrunken zu werden, sag's mir bitte. Wir müssen Miriam zurückkriegen und diese 250.000 Francs.«

»Ich p-paß auf dich auf, wie die M-Maus vorm Katzenloch«, sagte Jackson und putzte seine Brille, um für die Nachtwache besser gerüstet zu sein.

Unter und neben ihnen rauschte die dunkle Seine, und über ihnen waren die Sternbilder, Orion, der Große und der Kleine Bär; und gütig flimmernd, als habe er die *Presque Sans Souci* seinem Schutz erkoren, leuchtete jener Lotse der Seeleute und Reisenden, jener ferne und kalte Stern mit seinen fünf Sonnentrabanten – Polaris. Polaris, Nordstern, treuer Leitstern und Wegweiser. Die Vögel und Kleintiere hatten sich in den taufeuchten Wäldern an das Krakeelen gewöhnt und waren vor der Morgendämmerung in tiefen Schlaf versunken.

Homer Evans, der mit Sergeant Frémont im Justizministerium weilte, konnte nicht Zeuge der oben geschilderten Szene sein, doch konnte er sich, wie stets, auf seine Vorstellungskraft verlassen. Eine flüchtige Sekunde lang fragte er sich, ob Hjalmar nüchtern bleiben würde. Dann verscheuchte er diesen unwürdigen Gedanken, der Zweifel an seinem großen, norwegischen Freund hatte aufkommen lassen. Hjalmar würde seiner Pflicht genügen, da war sich Evans ganz sicher. Momentan war das so ziemlich das einzige, dessen Homer sich sicher sein durfte.

»Sergeant«, sagte er, »wir müssen unsere Köpfe anstrengen und zwar gewaltig. Unser Freund, den Sie so treffend in Gonzo umgetauft haben, befindet sich mit Jackson oder Oklahoma Tom auf der Seine und erwartet den Sonnenaufgang. Wenn es Gonzo gelingt, den Schlepper, die Barkasse und die *Presque Sans Souci* mit ihrer verräterischen Fracht zu dem Kai bei der Pont Royal zu lenken, werden alle Ränke und Morde unseres Feindes umsonst gewesen sein. Auf dem Boulevard Arago wird ein Kopf rollen, um in der Sprache unserer Journalisten zu sprechen.«

»Die Guillotine. Und mein Wort drauf, ich werde in aller Frühe aufstehen, um diesem Schauspiel beizuwohnen... es sei denn, Hydrangea ist dagegen. Ihr Herz gehört den Verdammten, den Enterbten, den Unglücklichen... Wie auch immer, die *Presque Sans Souci* muß sicher ans Ziel gelangen. Es war eine gute Idee, die Gefangenen und das Beweismaterial auf dem Wasserwege zu transportieren. Das Risiko ist zu Lande wesentlich höher«, sagte der Sergeant.

»Wie kann man einen bewaffneten Kahn angreifen? Welche Möglichkeiten wird unser Gegner erwägen? Welche Mittel stehen ihm zur Verfügung, sie auszuführen? Er kann nicht in aller Öffentlichkeit zu Gewalttaten schreiten. Das würde sofort die Polizei auf den Plan rufen. Hjalmar wird sich, außer von Ihnen oder mir, von niemandem anhalten lassen. Nicht mal zwanzig oder vierzig Mann könnten an Bord gehen, ohne sich seinem Kugelhagel auszusetzen. Man könnte von Booten aus Feuergranaten abwerfen, aber kämen die Boote dann näher, würde sie Gonzos Maschinengewehr durchsieben. So können sie also nicht vorgehen. Sie haben nicht die Zeit, ein Hindernis zu versenken. Sie können auch nicht aus meilenweitem Abstand Artillerie benutzen. Charenton ist ein dichtbevölkerter Industrievorort. Schon ein Probeschuß, um die Entfernung abzuschätzen, würde auf beiden Ufern ein Chaos verursachen. Was bleibt ihnen also?« fragte Evans.

»Ich habe Kopfweh«, sagte der Sergeant. »Sollten wir uns

nicht lieber darüber unterhalten, ob unsere Feinde wirklich so gefährlich sind, wie Sie meinen? Warum lassen wir, im Austausch gegen Mlle Montana, den Fall nicht auf sich beruhen?«

»Nehmen Sie noch ein Aspirin, Sergeant. Das wird Sie aufmuntern.«

Eine Zeitlang vertiefte sich Evans in die Generalstabskarten, die er vom Kriegsministerium hatte kommen lassen. Dann schlug er so plötzlich auf den Tisch, daß Frémont zehn Aspirinkörnchen ohne Wasser oder Wein verschluckte.

»Ich hab's. Sehen Sie her. Tretminen. Die stellen Tretminen in dieser kleinen Fabrik her. Natürlich liegt sie recht gut versteckt. Die Minen werden über den Fluß zum Meer transportiert. Niemand würde mißtrauisch werden, wenn wieder mal ein paar verladen und forttransportiert werden.«

»Ich kann mir nicht vorstellen«, sagte der Sergeant, »daß sie es wagen würden, auf der Seine einen Kahn in die Luft zu jagen.«

»Sie könnten es nach einem Unfall aussehen lassen. Dann wird eine Kommission beauftragt, ein Minister, der einem einen Gefallen schuldet, zeichnet für die Untersuchung verantwortlich, Zeit vergeht, das öffentliche Interesse erlahmt, nichts geschieht.«

»Allzuoft ist das der Gang der Dinge«, sagte der Sergeant.

Evans nahm den Hut des Sergeanten und setzte ihn letzterem auf, dann stülpte er seinen eigenen über. »Unterwegs...« Er zögerte. »Moment. Noch einen Blick auf die Karten. Gibt es in der Nähe der Fabrik einen Landsitz, ein paar bewaldete, ummauerte und bewachte Hektar, die einem prominenten Royalisten gehören?... Ah! Hier! Großer Gott! Natürlich!«

Er zeigte auf die Stelle. Der Sergeant stöhnte.

»Unmöglich«, sagte der Sergeant, als er den Namen des Eigentümers las.

»Und ob!« sagte Evans.

Der Sergeant warf das restliche Aspirin fort: »Karriere, leb wohl! Lebe wohl, Monatsgehalt! Adieu, Hydrangea, meine ebenholzschwarze Göttin! Ein Mann hat dich geliebt und verloren, der sich zuviel vorgenommen hat, der in seinem Wahn glaubte...«

»Denken Sie daran, was ich Ihnen versprochen habe. Eine Beförderung«, sagte Evans. »Sie vergessen anscheinend, daß auch wir Winkelzüge machen, Fäden ziehen können.«

Der Sergeant blickte so jammervoll drein, daß Evans über seinen Freund nicht zu lachen vermochte. »Leb wohl, leb wohl! Die kleine Beamtenmotte fliegt der Flamme der großen Politik entgegen! Nicht mal Asche wird übrigbleiben. Nur ein Rauchfetzen. Ach, Hydrangea. Du, die du jetzt auf den Ozean blickst, die Wellen zählst, die zwischen uns zurückweichen. Wirst du Nachsicht üben oder nur bitterlich weinen? Soll ich mich mit jenen letzten Worten trösten, die manch Sterbender geflüstert hat: ›Hätt' mehr Liebe dir schenken können, hätt' die Ehre ich nicht mehr geliebt.‹ Ach, Ehre. Ehre im Gewand von Schande und Entlassung. Ehre ohne Monatsgehalt! Verweht die Träume von Glückseligkeit, von köstlichen Augenblicken, die einem das Mikkey Finn gewährt. Statt dessen messe ich meinen Revolver mit einer Fabrik, die bis unters Dach mit Sprengstoff gefüllt ist, begebe ich mich in die Obhut eines Freundes, eines Träumers, der keine Stelle zu verlieren hat und dessen monatliche Zahlungen von Gott weiß woher kommen. Gehen wir, mein Freund. Unserem Untergang entgegen. Ich füge mich drein.«

»Ruhmreiche Beförderung«, wiederholte Evans und ging voran.

Ehe sich Homer auf den Fahrersitz in Frémonts Dienstwagen niederließ, stellt er die Sirene ab. Er wußte, daß noch manches Problem ungelöst war. Das Auto aus Châtillon beispielsweise, das vor der Galerie Heiss und Lourde im Halteverbot stand; der Wagen der *préfecture*, der in der Nähe des Hôtel des Hirondelles parkte; der Multimillionär, der russische Oberst und der Botschafter, allesamt bezecht. Und natürlich die an Paty de Pussys Lüster hängenden Leichen von Abel und Dodo. Nicht zu vergessen Paty de Pussy und sein Gastgeber Haute Costa de Bellevieu. Auch durfte man den verschwundenen Präfekten oder das Fläschchen mit *Oleum machinae scribendi* nicht einfach ignorieren. Aber am wichtigsten war freilich Miriam, die ihn so treu begleitet und mehr als einmal vor einer Katastrophe bewahrt hatte.

»Ich bin froh, daß Sie am Steuer sitzen«, sagte der Sergeant. »Das erhöht die Chance, daß wir einen Unfall bauen.«

»Wir müssen erst mal irgendwo anhalten, um ein Sandwich zu essen und Kaffee zu trinken, außerdem brauchen wir zwei Paar gute Arbeitshandschuhe«, sagte Evans.

»Kein Wort über Essen«, sagte der Sergeant. »Ich habe Hähnchen und Nudelsuppe verzehrt, gefüllten Fisch, Gänsebraten, Tafelspitz mit Meerrettich, Pfannkuchen, Apfelstrudel, Eistorte... Ich kann nicht mehr. Meinen Lebtag habe ich noch nie einen so gesegneten Appetit wie den von Hugo Weiss und Lvov Kvek gesehen. Und dann der ganze Wodka, Brandy, Wein...«

»Schon gut. Sie besorgen die Handschuhe, während ich esse«, sagte Evans und hielt vor dem Chicago Inn an. Er nahm rasch ein Clubsandwich, ein wenig Kaffee und einen Apfelkuchen zu sich und ließ sich noch eine Ladung Proviant für später einpacken. Frémont kam mit Handschuhen zurück, noch immer murrend und kopfschüttelnd. Sie rasten die Boulevards entlang, durchquerten die Vororte und erreichten Charenton über eine Seitenstraße. Sie bogen in einen Waldweg ein und versteckten das Auto in einer Baumgruppe. Evans zog die Handschuhe an und bedeutete dem Sergeanten, es ihm gleichzutun. Sie setzten ihren Weg zu Fuß fort, bis sie auf dreißig Meter eine hohe, efeubehangene Mauer erreicht hatten, die oben mit Glasscherben gespickt war.

»Halt!« flüsterte Evans. »Wir müssen erst rausfinden, wie scharf das hier bewacht ist.«

Das Stapfen eines Postens im Schatten der Mauer verriet

ihnen, daß alles gut bewacht war. Überall standen Posten, kaum fünfzig Meter auseinander. Evans bat den Sergeanten, zu bleiben, wo er war, und sich nicht zu rühren. Er selbst robbte sich Zentimeter um Zentimeter vor, hielt nur einmal inne, um einen faustgroßen Stein in einem Arbeitshandschuh verschwinden zu lassen. Der ahnungslose Posten pfiff ›*Oh, les fraises et les framboises*‹ , aber in der Sekunde, da die Behelfswaffe niederging und der Posten zu pfeifen aufhörte, nahm Homer die Melodie in genau derselben Tonart auf.

Sergeant Frémont war baff vor Bewunderung. »Ist's möglich, daß mich dieser junge Mann doch noch retten kann? Das war schnell geschaltet. Ach, Hydrangea! Schwarz wie diese Nacht...«

In der Zwischenzeit hatte Evans die Stelle des bewußtlosen Postens eingenommen und diesen am Mantelkragen an einen über die Mauer ragenden Ast gehängt.

»Mußt du ewig dieses Erdbeerlied pfeifen?« rief der weiter entfernte Posten ungehalten.

»Dann eben nicht«, sagte Evans mit heiserer Stimme.

»Wir fangen uns noch alle einen Schnupfen«, sagte der Posten. »Diese Wälder sind zugig und feucht.«

Evans kroch langsam zu dem anderen Posten. Fünf Minuten später war auch dieser bewußtlos und hing ebenfalls an einem Ast und zwar so, daß er noch atmen konnte und selbst aus kurzer Entfernung den Eindruck erweckte, aufrecht stehend seiner Pflicht zu genügen.

»Alles klar«, flüsterte Evans Frémont zu. »Jetzt schnell über die Mauer. Vielleicht haben wir nicht mehr viel Zeit.«

Auf Frémonts kräftigen Schultern stehend, konnte Evans das Ende der Mauer erreichen. Die dicken Handschuhe schützten seine Hände vor den aufragenden Glasscherben. Oben angelangt, beugte er sich nieder und zog den Sergeanten hoch. Dann sprangen sie auf der anderen Seite zu Boden.

Ein dumpfes Knurren ertönte, und schon stürzten sich zwei riesige Hunde auf sie, aber Evans wußte mit Hunden umzugehen. Kaum spürten sie seine Hand, als sie auch schon fröhlich mit dem Schwanz wedelten. Er gab ihnen ein Clubsandwich, das sie mit sichtlichem Appetit verspeisten. Es ist ein Irrglaube der französischen Aristokratie, daß Wachhunde immer halbverhungert sein müssen.

Das Haus oder Schloß sah in der Dunkelheit wie eine riesige Kuckucksuhr aus. Ein Fenster an der Rückseite war erleuchtet. Die vorderen und seitlichen Fenster waren mit schweren Vorhängen verhangen. Nachdem sich Evans kurz umgesehen und festgestellt hatte, daß es vier Wachposten gab, zwei am Gartentor und zwei bei der Zufahrt, begab er sich zu einem Geräteschuppen. Während ihm die Hunde mit freundlicher Anteilnahme zusahen, knackte Evans das Schloß, öffnete geräuschlos die Tür und wies ins Innere.

Dem Sergeanten traten die Augen aus den Höhlen, seine Haare sträubten sich. Halbverdeckt von Jutesäcken lagen vier Tretminen nebeneinander. Evans kniete sich nieder und untersuchte den Mechanismus. Er fand einen Schraubenzieher, löste ein paar Schrauben und drehte eine Verschlußkappe ab. Die Mine enthielt genug Trinitrotoluol, um das ganze Anwesen in Schutt und Asche zu legen. Frémont stockte der Atem, als Evans hineingriff, die schreckliche Ladung entfernte und sie in einen Jutesack wickelte.

»Bringen Sie mir Erde oder Sand«, flüsterte er.

Der Sergeant füllte etwas Sand von einem nahegelegenen Sandhaufen in einen leeren Sack, und Evans schüttete die Mine voll. Innerhalb von zehn Minuten waren alle vier Minen entschärft, und der Sprengstoff war zu späterer Verwendung in dem Sandhaufen vergraben.

»Und nun zu Miriam«, sagte Evans leise. »Sie muß in diesem Haus sein.«

»Einbruch ohne amtliche Genehmigung«, jammerte der Sergeant. »Ach, diese Amerikaner!« Doch folgte er ihm bereitwillig.

»Solche Leute machen nie ein Fenster auf«, sagte Evans.

»Wir müssen eine Glasscheibe einschlagen. Schade, daß wir nichts von diesem Fliegenpapier dabeihaben.« Er hatte noch nicht ausgesprochen, als ein fürchterliches Gezeter und Geschrei anhob. Die Wachen hatten ihre bewußtlosen Kollegen entdeckt, die Hunde fingen an zu bellen und tobten zum Gartentor, die Haustür flog auf, und drei maskierte Männer, einer von ihnen auffallend groß und deutlich älter als die anderen, rannten heraus, um zu erfahren, was los war. Alle drei waren bewaffnet.

»Das Grundstück absuchen! Scheinwerfer anschalten!« befahl der Anführer. »Und ruft die Wachposten her, sie müssen etwas gesehen oder gehört haben.«

Evans traf sofort eine Entscheidung. Im Moment war das Haus unbewacht. Er drückte die Scheibe eines seitlichen Fensters ein und hatte wieder einmal Glück. Die Scherben fielen auf einen dicken Aubussonteppich und verursachten fast kein Geräusch. Im Inneren des Hauses machte er die Treppe ausfindig und hastete zwei Stockwerke nach oben. Frémont hielt sich hinter ihm, entsetzt zwar, aber keineswegs unwillig. Er hörte Schritte im Korridor und wußte, daß die oberen Räume bewacht waren. ›Das habe ich mir gedacht‹, sagte er sich. ›Da wird Miriam gefangengehalten.‹ Jetzt gab es nur eins. Er steckte den Schalldämpfer vorsichtig auf seinen Revolver und schlich die Treppe hinauf bis zur obersten Stufe. Der Wachposten stand mit dem Rücken zu ihm. Er zielte haarscharf und drückte ab. Auf Zehenspitzen raste er vor und fing den Körper des Mannes auf, ehe dieser zu Boden fiel. Wie beabsichtigt hatte Evans den Kopf des Wachpostens gestreift, tief genug, um ihn zu betäuben, aber nicht so tief, um ihn zu töten. ›Schließlich‹, dachte er, ›kann ich ja auch Dr. Hyacinthe Toudoux ein wenig Arbeit verschaffen.‹ Der Raum, der so streng bewacht worden war, war verschlossen und verriegelt, und in den Taschen des Postens fanden sich keine Schlüssel. Homer, den Schalldämpfer noch immer auf seinem Revolver, schoß beide Scharniere ab und warf sich in das Zimmer. Zu seiner Überraschung und zu seinem Schrecken fand er nicht Miriam vor, sondern Paty de Pussy, der mit Handschellen auf einen schweren Eichenstuhl gefesselt war.

»Wo ist Miss Leonard?« fragte Evans. »Ich weiß genau, welche Rolle Sie in dieser üblen Angelegenheit gespielt haben. Ich habe die Leinwand, die Palette, den Sensibilisator 489, die Leichen von Heiss und Lourde...«

»Die Leichen?« wiederholte der alte Mann mit matter Stimme und fing am ganzen Körper zu zittern an.

»Sie haben sie nicht getötet. Das weiß ich wohl«, sagte Evans. »Ich will von Ihnen nur wissen, wo Miss Leonard ist. Ich zähle bis zehn, und wenn Sie's mir bis dahin nicht verraten haben, werde ich Sie kopfüber aus diesem Fenster werfen.«

Paty de Pussy richtete sich auf, soweit ihm das möglich war, und blickte Evans direkt in die Augen.

»Ich kenne Miss Leonard nicht und weiß nicht, wo sie ist«, sagte er.

»Wie lange sind Sie schon hier?«

»Ungefähr sechs Stunden, vermute ich.«

»Hatte Sie Haute Costa de Bellevieu angerufen?«

»Sobald ich freikomme, werde ich ihm meine Sekundanten schicken und meine Herausforderung überbringen.«

»Im Morgengrauen im Bois, nehme ich an«, sagte Evans.

»Noch nie ist den Paty de Pussys solche Schmach angetan worden«, sagte der alte Mann.

Im Garten ging alles drunter und drüber. Man kehrte das Unterste zuoberst, doch ohne das geringste Ergebnis. Durch einen Vorhangschlitz behielt Sergeant Frémont den Geräteschuppen im Auge und sah zu seiner Freude, wie der maskierte Anführer in einem unbeobachteten Moment einen Blick reinwarf und sich schleunigst wieder davonmachte. Dann glaubte der Sergeant, im Nebenzimmer ein Geräusch zu hören. Die Tür zu diesem Raum war ebenfalls verschlossen, aber Frémont zersplitterte sie mit seiner Schulter. Evans stand schon neben ihm.

»Miriam«, rief er unwillkürlich. Doch nicht Miriam erblickte er, sondern den Polizeipräfekten, der geknebelt und an Händen und Füßen gefesselt ans Fensterkreuz gekettet war.

Homer entfernte den Knebel aus der Mundhöhle des Präfekten und hielt ihm die kühle Mündung seines Revolvers an die Schläfe.

»Nur eine kleine Auskunft. Wo ist Miriam Leonard? Ich werde ›Liberté, Egalité, Fraternité‹ sagen, während Sie nachdenken, dann drücke ich ab. ›Liberté, Ega...‹ «

»Nicht schießen. Ich sag Ihnen alles, was ich weiß«, sagte der Präfekt. Sergeant Frémont zitterte derart, daß er sogar Paty de Pussy in den Schatten stellte. ›Lebt wohl, Ruhm und Ehre, lebt wohl, ihr Mahlzeiten und Textilien‹, dachte er, während Evans seinen Chef mit dem Revolver stupste.

»Ich kann nichts dafür...«

»Das weiß ich. Wo ist sie?«

»Sie haben mich in einem Auto hergebracht und sind zurückgefahren, um sie zu schnappen«, sagte der Präfekt.

»Dann wird sie also gleich hier sein.«

»In der nächsten halben Stunde, oder sagen wir, so in einer halben bis dreiviertel Stunde, falls sie keinen Platten haben«, sagte der Präfekt.

»Los!« rief Evans und ließ den greisen Maler, den Präfekten und den bewußtlosen Wachposten gleichgültig zurück.

25. Kapitel

EINE WAGENLADUNG TRETMINEN

Aurora, die rosenfingerige Morgenröte, liebkoste das Dach des Rendez-vous des Imprévoyants, die Wälder der Umgebung, die obersten Spiere der *Presque Sans Souci*, die fernen Windungen der Seine, grüßte dann Hjalmars wachsames Auge und bestand großartig den Vergleich zu den berühmten Morgenröten historischer Epochen. Die Farben waren erst gedämpft, später ein wenig aufdringlich, um dann geschmackvoller Bescheidenheit zu weichen, als sei es ihnen darum zu tun, die enthaltsame Bürgerschaft, die ihrer Arbeit nachzugehen hatte, nicht zu verwirren. Erwähnung verdient noch die akustische Kulisse, da die Vögel, angespornt durch die Lautstärke und Kakophonie des Gefangenenchors der verflossenen Nacht, loslegten, was das Zeug hielt, und sich gegenseitig zu überbieten trachteten.

»Haltet den Schnabel, ihr gefiederten Scheißdinger«, brüllte Hjalmar, ehe er die anderen zu wecken versuchte. »Ich weiß nicht, ob ihr für oder gegen uns seid.«

Im vorderen Teil des Schiffes rührte sich nichts. Der Leichnam lehnte gegen eine Kiste mit Pfirsichkonserven, und die Gefangenen schnarchten und fluchten in ihrem trunkenen Schlaf.

Die *Presque Sans Souci* verfügte über einen Motor, der zwar leicht angerostet und nicht allzu kraftvoll war, aber immerhin gut genug, um stromabwärts seine Dienste zu leisten. Mit dem fahruntüchtigen Schlepper und der Barkasse im Schlepptau, illustrierte sie jenen Albumspruch, der schon manchen ermutigt hatte:

Schiffe ruhig weiter,
Wenn der Mast auch bricht,
Gott, dein Begleiter,
Verläßt dich nicht.

Gegen Mittag hatte Mme Sosthène derart viel Geld in ihren Kübeln hinter der Bar, daß ihr leichtlebiger Ehemann dafür plädierte, in den Ruhestand zu treten und den kleinen Bauernhof zu kaufen, an dem sie gerade vorbeifuhren. Madame bestand jedoch darauf, die Reise bis zum Ende durchzustehen, wegen der Mitgift für Gaby.

Im fernen Charenton rasten Homer Evans und Sergeant Frémont die Treppe eines verhängnisvollen Hauses im Wald hinab, eilten über einen Aubussonteppich und durch ein zerbrochenes Fenster. Der Gefahr ausgesetzt, von den maskierten Männern entdeckt zu werden, rannten sie zur hinteren Mauer, die sie, dank ihrer festen Handschuhe, unverletzt überwinden konnten.

»Wir müssen das Auto in sicherer Entfernung von hier abfangen«, sagte Evans. In Sekundenschnelle entwarf Homer einen Plan. Als sie sich dem Anwesen genähert hatten, waren sie erst mal einen langen, einsamen Waldweg entlanggefahren, ehe sie in die Privatzufahrt hatten einbiegen können. Homer wußte freilich noch, daß sie zwischen Bäumen hinter einer scharfen Kurve geparkt hatten. Sie sprangen ins Auto und waren gerade wieder auf der Straße, als sie ein fernes Motorengeräusch vernahmen, das sich allem Anschein nach der Privatzufahrt näherte. Gottlob hatte Evans' geübtes Ohr sogleich vernommen, daß es sich um einen Lastwagen handelte, sonst hätte er falsche Schlüsse gezogen. Freilich ist nicht auszuschließen, dachte er, daß die Verschwörer Miriam in eine Kiste gepackt hatten und sie in einem Lastwagen herbrachten. Wahrscheinlicher jedoch war, daß der Laster für den Transport der inzwischen unschädlichen Minen gedacht war. Rasch teilte er seine Gedanken Sergeant Frémont mit.

»Was mir Sorge bereitet«, sagte Frémont, »ist, daß der Lastwagen uns den Weg blockiert. Wir müssen rückwärts wieder von der Straße runter.«

Das taten sie auch und waren unsichtbar, als der riesige Laster an ihnen vorbeifuhr. Nachdem dieser in die Zufahrt eingebogen war, machten sie sich wieder auf. Sie erreichten die Kurve, versteckten den Sportwagen, nahmen ihre Revolver zur Hand, setzten sich aufs Trittbrett und warteten. Sie hörten aber nicht das Surren eines Motors, wie sie gehofft hatten, sondern wurden durch Schrittgeräusche aufgeschreckt. Sie legten sich bäuchlings auf den feuchten Grund, Zeigefinger am Abzug. Wenig später hätte Evans um ein Haar losgeprustet – müde, zerlumpt und elend trottete Melchisedek Knockwoode die Straße entlang. Er war am Ende seiner Kräfte, sein Gesicht ein Bild des Jammers.

Da Evans klar war, daß der verängstigte Chauffeur beim geringsten Geräusch abhauen würde, ließ er ihn vorbeiziehen, um sich dann hinter ihn zu schleichen und ihn am Gürtel zu packen.

»Melchisedek«, sagte er.

Melchisedek nahm die Farbe halbgarer Leber an. Schaum trat ihm auf die Lippen, seine Gliedmaßen schlotterten. Als er dann noch den Sergeanten sah, sackte er zusammen und mußte mit Brandy und den letzten Sandwiches wiederbelebt werden. Nur langsam kapierte er, daß er unter Freunden war, daß man ihm seine Sünden vergeben hatte; ja, daß man sogar bereit war, ihm mehrere Gefallen zu erweisen. Frémont, der wieder an Hydrangea denken mußte, bot ihm an, ihn zu seinem Dienstchauffeur zu machen. Evans versprach ihm eine komplette britische Offiziersausstattung mit Orden und Offiziersstöckchen, was sich an seinen freien Tagen auf den Boulevards äußerst adrett ausnehmen würde. Melchisedek war alles andere als ein Feigling, das hatte er zur Genüge in der Argonne und den verrufensten Spelunken von Memphis und Brest bewiesen. Eine nachgerade atavistische Angst vor der Amtsgewalt, eine alttestamentarische Ehrfurcht vor dem Gesetz und Narkotika hatten ihn aus Paris und seinem Taxi getrieben. So recht erwachten seine Lebensgeister aber erst, als er erfuhr, daß Hydrangea unterwegs nach Paris war, da er nach Neuigkeiten aus Harlem und dem Anblick einer schönen schwarzen Amerikanerin gierte.

Sobald sich Melchisedek beruhigt hatte, erzählte ihm Evans kurz, daß Miss Leonard entführt worden war und in ein einsam gelegenes Schloß gebracht würde und zwar in einem Auto, das jeden Moment vorbeifahren würde. Man verständigte sich darauf, daß Melchisedek den Sportwagen des Sergeanten in das Versteck bei der Kurve fahren sollte, um das herannahende Auto an einer möglichst unübersichtlichen Stelle zum Halten zu zwingen. Frémont und Evans würden dann plötzlich von beiden Seiten der Straße auftauchen, die Kidnapper überwältigen und alles weitere erledigen, wenn möglich ohne jeden Schußwechsel.

»Da kommen sie«, sagte Evans, als sie ein Motorengeräusch vernahmen. Jeder begab sich auf seinen Platz. Die Limousine der Kidnapper war nicht gerade das jüngste Modell. ›Herr im Himmel‹, dachte Evans, ›das Ding wiegt ja mindestens vier Tonnen. Wenn... ‹

Die wuchtige Limousine raste dahin, was das Zeug hielt, mit einer Triebkraft jedenfalls, der die Bremsen nicht gewachsen waren, weswegen sie geradewegs in Frémonts Wagen rauschte. Melchisedek fegte es in einem Scherbenhagel von seinem Sitz, und er wäre durch die Windschutzscheibe geflogen, hätte er sich nicht instinktiv ans Steuerrad geklammert. Die Straße war blockiert, und eine Sekunde später war Frémont auf dem Trittbrett und hielt den Fahrer in Schach, während Evans von der anderen Seite herbeistürmte und die Tür aufriß.

Hinten im Auto waren zwei Männer, und zwischen ihnen saß Miriam.

»Hände hoch!« befahl Evans. Sie gehorchten, und er

schnauzte Miriam an: »Sie haben mir den größten Schrecken meines Lebens eingejagt.«

Vom langen Sitzen war sie etwas verkrampft, doch sie war unverletzt und stieg erleichtert aus der Limousine.

»Ich wußte, daß Sie mich finden würden«, sagte sie. »Ich hoffe nur, daß Sie das nicht von wichtigeren Aufgaben abgehalten hat.«

»Gehen Sie zu dem Autowrack des Sergeanten und sehen Sie nach, ob der farbige Mann am Steuer verletzt ist, und nehmen Sie sich einen Revolver. Unter dem Kissen auf dem Fahrersitz liegt einer, und geladen ist er auch. Dann kommen Sie zurück. Wir dürfen nichts riskieren«, sagte Evans. »Und machen Sie sich keine Sorgen, was den Fall betrifft. Ich freue mich, daß Sie bei der endgültigen Lösung dabei sind, sie steht kurz bevor.«

Frémont hielt noch immer den Chauffeur in Schach, aber der Lastwagen bereitete ihm Angst. Der würde bald vollgeladen sein und zurückkommen. Er hatte zwar zugesehen, wie Evans den Sprengstoff entfernt hatte, dennoch machte ihn der Gedanke an eine Kollision in der Kurve ziemlich nervös. Er sorgte sich auch um Melchisedek, denn falls dieser den ersten Zusammenstoß überlebt haben sollte, war das noch keine Garantie, daß er den Aufprall eines mit Tellerminen beladenen Lastwagens so ohne weiteres überstehen würde.

In Windeseile hatte Miriam den bewußtlosen Schwarzen aus dem Wagen gezogen, das Blut gestillt, das von einer Schnittwunde auf seiner Backe herrührte und ihn auf einen schattigen Platz nahe der Straße gebettet. Sie fand den Revolver, nahm ihn an sich und kehrte zu Evans zurück.

»Schön, daß Sie mir wieder helfen können. Ohne Sie war ich wirklich aufgeschmissen«, sagte er, sich seiner barschen Begrüßung schämend.

»Für solch schöne Worte ließ ich mich gerne zweimal täglich entführen«, murmelte sie, und die Entführer, Franzosen durch und durch, lächelten versonnen, ihre Hände noch immer erhoben.

»Der Laster, *nom de Dieu*. Der Laster«, rief Sergeant Frémont von seinem gegenüberliegenden Trittbrett aus. »Ich höre ihn kommen.«

»Schnell«, sagte Evans. »Zwingen Sie den Chauffeur auszusteigen und begeben Sie sich mit ihm ins Gehölz. Miriam, gehen Sie mit und fesseln Sie ihn.« Zu den beiden auf dem Rücksitz sagte er: »Steigen Sie auf dieser Seite aus, schön nacheinander, und gehen Sie geradewegs zu diesen Birken da drüben. Eine falsche Bewegung, und ich schieße.«

Alle gehorchten, es war auch höchste Zeit. Schon ertönte das Tuckern eines schweren Lastwagens, gefolgt von quietschenden Bremsen und lautem Gefluche, dann krachte der Laster in die beiden leeren Autos und schob die Reste des Sportwagens in die Limousine. Wieder einmal zeigte sich Miriam ihrer Aufgabe voll gewachsen. Sie schlenderte lässig auf die Straße, wo der unwirsche Lastwagenfahrer auf und ab ging.

»Guten Morgen«, sagte sie. »Machen Sie sich nichts draus, Monsieur. Mein Wagen war sowieso im Eimer.«

»Ich habe den verdammten Idioten im Schloß gesagt, daß sie einen Wagen vor mir her fahren lassen sollen«, sagte er. »Diese Kerle tun glatt so, als würde ich Gummischuhe transportieren.«

»Und was transportieren Sie?« fragte Evans, der aus dem Dickicht trat und dem Fahrer seine Papiere zeigte.

»Ich wußte, daß an dem Job etwas faul ist«, sagte der Fahrer. »Einer der Typen vom Schloß fragte mich, ob ich einen Transport übernehmen würde, sagte, der Graf sei ein Sprengstoffexperte, habe irgendwas mit unserer verdammten Landesverteidigung zu tun. Wenn schon so dahergeredet wird, ist meistens was faul an der Sache.«

Evans stellte ihm Sergeant Frémont vor, der Miriams Anweisungen folgend, den Chauffeur im sogenannten Deadwood-Stil gefesselt hatte. Jacques Goujon, der Fahrer, war über so viel Sachverstand baß erstaunt.

»Wie gefiele Ihnen der Gedanke, wenn Männer wie der Graf die Führung dieses Landes übernehmen würden?« fragte Evans.

»Dann könnt ich's gleich den Scheißportugiesen schenken«, sagte Jacques.

Evans erklärte ihm kurzerhand, daß die Regierung bis zum Abschluß des Falles ihm das Doppelte für seine Zeit und Ladung zu zahlen bereit sei.

»Kann ich bei den anderen Trotteln ebenfalls Geld eintreiben?« fragte er.

»Wenn Sie können«, sagte Evans und lächelte.

26. Kapitel

VOM GERUCH DER HEILIGEN UND SÜNDER

Die Sonne, edle Spenderin von Licht und Wärme, hatte noch kaum ihre ersten Strahlen in den jungen Tag gesandt, als Jacques Goujon, mittlerweile Sonderbeauftragter der Pariser Polizei, für Evans und den Sergeanten Jutesäcke auf die Ladeklappe seines Lasters breitete und auf dem Fahrersitz Platz für Miriam machte, die bis an die Zähne bewaffnet war. Den gefesselten Gefangenen wurde Melchisedek zur Bewachung zugesellt, nachdem dieser Evans das Versprechen abgerungen hatte, von dieser Pflicht entbunden zu werden, noch ehe die Hirsche *(Cervus elaphus)* zur abendlichen Tränke schreiten. Dabei waren es nicht die Hirsche, die ihn entnervten, sondern die Schreieulen *(Strigidae scops)*. Eigenen Angaben zufolge hatte er in der vergangenen Nacht genug Schreieulen gehört, um seinen diesbezüglichen Bedarf bis zum Ende seiner irdischen Wege zu decken.

Die Tretminen, die mit Heu und einer Plane zugedeckt worden waren, sollten bei einem Schuppen am Flußufer etwa zwei Meilen flußaufwärts von Charenton abgeliefert werden. Während der letzten Kriege war dieser Schuppen als Behelfslager für besonders gefährlichen Sprengstoff verwendet worden.

»Vermutlich ist Ihnen an dem Heu, auf dem wir sitzen, nichts Besonderes aufgefallen«, sagte Evans, als sie die Straße entlangholperten.

Wahrheitsgemäß konnte der Sergeant diese Vermutung bestätigen. Das Geholper alleine hatte seine Gedanken genügend beansprucht. Schon richtig, er hatte gesehen, wie

Evans TNT den fürchterlichen Dingern entnommen hatte, aber wußte freilich nicht, ob Evans nicht ein, zwei Kilo von dem Zeug übersehen hatte.

»Ich bin kein Naturbursche, ich bin ein Großstadtmensch«, sagte der Sergeant. »Ich erinnere mich allerdings, daß Hydrangea Wiesen erwähnt hat – oder waren es Baumwollfelder? Ihr habt so viele Feldfrüchte in Nordamerika.«

»Es handelt sich gottlob nicht um Luzerne *(Medicago sativa),* da Luzerne hierzulande recht häufig vorkommt. Was ich in Händen halte, ist Timotheusgras *(Phleum pratense)* und zwar Timotheusgras bester Qualität«, sagte Evans.

»Für mich ist das alles ein und dasselbe«, sagte der Sergeant. Seine Gedanken schweiften von dem TNT zu seinem Präfekten, den er verschnürt wie ein Kaninchen auf einem seltsamen Aubussonteppich zurückgelassen hatte.

»Es wird nicht mehr ein und dasselbe sein, wenn Sie es dem Gericht vorlegen«, sagte Evans.

»Wenn ich es dem Gericht vorlege, gerate ich möglicherweise an einen Richter, der Heuschnupfen hat und dann glaubt, ich hätte es absichtlich mitgebracht.«

»Im Ernst«, sagte Evans, »das ist äußerst wichtig. Es fügt sich, mein Freund, daß das Timotheusgras hier genau dem entspricht, das ich in Tom Jacksons Hosenaufschlag gesehen habe. Er war gerade von Bord der *Presque Sans Souci* gekommen.«

Der Sergeant verstand so schnell, daß er beinahe von der Ladeklappe gefallen wäre. »Ach so! Wir müssen nur die Wiese finden.«

»Wir haben sie heute morgen überquert, ehe ich den ersten Wachposten bewegungsunfähig gemacht habe«, sagte Evans.

»Wir haben auch meinen Präfekten bewegungsunfähig hinterlassen. Vergessen Sie das bitte nicht«, sagte Frémont. »Ich werde Schwierigkeiten haben, das zu erklären.«

»Die Steinchen fügen sich zu einem Mosaik, es wird auch

höchste Zeit«, sagte Evans. »Der Präfekt wird dahin kommen, wo er hingehört.«

»Und ich werde mindestens auf die Teufelsinsel kommen«, murmelte Frémont. »Hydrangea, folgst du mir nach Guinea, um zwischen Schlangen, Korsen und Schmetterlingen zu leben?«

»In diesem Moment«, sagte Evans zur Sonne blickend, »ist Miss Waite nur noch sechzehnhundert und vier Zehntel Meilen entfernt.«

»O Fluch der Entfernung!« seufzte Frémont.

Der Lastwagen war in eine ausgefahrene, einsame Straße gebogen, zweihundert Meter von der Seine entfernt. Die Gegend war dünn bewaldet und von Kühen und anderen Nutztieren ein wenig verunreinigt worden.

»Jetzt vorsichtig sein«, sagte Miriam, als sie ausstiegen. Nur Jacques Goujon blieb auf seinem Sitz.

»So, und jetzt?« fragte er. »Ein paar Kerle sollten mich im Schuppen treffen und diese Knallfrösche ausladen. Werd den Teufel tun und das alleine machen.«

»Gehen Sie zu dem Schuppen, aber langsam. Beschweren Sie sich später über die schlechte Straße und die Explosionsgefahr. Oder wissen diese Männer nichts von dem TNT?«

»Die sind vom Schloß«, sagte Jacques, »und wissen Bescheid.«

»Und jetzt«, sagte Evans, nachdem sich Jacques auf den Weg gemacht hatte, »ein kleiner Ausflug zur Grapes Filmgesellschaft. Die haben ein Atelier hier in der Nähe, und ich möchte meinen alten Freund, den Direktor, gerne mal wiedersehen.«

»Ausgezeichnet«, stöhnte der Sergeant. »Mitten in einem Fall sich ein Stündchen Zeit nehmen, um ins Kino zu gehen.«

»Nicht so schnell. Wir brauchen Beweise. Das Recht in Frankreich fußt auf dem griechischen und römischen und wird nicht so selbstherrlich gehandhabt wie bei uns im Wilden Westen.«

»Ist das denn immer noch nicht klar?« sagte der Sergeant verzweifelt. »Beweise werden nicht nur in Frankreich, sondern auch in Rom, Griechenland, Tyros, Sidon und auch in China nicht gegen hohe Tiere ins Feld geführt, sondern nur gegen kleine Fische, von denen Sie so verächtlich sprechen. Bei dem wunderbaren Fischzug gingen keine Marline oder Schwertfische ins Netz, sondern lediglich kleine Fische, deren jeder, für sich genommen, völlig unbedeutend ist.«

»Ich werde Sie nicht mit einem Film erfreuen, sondern nur eine Filmkamera und den Sportwagen des Direktors ausleihen«, sagte Evans.

Als das erledigt war, begaben sie sich rasch auf einen Hügel, der einen Ausblick auf den Schuppen und den Fluß gewährte. Dort installierte Evans die Kamera, tarnte sie mit belaubten Zweigen und winkte Goujon zu, der auf der anderen Seite des Flusses auf sie wartete. Sie rannten zu ihm und gingen mit ihm in seine Ferienpension, um eine üppige Mahlzeit einzunehmen. Es wurden eingelegte gepökelte Pilze aufgefahren, frische junge Zwiebeln, Bohnen, Karotten und Pastinake, ein frischer Flußfisch und ein Hähnchen, das vor und nach seinem Ableben liebevoll behandelt worden war.

»Stimmt es eigentlich, daß in Amerika gewisse Detektive, die es besser wissen sollten, ihren Magen in Flaschenbier ertränken?« fragte der Sergeant.

»Jedes Mittel ist recht, wenn es darum geht, die Öffentlichkeit zu beschützen«, antwortete Homer.

Miriam war nicht gerade nervös, doch von Zeit zu Zeit bereitete ihr der Fall ein wenig Kopfzerbrechen. Evans bemerkte ihre innere Unruhe und schmunzelte.

»Die *Presque Sans Souci* mit Kapitän Gonzo am Steuer wird die Gefahrenzone nicht vor vier bis sechs Uhr erreichen«, begann er.

»Könnten Sie den Zeitpunkt vielleicht etwas genauer angeben?« fragte der Sergeant aus alter Gewohnheit.

»Na gut. Sagen wir, zwischen fünf und Viertel nach fünf. In der Zwischenzeit wird man die Minen legen.«

»Du lieber Himmel! Auf dem Fluß sind noch andere Schiffe außer der *Presque Sans Souci*. Glauben Sie...?« keuchte der Sergeant.

»Keinem Kahnführer wird auch nur ein Haar gekrümmt werden, noch wird eine Muschel am lecken Boden eines Ruderboots zu Schaden kommen«, sagte Evans. »Das heißt, wenn wir Vorsicht walten lassen. Man wird diese Minen nicht aufs Geratewohl ausstreuen. Man muß sich also etwas ausdenken, daß nur der fragliche Kahn und kein anderer mit den tödlichen Dingern in Berührung kommt. Nun, wie macht man das? Ich beabsichtige, das nicht nur herauszufinden, sondern dieses Ereignis auch im Bild festzuhalten. Ich nehme an, daß ihr mich dabei alle begleiten wollt.«

Doch ehe sie sich aufmachten, rief Evans den Sohn der Wirtin herbei. Er konnte gut mit Kindern umgehen, und anstatt den Buben ›Bobo‹ oder ›Kleiner Dummkopf‹ zu nennen, sprach er ihn mit seinem richtigen Namen an, Jean-Baptiste. Zur Verwunderung des Lastwagenfahrers gehorchte der Junge und kam ein paar Minuten später japsend mit der neuesten Nummer der Lokalzeitung zurück, dem Charenton ›En-tout-cas‹. Evans blätterte die Zeitung durch und sagte dem Sergeanten:

»Wir dürfen den Kopf der Bande nicht unterschätzen. Er ist teuflisch gescheit. Brillant, aber unsozial. Da, sehen Sie! Er hat sämtliche Mitglieder der *Société des Artistes Français* für heute abend zu einer Gesellschaft im Schloß eingeladen. Großartiges Alibi!«

»Vor Gericht«, stöhnte der Sergeant, »werde ich mit einem Büschel Heu und ein paar ausländischen Exzentrikern erscheinen, um mit achtzig der vornehmsten und höchstdekorierten Männer und Gelehrten Frankreichs konfrontiert zu werden.«

»Kopf hoch!« sagte Evans. »Wir werden Sie mit jeder Menge Beweismaterial ausstatten. Heute nachmittag filmen wir, wie sie die Minen legen, heute abend beobachten wir das Schloß. Die *Presque Sans Souci* wird die Gefahrenzone ungefähr um fünf Uhr morgen früh erreichen. Dann fahren wir nach Paris, und unterwegs werde ich die restlichen Geheimnisse lüften.«

»Dem Herrn sei's gepriesen«, sagte Frémont. »Aber wie möchten Sie Gonzo eigentlich warnen? Können Sie mir das verraten?«

»Mit Vergnügen«, sagte Evans. »Gonzo, oder Jansen, ist ein Mann, der sich zu helfen weiß. Er hat einen kostbaren Leichnam an Bord, einen gewissen Eloi le Mec, der vor einiger Zeit verschied. Nun heißt es von Heiligen, daß sie nach ihrem Tod von körperlichem Zerfall und dessen Begleitumständen verschont blieben. Eloi le Mec kann man schwerlich in die illustre Schar der Heiligen einreihen, da er von seltener Niedertracht war. Wenn an der Theorie also was dran sein sollte und sie auch reziprok stimmt, würden wir Eloi schon jetzt hier in Charenton riechen. Was wird Gonzo also tun, damit niemand Verdacht schöpft und seine Begleiter nicht unmäßig leiden müssen?«

»Weiter. Ich warte«, sagte der Sergeant.

»An der Stelle, an der er so zur Mittagszeit vorbeikommen wird, ist eine Eisfabrik...«

»Gonzo wird kurz beidrehen, einen Haufen Eis erstehen, Eloi in den Laderaum verfrachten und mit Eis und Heu zudecken«, sagte Evans. »Vom Atelier der Grapes Filmgesellschaft aus habe ich ihm ein Telegramm zu der Eisfabrik geschickt. Wir werden später dort kurz vorbeischauen, um seine Antwort in Empfang zu nehmen.«

27. Kapitel

EIN KINDERHERZ

Miriam hatte sich in den Fluten kurz abgekühlt und kam sichtlich erfrischt zurück. Als sie sah, wie niedergeschlagen der Sergeant war, ging sie zu ihm und legte ihm die Hand auf die Stirn.

»Nur Mut, Sergeant!« sagte sie. »Morgen sind wir wieder in Paris.«

Frémont zuckte zusammen. »Wahrscheinlich wäre es das beste, wenn ich gleich nach Estland ginge. Wer da mal ist, wird nicht mehr ausgeliefert«, sagte er und erhob sich zögernd. Goujon streckte sich und wandte sich der Madame zu.

»Zwischen sieben und zehn nach sieben wollen wir wieder was spachteln«, sagte er. »Also ran an die Töpfe!«

Gehorsam ging sie raus, obgleich ihr kluger, kleiner Sohn ihr geraten hatte, diesen Hornochsen zum Teufel zu jagen. Dann gab es ein wenig Trubel, da der Knirps unbedingt Evans begleiten wollte. Er hatte mitgekriegt, daß ein Abenteuer im Schwange war. Goujon war dafür, Klein Bobo in den alten Brunnen im Garten zu werfen. Frémont hing der in Europa weitverbreiteten Ansicht an, daß Kinder erst dann ohne Begleitung eines Kindermädchens oder weiblicher Verwandter ausgehen dürfen, wenn sie ihr Universitätsstudium abgeschlossen haben. Doch Miriam hatte an dem kleinen Kerl einen Narren gefressen, weswegen Evans schließlich nachgab und sagte: »Warum auch nicht?«

Sie machten sich auf den Weg, Miriam und Jean-Baptiste in dem Sportwagen und Goujon und Sergeant Frémont in dem Lastwagen hinterher. Am Fluß oben fanden sie, wie ihnen Evans gesagt hatte, einen Fährdienst, der allerdings nur über ein etwas bedenkliches Floß verfügte. Es brachte sie immerhin sicher ans andere Ufer, und der Fährmann versprach ihnen gegen ein großzügiges Entgelt, bis zur Rückkehr der Passagiere auf die Fahrzeuge aufzupassen. Während sie durch den Wald gingen, erklärte Evans dem Jungen, daß er als guter Detektiv ganz ruhig sein müsse und keinesfalls auffallen dürfe.

»Wie alt muß ich werden, bis ich diesem Kerl eins auf die Rübe hauen kann, der uns die Butter vom Brot wegfrißt?« fragte das Kind.

»Zwischen achtzehn und vierundzwanzig würde ich sagen«, lautete Evans' Antwort.

»Ach, Mensch! Geht's nicht schon früher?« fragte der Junge.

Sie hatten den Hügel erreicht, der einen Ausblick gewährte, der sich allerdings nicht viel verändert hatte, sah man von längergewordenen Schatten ab und einer leichten Neuverteilung der Nutztiere auf den Weiden. Evans überprüfte die Kamera und ließ sich dann hinter einem Gebüsch nieder.

»Darf man hier rauchen?« fragte Jacques.

»Ruhe jetzt, kein Wort mehr!« flüsterte Evans. Er hatte durch die Zweige, auf der anderen Seite des Flusses, genau gegenüber von dem Schuppen gesehen, daß sich etwas bewegte. Drei Männer in neuen Overalls kämpften mit einer Winde, um die ein kräftiges Kabel gewickelt war. Ein Boot fuhr in rascher Fahrt um die Flußbiegung und zog ein Floß, auf das gerade das Kabel geladen worden war, zu dem Schuppen, wo, für die Kamera unsichtbar, die Minen mit dem Kabel verbunden wurden, um wieder auf das Floß gebracht und, mit der Plane bedeckt, ins Wasser gelassen zu werden. Homer war eher damit beschäftigt, all diese Vorgänge photographisch festzuhalten, als sie nur mit bloßem Auge zu verfolgen.

»Neue Overalls«, sagte er. »Sieht diesen Aristokraten ähnlich, immer etwas danebenzuhauen, wenn es sich mal um echte Arbeit handelt. Neue Overalls, gestärkt und blitzsauber um drei Uhr nachmittags.«

Nachdem mit den Minen alles erledigt war, und die Pseudoarbeiter die Szenerie verlassen hatten, schickte Evans den Sergeanten und Jacques Goujon zum Lastwagen zurück, während er selbst und Miriam mit dem kleinen Bobo sich zu der Filmgesellschaft aufmachten. Homer hielt die Kamera mit ihrem wertvollen Inhalt unterm Arm, und der Junge schleppte mit Vergnügen das Stativ.

»Wollen Sie Mademoiselle nicht erlauben, wenigstens eingemal zu schießen? Ich habe noch nie ein Gewehr losgehen gesehen, außer im Kino«, bettelte das Kind. Evans nahm schmunzelnd den Schalldämpfer und steckte ihn auf Miriams Revolver.

»Was soll ich für dich schießen?« fragte Miriam von dem Eifer des Jungen berührt.

»Den Typen, der uns die ganze Zeit durchs Gebüsch beobachtet, da neben der alten, braunen Kuh«, sagte Bobo, und schon pfiffen kurz hintereinander zwei Kugeln durch die Luft. Zwischen den beiden Schüssen jedoch warf Miriam einen Blick auf Evans, der sie, den Jungen und die Kamera in eine Vertiefung im Gras gestoßen hatte.

»Schieß!« rief Homer. Miriam schoß.

»Klasse, einfach Klasse, Mademoiselle«, freute sich Bobo. »Sie haben ihn erwischt! Klasse! Sie haben ihn erwischt!«

»Wartet hier«, sagte Evans und rannte zu dem Busch neben der alten, braunen Kuh, die sich während dieser dramatischen Szene in philosophischer Abgeklärtheit nicht beim Wiederkäuen hatte stören lassen. Auf den Boden hingestreckt, lag der Körper eines jungen, schlanken Mannes, in dessen leblosen Händen zwei umgearbeitete Duellpistolen lagen. In seiner Stirn war ein unwahrscheinlich kleines, rundes Loch, aus dem ein Tropfen Blut sickerte.

»Identisch mit dem Schuß auf Whistlers Tante«, murmelte Homer. »Sie muß einfach aufschneiden, ist halt jung. Aber wer ist der junge Bursche, der ein so frühes Ende fand, und der so liederlich mit meiner Kleidung umgegangen ist?« Er hatte nämlich bemerkt, daß der zweite Schuß so sorgfältig durch den Ärmel seines Kammgarnjacketts und sein Hemd aus japanischer Seide gedrungen war, als wären es nicht die Pistolen sondern eine Nagelschere gewesen. Er kniete sich nieder und durchsuchte die Taschen des Jünglings, fand aber keinerlei Papiere. Das war allerdings äußerst beunruhigend. Offenkundig entstammte der Leichnam einer erstklassigen Familie, und wenn sich die Kunde von der Schießerei vor fünf Uhr fünfzehn in der Früh verbreitete, könnte das Evans' ausgeklügelten Plan durchkreuzen. Er bedeckte den Körper rasch mit jungen Erlenzweigen, ging zurück zu Miriam und dem Jungen und trieb zur Eile an.

»Darf ich nicht einen ganz kurzen Blick auf den Leichnam werfen? Mademoiselle sagt, sie habe ihn genau in die Mitte der Stirn getroffen, und wir haben gewettet, daß sie's nicht geschafft hat«, sagte Jean-Baptiste. »Mensch, so was Tolles hab ich noch nie erlebt. Wenn's bloß den Lastwagenfahrer erwischt hätte! Aber ich kann halt nicht alles haben.«

»Schau meinetwegen schnell nach, aber deck ihn wieder zu. Sein Kopf liegt in Richtung Rückseite der Kuh. Trödel nicht zu lange da rum, sonst wird noch jemand auf dich aufmerksam«, sagte Evans.

Wie der Blitz stob der Junge davon und holte Miriam, die bereits vorausgegangen war, schon wenig später wieder ein.

»Verdammt, Sie haben gewonnen«, sagte er und reichte ihr ohne zu zögern eine verdreckte 25-Centimes-Münze.

»Nehmen Sie's«, flüsterte Evans, »sonst ist er beleidigt.«

»Wie gut Sie doch Kinderherzen kennen«, sagte sie und seufzte.

28. Kapitel

DER FILM RETTET DIE LAGE

Von dem Schloß bei Charenton aus gesehen, befand sich der nächste Hirsch gut sechzig Kilometer Luftlinie entfernt, und zwar nahe der Peripherie von Rambouillet. Stolz reckte er sein prächtiges Geweih und blickte gen Westen, um pünktlich am Teich zu sein, wenn der Hirsche Stunde zum Trinken schlug. Der Mangel an ausgiebig trinkenden Hirschen beim Schloß wurde durch unzählige *Artistes Français* mehr als ausgeglichen, die im großen und ganzen die gleiche Absicht hegten. Das Fassungsvermögen eines siebzigjährigen Malers variiert von Fall zu Fall und reicht von einem Fingerhut voll verdünnten Rotweins bis zu erstaunlichen Mengen verschiedenster Alkoholika. Die rustikale Partybar hielt für jeden etwas bereit, je nach Trinkfestigkeit. Ehe wir uns aber den Festlichkeiten in dem gräflichen Park zuwenden, sei noch versichert, daß Evans das Melchisedek gegebene Versprechen durchaus erfüllte.

Eine gute halbe Stunde ehe selbst der ungeduldigste Chronist von Abenddämmerung hätte sprechen können, erreichten der Sport- und der Lastwagen in ebendieser Reihenfolge den Birkenhain, wo die drei gefesselten Kidnapper die biblische Mahnung mißachteten, nicht wider den Stachel zu löcken.

Die beiden arroganten Männer auf dem Rücksitz verlangten noch immer, zu einem Telephon gebracht zu werden, von wo aus die ganze Angelegenheit ins reine gebracht werden könnte. Statt dessen ließ Evans sie in den Laster schaffen, mit Zweigen und Blättern bedecken und zu

Madames Ferienpension transportieren. Dort versenkte sie Goujon vorsichtig in dem alten Brunnenschacht, in dem sie zwar aufrecht stehen, aber aus dem sie unmöglich ohne fremde Hilfe entkommen konnten. Überdies war Goujon angewiesen worden, ein Stück Wellblech, das die Amerikanische Armee 1917 hinterlassen hatte, auf den Brunnen zu legen, damit eventuelle Hilferufe der Gefangenen nicht nach außen dringen konnten.

Inzwischen war in Grapes Filmgesellschaft Hjalmars Telegramm von aphoristischer Kürze eingetroffen:

ANKOMME FÜNFUHRFÜNFZEHN
NÜCHTERN

Der Film von dem Vorgang des Minenlegens wurde von einem Laboranten entwickelt, der Evans einen Gefallen schuldig und schon deswegen bestrebt war, sein Bestes zu geben. Er hatte jeweils drei Kopien zu machen, einmal für den Justizminister, dann für den Botschafter und einmal für Evans selbst.

»Sagen Sie mal«, schnatterte Jean-Baptiste los, der nicht von Evans' Seite wegzubringen war, »hat die Totenstarre bei dem Kerl, den wir heute nachmittag umgelegt haben, schon eingesetzt?«

Der Sergeant zuckte zusammen und packte Bobo am Ohr.

»Was für'n Kerl? Ich weiß nichts von einem Mann, der umgelegt worden sein soll«, sagte er.

»Tut mir leid. Hab ich glatt vergessen«, sagte Evans und erzählte in wenigen Worten von dem Zwischenfall auf der Kuhweide.

»War wohl kaum der Rede wert«, sagte der Sergeant sarkastisch. »Ich hab bereits genug zu erklären, da kommt's darauf auch nicht mehr an. Vermutlich gehört die Stirn, die Mademoiselle Montana so zielsicher durchbohrt hat, ja bloß einem Staatssekretär oder dem Sohn eines Ministers. Aber macht nichts. Schon gut. Keine Mitteilung an die örtliche

Polizei, keine gerichtsmedizinische Untersuchung, kein Protokoll. Alles in Ordnung.«

Auf den Parkanlagen des Schlosses entfaltete sich das Fest. Gäste vorzüglichen Aussehens spielten Krocket oder saßen in stillen Winkeln auf geschmackvoll gemeißelten Steinbänken. Unter den *Artistes Français* gab es zwei Schulen – die eine fürchtete wie die Pest die kühle Abendluft und trug Halstücher, die andere hielt Landluft zu jeder Tageszeit für gesundheitsfördernd. Das Schloß strotzte vor Gemälden, der Park vor Plastiken, doch niemand scherte sich einen Deut darum.

»Allmählich mache ich mir Sorgen um den Präfekten und Paty de Pussy«, sagte Evans. »Beide sind nicht zu sehen.«

Er und der Sergeant hielten sich in einem wohlgeformten Haufen Timotheusheus auf. Evans hatte Miriam überredet, sich ein wenig auszuruhen, weswegen diese in einem benachbarten Heuhaufen schlief. Melchisedek und Goujon warteten weiter hinten, bei der Straßenkurve.

Um zehn Uhr begaben sich die meisten Künstler auf den Heimweg, mehr oder weniger in jenem Zustand, in dem man Bobo nach Hause gebracht hatte – fest schlafend. Aber, wie Homer nicht anders erwartet hatte, wurde einigen von ihnen Schlafzimmer in dem geräumigen Haus zugeteilt. Während des Festes waren die Wachposten abgezogen worden, doch nachdem der letzte Künstler in seinem Zimmer verschwunden war, sah Evans, wie der Gastgeber die Lokalitäten einer raschen Inspektion unterzog. Als er ein, zwei Meter an dem Heuhaufen vorbeiging, konnte Evans ihn genau sehen, und er glaubte, in dem sonst so arroganten Gesichtsausdruck ein selbstzufriedenes Lächeln wahrzunehmen.

Noch lange nachdem der Hauptverschwörer zu seinem Haus zurückgekehrt war, mußte Evans über dieses Lächeln nachdenken. Was hatte es nur zu bedeuten? Der Mann wußte, daß jemand in der vorigen Nacht seinen Wächtern entwischt war, ein Fenster zerbrochen hatte, ins Schloß eingedrungen war, im oberen Stockwerk den Posten niedergeschossen und die gefesselten Gefangenen, den Polizeipräfekten und den Vizepräsidenten der Künstlervereinigung, gesehen hatte. Warum dann so zufrieden? Auf seinem Gesicht war Sadismus gewesen, doch eine Art kultiviert-verfeinerter Sadismus, ein ausgeprägter Sinn für alle Schattierungen der Gewalt und des Leidens. War es die bevorstehende Explosion, deren Auswirkungen kaum abzuschätzen waren? Vier Tellerminen dieses Kalibers konnten leicht zur Folge haben, daß Charenton mitsamt seinen Munitionsfabriken in die Luft flog.

»Ich hab's«, sagte Homer schließlich und schlug dem ächzenden Sergeanten auf die Schulter.

»Sie haben was?« fragte der Sergeant. »Oder sagen Sie es mir besser doch nicht. Ich bin jetzt schon so gut wie tot, aber ich möchte meinen Verstand nicht aufs Spiel setzen.«

»Ich hab herausgefunden, was der Anführer der Bande mit dem Vizepräsidenten und dem Präfekten vorhat«, sagte Evans. »Er wird sie knebeln oder vielleicht betäuben und in den Schuppen am Fluß bringen lassen. Die Explosion, sollte sie stattfinden, würde freilich nicht die geringste Spur von ihnen hinterlassen... Wir werden hier Wache halten. Kein Grund, noch mal ins Haus zu dringen. Meiner Treu, der Mann glaubt wohl, mich verscheucht zu haben, daß mich der Anblick so prominenter Bürger, die gefesselt in seinen Speicherräumen liegen, eine Lektion gelehrt hat. So was von Arroganz, von unerträglicher Blasiertheit! Es wird mir ein großes Vergnügen sein, ihn von seinem Sockel zu stoßen.«

»Für mich bedeutet das alles große Schlangen und Skorpione. Die Beulenpest. Knuten und Ketten«, murmelte Frémont und drehte sich im Heu um und verbarg sein Gesicht in den Händen.

Die Sterne glitten dahin wie juwelenglitzernde Tänzer zu einem artigen Menuett, und weiter oben auf dem Fluß sang

Hjalmar Jansen einen Shanty in die milde Nacht, während er am Steuerrad stand:

»Sie war nur Tochter eines Poeten,
Doch abgeneigt war sie nie.«

Tom Jackson lehnte an der Bar und unterhielt sich mit Mme Sosthène. Die *Presque Sans Souci* legte acht Meilen pro Stunde zurück, da der Fluß in dieser Gegend nachts leicht schiffbar war. Der Reporter schlenderte zum Steuer.

»Halten wir den Zeitplan ein?« fragte er.

Hjalmar warf einen Blick auf die Uhr.

»Wir sind sogar eine halbe Stunde zu früh«, sagte er. »Gott, wenn das überstanden ist, werde ich malen wie noch nie zuvor. Das heißt, wenn mich niemand bei Weiss verpetzt. In diesem Fall werde ich zur See gehen.« Und wieder ließ er seinen übermütigen Baß ertönen, der in den Wäldern zu beiden Seiten widerhallte:

»La peinture à l'huile,
C'est bien difficile,
Mais c'est beaucoup plus beau
Que la peinture à l'eau.«
(Ölmalerei ist wirklich sehr,
Ist leider äußerst schwer,
Geht auch nicht allzu schnell,
Ist aber schöner als ein Aquarell.)

Um Mitternacht kroch Evans vorsichtig zu dem anderen Heuhaufen, um Miriam zu wecken.

»Wie schön sie schläft, unsere tapfere kleine Amerikanerin«, sagte er sich. »Nur wenige Frauen beherrschen die Kunst, ihre Schönheit auch im Schlaf zu wahren.«

Sie öffnete die Augen, das Licht der Sterne spiegelte sich in ihnen, und sie lächelte. Ehe sie Zeit hatten, zu dem ersten Heuhaufen zu kriechen, raste ein Pferdegespann geisterhaft und völlig lautlos über den Weg. Zwei Männer saßen nebeneinander auf dem Holzsitz.

»Ist das zu glauben? Gepolsterte Hufe«, sagte Evans. »Sie kommen, um Pussy und den Präfekten zu holen. Sobald sie durch das Tor sind, müssen wir zu dem Sportwagen flitzen, um vor ihnen den Schuppen zu erreichen.«

Als ein matter Lichtstrahl die pünktliche Aurora ankündigte, erblickte Evans, der auf dem Hügel wartete, das Gespann. Das Pferd war am Ende seiner Kräfte und humpelte mühselig daher. Evans sah zu, wie zwei sargähnliche Behältnisse von dem Wagen gehoben wurden, dann raste er zu dem Schuppen, gefolgt von dem verblüfften Sergeanten und den anderen. Noch ehe die Männer ihre Last absetzen konnten, hatte Homer sie überwältigt. Dem einen versetzte er einen linken Haken, dem anderen stellte er ein Bein und überließ ihn Frémont. Miriam war schon zur Stelle, um die beiden zu fesseln, worauf sie auf die Behältnisse gebunden und in den Schuppen verfrachtet wurden. Ihr flehentliches Bitten und Schreien zerriß die Morgendämmerung oder fügte ihr wenigstens ein paar Runzeln zu.

»Wohin jetzt?« fragte Miriam. Der Schlaf hatte sie erquickt, und sie war zu neuen Taten bereit.

»Zum Studio. Wir haben gerade noch Zeit für eine Vorbesichtigung des Films, den ich gestern nachmittag gemacht habe«, sagte Homer.

Fünf Minuten später saßen sie behaglich im Vorführraum der Grapes Filmgesellschaft. Bereits nach den ersten Metern des Films zeigte Homer alle Anzeichen höchster Befriedigung.

»Gestochen scharf. Das war eine großartige Kamera«, sagte er.

»Sie sollten diesem Gewerbe treu bleiben«, sagte der Vorführer.

Stumm entfaltete sich vor ihren Augen das nachmittägliche Minenlegen. Homer hatte den Vorführer gebeten, auf Zeitlupe zu schalten, damit ihnen kein Detail entginge. Die Wirkung, die der Film auf den Sergeanten ausübte, darf als äußerst erfreulich bezeichnet werden. Er stieg aus dem

Sumpf der Verzweiflung empor und schöpfte frohgemut Hoffnung, Evans werde ihn doch noch irgendwie rauspauken. Miriam war die Aufmerksamkeit selbst, Jacques und Melchisedek waren baff vor Bewunderung. Dann erlebten sie eine Überraschung – mit einem Schrei sprang Evans auf, übersprang die Sitze und stob zum Ausgang. Die anderen brauchten ein paar Schrecksekunden, ehe sie ihm folgten, doch als sie draußen waren, drang durch die Morgenbrise das ferne Tuten der *Presque Sans Souci* in ihr Ohr.

»Früher als geplant«, keuchte Miriam und rannte weiter. Hätte sie gewußt, was in Homer vorging, als er plötzlich stehenblieb und allen Einhalt gebot, wäre sie vermutlich ein wenig nervöser gewesen. Evans hatte nämlich auf der Leinwand gesehen, daß der Lastwagen, den Jacques in dem Schuppen gelassen hatte, nicht mit vier, sondern sechs der tödlichen Minen beladen war.

Hjalmar schmetterte lustvoll seine Lieder an Bord des Kahns, die Mannschaft befand sich unterdes am Bug, um die Aussicht auf Charenton zu genießen. Die ganze Nacht hindurch hatten Rückenwinde seine Navigationskunst begünstigt, und er war stolz, den Zeitplan so vortrefflich eingehalten zu haben. Gleichzeitig hatten sich Evans und die *Presque Sans Souci* dem Schuppen auf hundert Meter genähert. Zehn Sekunden verstrichen, ein Schuß knallte, dann noch einer. Homer feuerte, während er wieder losrannte, und seine Gedanken waren sogar noch schneller. Vor dem Schuppen zog ein maskierter Mann an dem Kabel. Der Mann am Ufer war nicht das Problem, sondern der andere jenseits des Flusses. Keine Zeit, rüberzuschwimmen. Sollte der Kahn die Linie überqueren, hätte Homer keinerlei Möglichkeit, die schrecklichen Folgen zu verhindern. All seine Freunde würden sterben, buchstäblich in Atome zerfetzt werden.

Aus dem Wald des gegenüberliegenden Ufers tauchte ein Mann auf und kniete nieder. Miriam, die nun wieder fähig war, die Lage ein wenig zu erfassen, erschoß ihn. Zu ihrer

Überraschung jedoch rannte Homer plötzlich stromabwärts, als wollte er Hals über Kopf die Flucht ergreifen. Ihr Kiefer klappte nach unten, und ihre Hände zitterten so sehr, daß sie den zweiten maskierten Mann verfehlte, der aus dem Gehölz gestürmt kam, um den Platz des ersten einzunehmen. Homer Evans rannte der Gefahr davon? Tränen trübten ihre Augen, als sie noch einmal zu schießen versuchte, und der große, graue Kahn schob sich in ihr Blickfeld und verdeckte den Mann vollständig. Dann weinte sie vor Freude und klatschte in die Hände, da Evans unter Einsatz all seiner Muskeln und Nerven den Standort erreicht hatte, von dem aus er schießen konnte – dann sprach sein Revolver. Miriam sah, wie erleichtert er plötzlich wirkte, und sie wußte, daß die Kugel ihr Ziel erreicht hatte.

Evans ging zu ihr, vor Anstrengung noch ganz außer Atem.

»Eine Schande, diese Burschen zu töten. Wußten wohl, daß es ein Himmelfahrtskommando war. Nehme an, sie haben's ausgelost. Was gibt es doch für perverse Gründe, die unsere Brüder zu solch außerordentlichem Mut motivieren! Für eine gute Sache krümmt kaum jemand auch nur einen Finger oder läßt sich gar dafür in die Luft jagen. Nun gut. Lassen Sie uns ein paar Worte mit Jansen wechseln. Und dann auf zum großen Finale.«

Geradezu elegant glitt die große, graue *Presque Sans Souci* zu den Docks von Charenton, ihre Mannschaft war glänzender Laune, ihre eigentümliche Fracht unversehrt.

»Ich hätte Ihnen sagen können, daß es sechs dieser Dinger waren, aber mich fragt ja niemand«, sagte Jacques schroff, als Evans kurz erzählte, wie knapp sie alle dem Tod entronnen waren. »Vier habe ich aus einem Schuppen geholt und zwei aus dem Keller.«

»Nicht gerade ein Ruhmesblatt für mich«, sagte Evans niedergeschlagen. »Was, Sergeant?«

»Ich habe sie auch nicht gezählt«, sagte Frémont.

29. Kapitel

ASCHE ZU ASCHE, IN GEWISSER HINSICHT

Miriam, Frémont und Evans gingen geradewegs zum Dock, um Hjalmar und seine Passagiere willkommen zu heißen. Jacques und Melchisedek wurde kurz mitgeteilt, was sie zu tun hatten. Nachdem die drei toten Kabelzerrer, die drei Kidnapper aus dem Brunnen, die beiden winselnden Transportarbeiter und die beiden Behältnisse mit dem Präfekten und Paty de Pussy, sowie das lahmende Pferd auf den Kahn geschafft worden waren, begaben sich die anderen in den Lastwagen und fuhren übers Land, um den Leichnam mit den umgearbeiteten Pistolen aufzulesen. Homer sah sich flüchtig um, dann organisierte er eine Truppe zur Erstürmung des Schlosses. Hjalmar und Jackson waren fröhlich bereit, die Strafexpedition zu unterstützen. Zwischenzeitlich hatte Homer ein paar Minuten gefunden, Hugo Weiss, den Botschafter und den Justizminister anzurufen, den letzteren beschwor er, ein Taxi zu schnappen und unverzüglich nach Charenton zu eilen.

»Sergeant«, sagte Homer, als er bemerkte, wie niedergeschlagen Frémont dreinschaute, »da Sie so zögerlich sind, die hohen Tiere zu verärgern, sollten Sie vielleicht auf dem Kahn bleiben, während wir uns an den Bandenchef heranpirschen.«

Der Sergeant richtete sich zu seinen vollen 1 Meter 65 auf. »Monsieur Evans«, sagte er ernst, »zwischen uns romanischen Völkern und euch, in deren Adern angelsächsisches Blut fließt, klafft ein Graben gravierender Mißverständnisse. Wenn uns etwas stört, sagen wir es offen heraus. Wenn wir traurig sind, versuchen wir nicht, das zu verbergen. Falls Sie meine bösen Ahnungen für Feigheit gehalten haben, kann ich nur sagen, daß ich Ihnen mehr Scharfsinn zugetraut hätte.«

»Verzeihen Sie mir«, sagte Evans und streckte seine Hand aus.

Der Lastwagen war inzwischen entladen worden, und die Uhr wies auf fünf nach fünf. Sie tuckerten die Straße entlang und genossen schweigend ihr neuerliches Beisammensein und jene seltene Heiterkeit, die dem Entrinnen eines schrecklichen Todes folgt.

Sie ließen den Lastwagen bei dem Birkenhain an der Kurve stehen und machten sich auf den Weg zu der Timotheusgraswiese, die zu der Mauer führte, von der aus man aber die Rückseite des Schlosses und einen Teil des Grundstücks sehen konnte. Evans, Hjalmar und Miriam gingen voraus, Sergeant Frémont und Jackson folgten ihnen dicht, Jacques und Melchisedek bildeten die Nachhut.

»Versteckt euch in den Heuhaufen und wartet auf mein Signal«, sagte Homer. »Der Sergeant und ich werden versuchen, unsere Beute auszuräuchern. Und vor allem – schießt nicht auf irgendwelche *Artistes Français*. Da kriechen noch mindestens fünfzehn von ihnen rum, und sie sind alle völlig unschuldig.«

»Allesamt beschissene Maler«, grunzte Hjalmar.

»Beim gegenwärtigen Stand der Zivilisation ist das leider kein strafbares Verbrechen«, sagte Evans.

Wachposten waren nirgends in Sicht. Sie hatten die Wiesen und Wälder für sich allein. Evans warf einen Blick auf die Uhr. »Es ist Viertel nach fünf«, sagte er. In dem düsteren Schloß regte sich nichts. Um halb sechs sagte Homer, er werde noch fünfzehn Minuten warten, und um Viertel vor sechs war er drauf und dran, aktiv zu werden, da erblickte er einen großen Mann, der einen Pyjama und mit dem Bourbonenwappen verzierte Pantoffeln trug und raschen Schrittes den Park durchmaß.

»Da ist er«, flüsterte Evans und griff unwillkürlich nach dem Pistolenhalfter.

»Ich werd verrückt. Es ist Haute Costa de Bellevieu«, murmelte Jackson. »Das gibt 'ne tolle Reportage. Der alte Schurke. Der Hund.«

»Er hat Papiere bei sich und scheint einigermaßen beunruhigt zu sein«, sagte der Sergeant.

»Vernichtet Beweismaterial«, sagte Evans. »Er hat Angst. Glaubt, seine Untergebenen haben alles verpfuscht. Wir müssen sehen, was er mit den Papieren macht.«

Dann wurde Evans blaß vor Angst und Schrecken. »Schnell! Ins Heu!« rief er. Haute Costa de Bellvieu war bei dem Sandhaufen stehengeblieben, hatte eine Schaufel aufgenommen, und in dem Moment, da Evans' Leute so tief wie möglich im Heu Schutz gesucht hatten, stieß der wütende Aristokrat die Schaufel mit aller Wucht in den Sandhaufen.

Was nun folgte, spottet jeder Beschreibung, ja, sogar einer nachdenklichen Betrachtung. Das Schloß schien mitsamt dem Grundstück in die Luft zu steigen und sich in nichts aufzulösen, große Bäume knickten um, Rauch- und Staubwolken hüllten die Wälder ein. Der Boden wogte und schlingerte wie eine Eisscholle, und überall gingen Gegenstände wie ein Wolkenbruch nieder. Holz- und Eisenteile, mitten im Flug verendete Vögel, Exemplare der ›L'Action française‹ und der ›L'Art pour l'Art‹ mit Monogrammen versehene Nachttöpfe, zerfetzte Bilder, Fayencen und Steinbänke schlugen überall ins Erdreich, und die Heuhaufen hatte es unter der sprachlosen Truppe fortgerissen. Glücklicherweise war niemand verletzt, obgleich alle ein wenig zerschürft und zugerichtet waren.

»Was ist geschehen? Haben Sie ihn absichtlich in die Luft gejagt?« sagte Hjalmar. »Sie hätten uns ruhig einweihen können.«

»Wer weiß, wofür's gut ist?« sagte Evans philosophisch. »Schließlich hatten die Opfer unter den Künstlern alle längst ein biblisches Alter erreicht. Und unser Freund, der Sergeant, muß sich bei Gericht nicht ihres Einflusses erwehren... Nun, wir können jetzt wohl zum Kahn zurückgehen.«

Sergeant Frémont murmelte ungeduldig: »Hydrangea. Beförderung. Leb wohl, du Schreckgespenst der Teufelsinsel.«

»Es hat keinen Sinn, hier noch rumzustehen«, sagte Evans. »Wo einst das Schloß stand, ist jeder tot und nicht mehr zu identifizieren. Als ich den Kerl mit der Schaufel sah, fiel mir plötzlich wieder ein, daß ich die Minen in diesem Sandhaufen versteckt hatte. Vermutlich hat er nie erfahren, was ihn in die Luft gejagt hat. Ein Glück nur, daß die Druckwelle keine Munitionsfabrik in Charenton hochgehen ließ. Los jetzt! Wir haben einen ganz anständigen Spaziergang vor uns, und dann Frühstück.«

»Warum nehmen wir nicht den Lastwagen?« fragte Jacques. »Ich bin schon jahrelang nicht mehr so weit gelaufen.«

»Der Lastwagen wird wohl hinüber sein«, sagte Evans. »Der konnte leider nicht ins Heu kriechen. Nur in Heu oder Sägemehl übersteht man dergleichen. Ich dachte wirklich, diesmal sei es um uns geschehen.«

»Was ist mit meinem Lastwagen? Kassiere ich oder nicht?« fragte Jacques.

»Neuwert plus Prämie«, sagte Evans.

Man war kaum an Bord der *Presque Sans Souci* angelangt, als die Botschaftslimousine vorfuhr, der Hugo Weiss, der Botschafter und Oberst Lvov Kvek entstiegen. Sie trugen alle große Hüte, Gehröcke, graugestreifte Hosen, Lackschuhe und goldbeknaufte Spazierstöcke. Es war kaum auszumachen, wer am vornehmsten aussah, und wer am elegantesten mit seinem Promillesatz fertig wurde. Wahrscheinlich der Oberst, denn er genoß alles am meisten, zumal er so viele Jahre Not und Entbehrung hatte leiden müssen. Er bedauerte nur ein wenig, daß sämtliche Fenster der Stadt zu Bruch gegangen waren, da er geradezu vernarrt in das Geräusch zerklirrenden Glases war.

Mme Sosthène produzierte in der Kombüse des Kahns wahre Berge aus Rührei und Pommes frites. Die Gefangenen oben an Deck brannten vor Neugierde. In den Laderaum war massenweise frisches Eis gebracht worden, auf dem die Leichen ruhten, nunmehr fünf an der Zahl.

»Habt ganz schön was durchgemacht, was, Jungs?« sagte der Botschafter und schüttelte erst Hjalmar, dann Evans die Hand.

»Der Anführer der Bande hat sich davongemacht«, sagte Jansen mit einer ausladenden Geste gen Himmel.

»Diese kriminellen Strolche wissen halt nie, wann man aufhören muß«, sagte der Botschafter.

Eine zweite Luxuslimousine fuhr vor, der der Justizminister, gefolgt von Dr. Hyacinthe Toudoux entstiegen.

»Wo ist der Präfekt?« begehrte er zu wissen.

Evans deutete auf den Kasten mit dem Präfekten, der sich in der Mitte des Schiffes gleich bei der Bar befand. »Der Kasten da links. Vielleicht sollten wir ihn allmählich rauslassen.«

»Das ist ein Skandal«, rief Paty de Pussy aus dem Kasten rechts daneben.

»Packt sie aus und gebt ihnen was zu frühstücken, aber laßt sie noch eine Weile gefesselt«, sagte Evans.

»*Well*, Evans, mein Junge, erzählen Sie mal«, sagte der Botschafter, akzeptierte von Mme Sosthène dankbar ein Glas Apfelschnaps und erlaubte Gaby, seinen Hut und seinen Spazierstock entgegenzunehmen.

»Erst wollen wir mal frühstücken und dann den Fluß runterschippern. Unterwegs werde ich dann alles erklären. Das wird uns die Zeit vertreiben«, sagte Homer.

Sergeant Frémont zwinkerte. »Das steht wohl außer

Zweifel«, sagte er und blickte nervös den Justizminister und noch nervöser den Präfekten an, den man aus seinem Behältnis hievte und auf einen Stuhl setzte. Der Präfekt zankte jedoch niemanden aus, weder den Sergeanten noch sonst jemanden. Er war in abgrundtiefe Verzweiflung versunken.

»Dieser Lärm. Diese Explosion. Was war das?« fragte er.

»Ihr Kollege... äh... hat sich davongemacht, wie Mr. Jansen es ausdrückt. Er wurde in tausend Stücke zerfetzt.«

»Ich hätte ihm auf dem Feld der Ehre begegnen sollen«, sagte Paty de Pussy und versuchte vergeblich, seinen arg eingezwängten rechten Arm emporzuheben.

»Hübschen kleinen Kahn habt ihr hier. Wo habt ihr ihn her?« fragte der Botschafter, als Mme Sosthène ihm eine Riesenportion Eier und Kartoffeln auftrug. Der Kaffeegeruch weckte sogar die Lebensgeister der gefesselten Gefangenen. Eine Zeitlang war alles Ungemach vergessen, während jedermann beherzt zugriff.

30. Kapitel

DAS GANZE UND SEINE TEILE

»Machen Sie es sich bequem«, sagte Evans und bot Zigarren an. Alle waren in einem großen Kreis an Deck versammelt, die Gefangenen eingeschlossen und sogar die fünf Leichen, die Homer zur Illustration seiner Ausführungen benötigte. Jackson hielt einen Notizblock bereit, um Daten, Namen und Adressen zu notieren.

»Ehe ich anfange«, sagte Evans, »muß ich Sie dringend bitten, keine Fragen zu stellen, bis ich fertig bin. Falls dann noch nicht alles klar sein sollte, werde ich gerne Rede und Antwort stehen. Dieser Fall, der bei oberflächlicher Betrachtung mit dem Verschwinden von Mr. Weiss begann, hat in Wirklichkeit viel tiefere Wurzeln.«

Sergeant Frémont stöhnte.

»Zuerst mal etwas, das Ihnen allen hinlänglich bekannt ist: In Frankreich gibt es eine mehr oder minder geheime Organisation, deren Mitglieder für die Wiedereinführung der Monarchie eintreten oder zumindest so tun. Bei einigen hat das mit ihrer Herkunft, ihrer Gewohnheit oder einfach mit Denkfaulheit zu tun. Bei anderen handelt es sich eher um eine fixe Idee, die an Schwachsinn grenzt. Vergessen wir diese Leute mal kurz, nicht ohne vorher zu erwähnen, daß der Kampf für ihre Sache unter ständigem Geldmangel leidet.

Die diesbezüglichen Schatzkammern Europas sind von Parteigängern entthronter Monarchen ziemlich übel ausgelaugt worden. Amerika ist der einzige Jagdgrund, wo die Advokaten der Könige noch ein wenig Aussicht auf Erfolg haben.

1913 trat in Amerika ein Einkommenssteuergesetz in Kraft, und seitdem haben die Reichen dauernd Maschen ausgeheckt, Steuern zu hinterziehen. Etwa ein gewisser T. Prosper Stables, Multimillionär in Delaware, der ganze Industriezweige und jede Menge Banken kontrolliert und sich für einen Kunstförderer hält.«

Hugo Weiss ließ kurz mißbilligendes Gemurmel vernehmen.

»Einer der Angestellten Stables' ersann einen Trick, der es wohlhabenden Leuten ermöglichte, Steuern zu hinterziehen und ihre Vermögenswerte erfolgreich zu verschleiern. Kurz gesagt, läuft das so: Man kauft in Europa ein Bild für, na ja, fünftausend Dollar. Der Käufer ›A‹ verkauft es an ›B‹ für fünfzigtausend Dollar. ›B‹ verkauft es an ›C‹ für zweihunderttausend und so weiter, bis der Preis auf eine halbe Million hochgeklettert ist.«

An dieser Stelle wurde einer der Hilfsgangster so erregt, daß er von der Eierkiste rutschte, auf der er bis eben gesessen war. »Scheiße. Wir sind ja bloß die reinsten Hühnerdiebe«, sagte er.

Homer quittierte die Unterbrechung mit einem gutmütigen Lächeln. »Natürlich sind die Herren A, B, C, D und alle anderen ein und dieselbe Person, Mr. T. Prosper Stables, der mittels seiner unterbezahlten Agenten und Angestellten handelt.«

Weiss klopfte sich strahlenden Blicks auf die Knie.

»Nun werden Sie fragen, was hat US-Steuerhinterziehung mit der monarchistischen Bewegung in Frankreich zu tun?« fuhr Evans fort. »Die Verbindung entstand durch reinen Zufall. Der Gentleman, der heute früh in Stücke zerrissen wurde, war der Anführer der Monarchisten, ein cleverer Betrüger und ein einflußreicher Mann. Er stand einer fanatischen Gefolgschaft vor, die ihm blinden Gehorsam leistete. Monsieur Haute Costa de Bellevieu war in Amerika, um Geldquellen für seine Bewegung zu erschließen, gerade als Stables seinen europäischen Gangsterring für alte Meister aufzubauen begann. Sie wurden sich handelseinig, und Monsieur Costa de Bellevieu versprach, eine Reihe Agenten und Agenturen tätig werden zu lassen, die voneinander keine Ahnung haben sollten. Als Gegenleistung würde Stables einen Teil seines Erlöses der monarchistischen Sache zur Verfügung stellen.

Im Lauf unserer Ermittlungen haben Sie das eine oder andere Mitglied dieses Gangsterrings kennengelernt oder zumindest gesehen. Auf den ersten Blick mag es befremdlich erscheinen, daß der verstorbene Ambrose Gring auch in diesen Kreis aufgenommen worden war, aber ich habe etwas über Ambrose herausgefunden, das nicht allgemein bekannt ist: Er war Sproß eines Mitglieds der königlichen Familie Portugals und einer gefeierten Cancantänzerin, deren Namen ich nicht zu erwähnen brauche.«

»Dieser Bastard«, murmelte Miriam.

»Jener majestätische Seitensprung«, fuhr Evans fort, »berechtigte ihn irgendwie zu einer gewissen fürsorglichen Behandlung, weswegen ihn Costa de Bellevieu mit einer simplen Aufgabe betreute. Nachdem de Bellevieu einmal angefangen hatte, sah er keinen Grund mehr, Originale zu kaufen, wo man doch jederzeit und ohne Umstände an Fälschungen gelangen konnte. Gring brachte ihn mit Monsieur Paty de Pussy zusammen...«

»Meine Sekundanten werden sich bei Ihnen melden«, zischte der alte Maler.

Evans lächelte. »Ich hatte noch gar keine Gelegenheit, Ihnen zu Ihrer Arbeit zu gratulieren. Wirklich eine Meisterleistung.«

Der greise Aristokrat taute ein wenig auf und wehrte bescheiden ab.

»Monsieur Paty de Pussy«, setzte Evans seine Erklärung fort, »fertigte die Fälschungen alter Meister für ein Entgelt an, das, wie ich fürchte, in krassem Mißverhältnis zur Endsumme stand. Die Ware wurde von Gring einigen Kunsthändlern weitergeleitet, so etwa unseren Freunden Abel Heiss und Dodo Lourde.

Ich möchte Sie nicht mit Einzelheiten langweilen. Als die Ereignisse ihren Lauf nahmen, sollte ein Engrosverkauf gefälschter El Grecos stattfinden. Stables hatte den Listenpreis auf insgesamt drei Millionen Dollar hochgeschraubt und Kerzenlicht-Grecos sechs verschiedenen Museen angeboten, die alle weit auseinander und mehr oder weniger an seiner Kandare lagen. Zum ungünstigsten Zeitpunkt für die Verschwörer, die von dem Erlös aus dem Handel Waffen und Munition kaufen wollten, tauchte Mr. Weiss in Paris auf. Durch seine Anwesenheit wäre der ganze Schwindel geplatzt, wenn er die Bilder zu Gesicht bekommen oder nur davon gehört hätte, da vor einigen Jahren ein skrupelloser Händler versucht hatte, ihm einen Greco von Paty de Pussy zu verkaufen. Ja, ich war es, der den Betrug aufgedeckt hat.« Er wandte sich Paty de Pussy zu, dem wieder die Zornesröte ins Gesicht stieg.

»Dieses Purpurrot war eine ziemliche Schlamperei«, sagte Evans tadelnd. »Ganz und gar nicht Ihr üblicher Standard. Wie Sie inzwischen wissen, hat Greco erst kurz vor seinem Tod Koschenille verwendet.

Doch lassen Sie mich fortfahren. Haute Costa de Bellevieu sah sich einer verzweifelten Situation gegenüber. Er heuerte eine Bande professioneller Kidnapper an; sechs ihrer Mitglieder sind hier bei uns, einer von ihnen, Eloi le Mec, allerdings tot, alle anderen weilen, im Moment wenigstens, unter den Lebenden.

Der Zeitpunkt der Entführung wurde in Zusammenhang mit dem Bankett der *Société des Artistes Français* festgelegt, und es war reiner Zufall, daß Mr. Weiss Mr. Jansens Atelier kurz zuvor einen Besuch abstattete. Die mit der Untersuchung betrauten Staatsorgane glaubten irrtümlich, Jansen und seine Freunde, ich eingeschlossen, seien die Schuldigen, zumal Jansen zwei Schecks eingelöst hatte, die unter diesen Umständen verdächtig aussahen.

Gring hatte den Auftrag erhalten, herauszufinden, ob Mr. Weiss die Absicht hegte, Galerien aufzusuchen und ob er von der Greco-Schwemme wußte, mit der Mr. Stables die amerikanische Kunstwelt zu beglücken trachtete. Gring hat sich seiner Aufgabe nur unzureichend entledigt und wurde von Heiss und Lourde erpreßt, Paty de Pussys Identität preiszugeben.

Wie Sie alle wissen, wurde Mr. Weiss entführt. Er und Oberst Kvek wurden durch eine Injektion betäubt und mitsamt dem Taxi auf jenen bereitstehenden Kahn verfrachtet, der uns so vorzüglich unserem siegreichen Triumph entgegenfährt. Eine Zeitlang tappte die Polizei vollständig im dunkeln. Keiner der Verdächtigen hatte mit dem Fall auch nur das geringste zu tun, abgesehen von Gring, und der hatte von der Entführung nichts gewußt. Nun fühlte ich mich verpflichtet, den Fall in die Hand zu nehmen. Ich überzeugte Sergeant Frémont, mich auf freiem Fuß zu lassen, und er war klug genug, entsprechend zu handeln und mir in jeder Hinsicht beiseite zu stehen. Ihm gebührt die Ehre.

Nun, wie und warum starb Gring und durch wessen Hand?«

Der Präfekt ließ verzweifelt den Kopf sinken. »Ich habe ihn nicht...« hub er an.

»Keine Sorge«, sagte Evans freundlich. »Ich weiß genau, wie schuldig und unschuldig Sie sind. Sein Ableben wurde durch eine Reihe von Zufällen herbeigeführt, die mir zunächst völlig rätselhaft erschienen. Mein Friseur, ein gewisser Henri Duplessis, ist ein netter Kerl mit einer Schwäche für amerikanische Mädchen im Exil. Er hat ein weiches Herz. Um seiner Frau keinen unnötigen Kummer zu bereiten, wenn er auf Freiersfüßen ging, pflegte er sie in einem Zustand friedvoller Betäubung zu hinterlassen, wozu er sich eines alten Inka-Mittels bediente, das in den Staaten unter der Bezeichnung Mickey Finn bekannt ist.«

Der Sergeant stöhnte erleichtert auf und konnte sich nur mit Mühe zurückhalten, einen Freudensprung an Deck zu vollführen.

»An dem Tag, an dem Gring starb, betrat Henri das Dingo, um vom Barmann einen Mickey Finn zu erwerben, und wurde von einem Mitglied des Drogendezernats beobachtet, wie er ein Fläschchen in seiner Hosentasche verschwinden ließ. Der Friseur wurde geschnappt und verhört, und um einer Anklage zu entgehen, mußte er dem Präfekten alles über das Mickey Finn und dessen Anwendung erzählen. Der Präfekt beschlagnahmte das Fläschchen und legte es in die dritte Schublade von oben seines Schreibtisches. Später füllte er es mit Schreibmaschinenöl.«

Der Präfekt wurde noch blasser und versuchte, sich zu erheben.

»Nur Geduld«, sagte Evans. »In der Zwischenzeit hat de Bellevieu, der über alles informiert zu sein schien, herausgefunden, daß Gring ein wenig zuviel geredet hatte, und er beschloß, ihn zu beseitigen.

Nun muß ich allen, die es noch nicht wissen, erklären, daß unser Präfekt ein glühender Royalist ist und schon seit Jahren für die Wiedereinsetzung der Bourbonen arbeitet. Er hatte sich verpflichtet, alle Befehle seines Chefs, Haute Costa de Bellevieu, auszuführen, war aber noch nie gezwungen worden, einen Mord zu begehen. Er wußte, daß im Fall seiner Weigerung die ganze Angelegenheit an die Öffentlichkeit geraten könnte, das hehre Wappen nie den Sieg erringen und eine Katastrophe folgen würde. Als Henri den Mickey Finn aushändigte, glaubte der Präfekt einen Ausweg zu sehen. Er beschloß, Gring die Knockout- Tropfen zu verabreichen und ihn später zu einem fernen Hafen verschleppen zu lassen, von wo aus er aus lauter Angst nicht zurückzukommen wagen würde. Haute Costa de Bellevieu würde nie erfahren, daß Gring noch am Leben war. Der Präfekt begab sich also zum Montparnasse, fand Gring an seinem Stammtisch, goß das Mickey Finn in den *crème de cacao* und eilte zurück zur *préfecture*. Dort fand er die Anweisung des Justizministers vor, Gring sofort wieder zu verhaften. Aber leider war Gring tot.

Zwar war noch niemand je zuvor an einem Mickey Finn gestorben, aber als Gring den Mickey trank, befand er sich am Rande eines Zusammenbruchs. Er hatte schon seit Tagen nicht mehr richtig geschlafen, da er wie wild hinter einem Mädchen und einigen Ölfeldern her war. Das Mickey Finn, das nicht einmal (der Doktor wird es bestätigen) einen Marienkäfer oder eine Labormaus töten kann, erledigte Ambrose. Dr. Hyacinthe Toudoux hat eine glänzende Autopsie durchgeführt und alle Ingredienzien richtig analysiert.

Wenden wir uns jetzt der Suche nach Hugo Weiss zu.«

»Nicht alles auf einmal, Junge«, sagte der Botschafter. »Laßt uns erst mal einen zur Brust nehmen.«

»So ist's recht«, rief Oberst Kvek, und die Gefangenen stimmten freudig zu. Alle genehmigten sich ein Gläschen, außer Sergeant Frémont, der die Pause nutzte, um übermütig herumzutollen.

Nachdem alle ihre Plätze wieder eingenommen hatten, musterte Evans jeden einzelnen und setzte seinen Bericht fort. »Um Mr. Weiss von der Bildfläche verschwinden zu lassen, nahm de Bellevieu Kontakt zu der berüchtigten St.-Julien-Bande auf, deren Spezialität bislang Juwelenraub gewesen war. Diese Bande war eine der wenigen in Paris, die auf dem Flußweg zu verschwinden pflegte und gestohlene Diamanten nach Antwerpen schaffte. Der Anführer ist ein gewisser Barnabé Vieuxchamp, der dritte von links unter den Gefangenen, und, soviel ich weiß, ein entfernter Verwandter des berühmten Amerikaners Barney Oldfield. Stimmt's, Monsieur Vieuxchamp?«

»Ich sage kein Wort«, sagte der Chefgangster.

»Natürlich wurde Weiss beschattet. Ein Auto blockierte auf der Pont Royal den Weg des Taxis von Oberst Kvek, es war ein leichtes, den Opfern eine Injektion zu verpassen, sich des Taxis zu bemächtigen, es zum Kai zu fahren und es mitsamt dem bewußtlosen Chauffeur und Fahrgast zu verladen. Mit Hilfe von Miss Leonard wurde es mir schon ziemlich bald klar, daß von allen Fluchtwegen aus der Stadt nur die Seine in Frage kam. Ich wußte allerdings noch nicht, welche Bande hier tätig war, weswegen ich nicht sicher sein konnte, ob sie flußaufwärts oder in Richtung Le Havre abgelegt hatten. Doch Oberst Kveks genialer Einfall, mir eine Nachricht zukommen zu lassen, verschaffte Klarheit.«

»Nicht der Rede wert«, sagte der Oberst. »Mit einem Stöckchen, das ich im Heu gefunden hatte, stieß ich ein Loch in die Stirn und warf das Bild über Bord, in der Hoffnung, daß es jemand findet und die Botschaft versteht. Ich konnte kaum damit rechnen, daß es in Ihre Hände gelangt, aber den Versuch war es wert.«

»Nachdem ich Frontville als Versteck ermittelt hatte, hatte ich leichtes Spiel, obwohl Pannen nicht ausblieben«, sagte Evans. »Hjalmar kannte die Insel und wußte, daß sie während des Krieges als Munitionsdepot gedient hatte. Die Handgranate veralteter Machart, die auf uns im Rendezvous des Imprévoyants geworfen wurde, weckte meine Befürchtung, daß in den Unterständen noch Sprengstoff ist, der auch der Bande zur Verfügung stand, und daß die Unterstände vermint sind, um sie bei drohender Gefahr zu sprengen. Wäre Miss Leonards Pferd nicht über einen Strauch gestolpert, hätte es überhaupt keine Explosion gegeben, aber in diesem Moment verließ uns unser Glück.

Haute Costa de Bellevieu hatte ursprünglich nicht beabsichtigt, Mr. Weiss zu ermorden und später Miss Leonard, den Präfekten und Paty de Pussy zu entführen und verschwinden zu lassen. Er mußte schnell handeln und sah bald ein, daß das Spiel aus wäre, falls der entführte Weiss jemals wieder auftauchte. Die nicht sehr sympathischen Mitglieder der St.-Julien-Bande lehnten es ab, Mr. Weiss zu töten, worauf ihnen de Bellevieu drohte, sie zu denunzieren, falls sie Weiss nicht umbrächten.«

Homer wandte sich an den Sergeanten. »Ich hoffe, daß Sie der Staatsanwaltschaft empfehlen, das wohlwollend zu berücksichtigen. Wenn unsere Mitreisenden guillotiniert werden, dürfen sie nie die Teufelsinsel sehen. Und das wäre doch schade.«

»Ah, Giftschlagen, Taranteln, peitschenbewaffnete Korsen, verschimmeltes Brot...« intonierte der Sergeant.

»Ich darf euch Klugscheißern mal was flüstern«, sagte Vieuxchamp herausfordernd. »Wenn die Teufelsinsel brutal ist, werden wir sie noch brutaler machen.« Und er spuckte dem Präfekten eine Ladung vor die Füße.

»Hoho«, gluckste der Botschafter und versetzte dem Justizminister einen Rippenstoß.

»Wir kommen jetzt zu Monsieur Paty de Pussy«, sagte Evans und lächelte den erzürnten, greisen Aristokraten an.

»Degen, Pistolen. Wie Sie wünschen. Im Bois zur Morgenstunde«, grunzte der alte Mann.

»Eine Reihe von Zufällen führte mich zu Paty de Pussys Atelier, obgleich ich es früher oder später auch so entdeckt hätte. Als die dahingeschiedenen Herren Heiss und Lourde aus der *préfecture* entlassen wurden, was einem Todesurteil gleichkam, hinterließen sie dort sechs beschlagnahmte gefälschte Grecos, die schleunigst hätten verschickt werden sollen. Ich unterhielt mich mit Dinde, sah mir die Geschäftsbücher an, holte die gefälschten Grecos beim Präfekten ab und schickte sie an ihre jeweiligen Adressaten. Dabei erfuhr ich zu meiner Überraschung, daß identische Pakete kurz zuvor an die sechs fraglichen Museen abgegangen waren. Ich ermittelte den Transportunternehmer, erfuhr die Adresse, wo er die Pakete abgeholt hatte, und mußte verblüfft feststellen, daß die Sendung aus Paty de Pussys Atelier kam und daß sich Abel und Dodo dort versteckt hielten.«

»Sie haben sich gewaltsam Zutritt verschafft«, sagte Paty de Pussy. »Geschieht ihnen recht, daß sie erhängt wurden. Weiß nicht, wer's war, aber ich find's in Ordnung.«

»Ziemlich drastische Strafe für ein Kavaliersdelikt«, sagte Evans. »Ich halte es mit dem Mikado – die Strafe sollte dem Verbrechen angemessen sein.«

»Sie sind ein Eindringling und Wichtigtuer«, sagte Paty de Pussy.

Evans errötete. »Ich fürchte, Sie haben recht«, sagte er. »Ich versichere Ihnen, daß ich mich nie wieder als Schnüffler betätigen werde. Aber lassen Sie mich fortfahren. Unbegreiflich war mir allerdings das atemberaubende Tempo, mit dem Paty de Pussy alte Meister erzeugte.«

Bei diesen Worten war Hugo Weiss die Aufmerksamkeit selbst. »Wie, mein Junge? Verraten Sie's uns.«

»Monsieur Paty de Pussy kannte sich aus langjähriger Erfahrung hervorragend in Grecos Palette aus. Die genauen Farben zu treffen, war ihm ein leichtes, und er verfügt über ein bemerkenswertes Talent, den Pinselstrich des Meisters zu imitieren. Offensichtlich hatten Abel Heiss und Dodo Lourde eine Methode entdeckt, durch die man Leinwand lichtempfindlich machen kann, um sie photographisch mit Bildern zu behaften.«

»Soll mich doch der Teufel...« sagte Weiss. »Nicht einmal ehrliche Fälschungen.«

Paty de Pussy konnte sich nicht länger zurückhalten.

»Dieser schandbare Notbehelf ist mir von diesen Rüpeln aufgezwungen worden«, sagte er. »Nie zuvor hatte ich mich solcher Machenschaften bedient. So manches Museum verdankt meiner Kunst einen Rembrandt oder Tizian.«

»Interessant«, sagte Evans. »Sie wußten also, daß die Kopien illegalen Zwecken zugeführt wurden?«

»Wenn ich geahnt hätte, welche Unsummen dieser

Halunke Haute Costa de Bellevieu dafür erhielt«, sprudelte der alte Mann los, »hätte ich ihn zum Duell herausgefordert. Ich habe 500 Francs pro Meter bekommen und keinen Cent mehr. Ich habe nie gewußt, was de Bellevieu im Schilde führte, bis er mich von seinen Lakaien fesseln ließ.«

»Verstehe«, sagte Evans. »Gring war an Sie herangetreten, um Kopien in Auftrag zu geben. Er nahm die Bilder in Empfang und brachte Ihnen dann Ihre unangemessene Entlohnung. Und bis zum Abend ihres Todes hatten Sie Heiss und Lourde nie gesehen, stimmt's?«

»Richtig«, sagte Paty de Pussy.

»Vielleicht hebt es Ihr Wohlbefinden, wenn ich Ihnen berichte, daß der verstorbene Haute Costa de Bellevieu sein Schicksal besiegelt hatte, als er Sie anrief, um Sie dann mißhandeln und fesseln zu lassen«, sagte Evans. »Er hat es teuflisch schlau verstanden, seine Spuren zu verwischen. Nicht einmal Monsieur Crayon de Crayon wußte um die Machenschaften seines Gebieters oder die wundersamen Quellen, aus denen der Dollarsegen in die Schatztruhen der royalistischen Sache sprudelte.«

Der Präfekt stöhnte.

»Nun kommt der Herr Präfekt an die Reihe«, sagte Evans. »Ich bin kein Moralist, aber ein Beobachter menschlicher Eigenarten. Monsieur Crayon de Crayon wird mir verzeihen, wenn ich zunächst bemerke, daß er ein psychologisches Kuriosum ist. In seiner Jugend hat er nie über die Stränge geschlagen, hat sich keine üblen Angewohnheiten erworben und war bei allen Nebensächlichkeiten von pingeligster Ehrlichkeit. Dennoch brachte er es fertig, einer Regierung zu dienen, deren Sturz er plante.«

Crayon de Crayon wollte sich zu Wort melden.

»Ich weiß schon, was Sie sagen möchten«, fuhr Evans fort. »Sie glauben an das göttliche Recht der Könige, daß eine Monarchie das Los des französischen Volkes verbessern würde. Das ist Ihre Überzeugung. Ob jemand, der von Geschichte und Wirtschaft so wenig Ahnung hat wie Sie, sich überhaupt eigene Meinungen und Überzeugungen leisten darf, ist eine strittige Frage. Wir können das jetzt nicht diskutieren. Wir haben uns mit dem Tod von Ambrose Gring zu befassen. Gring starb an einem leichten Schlafmittel, das ihm der Polizeipräfekt verabreicht hatte. Als Monsieur Crayon de Crayon jedoch das Mickey Finn in Grings Glas kippte, dachte er, dem armen Kerl einen Gefallen zu tun, ja, der Präfekt beabsichtigte, das Leben zu retten, das er unabsichtlich vernichtete. Und Heiss und Lourde wurden vom Präfekten so schnell wie möglich aus der Haft entlassen, da er befürchtete, jeden Moment den Befehl zu erhalten, sie zu exekutieren. Später wurden sie von de Bellevieu gehenkt, dessen hinterhältiger Anruf de Pussy in die Falle gelockt hatte.

Daß der Präfekt in den Versuch verwickelt war, Waffen nach Frankreich zu schmuggeln und eine blutige Revolution in Gang zu setzen, steht außer Frage. Daß er von seinem Amt zurücktreten wird, noch ehe er dieses Schiff verläßt, steht ebenfalls außer Frage. Er ist gefährlich, weil er geistig zurückgeblieben ist und eine verkehrte Erziehung genossen hat. Wer vermag zu sagen, welche Strafe gerecht und vernünftig für einen ist, der unter Ewiggestrigen geboren wurde und sich derer Ideen zu eigen gemacht hat?«

Der Botschafter bedauerte den Präfekten in seiner Verlegenheit und sagte: »Nicht so hartherzig, mein Junge. Wir haben's alle nicht mit Löffeln gefressen.«

»Wie wär's mit einem kräftigen Schluck? Mir ist gerade eingefallen, daß ich heute Namenstag habe. Darauf müssen wir trinken. Wir alle sind unglückliche Sünder. Brandy! Whiskey! Apfelschnaps! Am Tag meines Schutzheiligen darf niemand traurig sein«, dröhnte Oberst Kvek.

»Ich werde Premierminister werden«, sagte der Justizminister und schüttelte Evans die Hand. »Sergeant, ich werde dafür sorgen, daß man Sie zum Präfekten ernennt.«

Sergeant Frémont reagierte bestürzt.

»Nicht Präfekt, ich beschwöre Sie. Nur Chef der Kriminalpolizei. Das ist ein unpolitischer Job, den ich in den Griff bekommen kann. Ich kenne meine Grenzen. Als Präfekt würde ich über kurz oder lang den Verstand verlieren.«

»Ich bestehe darauf, daß niemand an meinem Namenstag den Verstand verliert«, sagte der Oberst und kitzelte Mme Sosthène verspielt mit seinem goldbeknauften Spazierstock. Sie fuhren an den angenehm duftenden Halles aux Vins vorbei, hinter denen das Gebrüll der Löwen, Schakale, Hyänen, Tiger und die Schreie exotischer Vögel ertönten. Das kraftvolle Organ des Obersts animierte die Elefanten und Wildschweine, das ihre zu dem Getöse beizutragen. An den Kais wurde die *Presque Sans Souci* von einer begeisterten Menschenmenge begrüßt, die mit Taschentüchern und Sonnenschirm winkte und *»Vive* Frémont! Tod den Verrätern! Lange lebe der Amerikaner und seine Millionen!« rief. Die Nachricht über Frémonts Triumph in Sachen Mord, Entführung, Waffenkomplott und gefälschten Bildern war nämlich schneller von Charenton nach Paris gelangt als der große, graue Kahn.

»Ich bin bereit, Fragen zu beantworten, solange noch Zeit ist«, sagte Evans.

31. Kapitel

IN DEM SO MANCHES HERZ HÖHER SCHLÄGT

»Würden Sie uns erst einmal verraten«, sagte der Botschafter, »warum zum Teufel Sie gleich zwei Sendungen gefälschter Grecos an die sechs Museen geschickt haben? Eine hätte doch genügt. Alles in Maßen…«

»Um Mr. Weiss und Mr. Jackson zu helfen. Wenn Mr. Weiss wieder in den USA ist, kann er seinen alten Feind Mr. T. Prosper Stables mit beweiskräftigem Material konfrontieren. Ob er das auch tut, ist seine Angelegenheit, aber ich hoffe, daß er diesen Erzbetrüger nicht allzu leicht davonkommen läßt.«

»Keine Angst«, sagte Weiss und nahm von Kvek eine Flasche entgegen. »Er wird ordentlich ins Schwitzen geraten. Ich werde sogar dafür sorgen, daß er seine Steuern nachzahlt, wonach ihm praktisch kein Penny mehr bleibt, höchstens noch 50 Millionen Dollar.«

»Mir kommen gleich die Tränen«, sagte Barnabé.

Evans schmunzelte und fuhr fort: »Wenn ich mich nicht täusche, wird Mr. Jackson gleich nach seiner Ankunft allen amerikanischen Zeitungsverlegern und Nachrichtenagenturen empfehlen, zur Stelle zu sein, wenn die Sendung mit den gefälschten Grecos eintrifft. Ihre Fragen werden Stables' Leben zur Hölle machen. So wird unser Freund Oklahoma Tom mit allen Größen im Zeitungsgewerbe bald auf gutem Fuße stehen.«

»Was für eine Story!« sagte Jackson.

»An meinem Namenstag soll niemand arbeiten oder sich Sorgen machen«, rief Kvek. Weiss hatte ihm gerade mitgeteilt, daß er in den Staaten einen leitenden Job antreten könne, falls er Lust dazu habe, und der Botschafter hatte ihm versichert, ein Visum werde ihm in Null Komma nichts ausgestellt. Aber es gab noch Männer an Bord, die weniger Grund zur Freude hatten.

Hjalmar stand am Steuerrad und brüllte plötzlich: »Wo sind meine 250.000 Francs? Wenn ich sie nicht kriege, geht der Präfekt über Bord.«

Der Präfekt deutete auf seine Innentasche, die er, gefesselt wie er war, selbst nicht erreichen konnte, und Hjalmar übergab Jacques Goujon das Steuer, setzte über Tische und Stühle und durchkrempelte ungestüm die Jacke des Präfekten. Bündelweise flatterten die Banknoten über Deck, aber Hjalmars Kumpane lasen sie frohgemut auf. Die Summe stimmte, sah man von ein paar tausend Francs ab. Bis sie anlegten, sprach er dem Brandy nun noch beherzter zu als selbst Oberst Kvek.

»Vergessen Sie mein Portrait nicht. Beim nächstenmal werde ich Ihnen sitzen«, sagte Hugo Weiss.

»Übrigens«, fragte Evans, »haben Sie mein Protokoll erhalten?«

Der Botschafter lächelte ein wenig verschämt.

»Bitte um Verzeihung, Junge. Die Amtsgeschäfte, die Vergnügungen, wissen Sie, muß glatt meiner Aufmerksamkeit entgangen sein. Mein Sekretär kümmert sich um den Papierkram. Stand da was drin, das ich wissen sollte?«

Homer wandte sich dem Justizminister zu. »Haben Sie's bekommen?«

Auch der Minister hatte ein paar Ausflüchte bereit. »Muß irgendwie verschüttgegangen sein. Tut mir leid. Ich werd's schon finden, aber in meinem Büro findet niemand was. Schadet meistens nichts.«

»Genau«, pflichtete der Botschafter bei. »Dieser Wust von Papieren ist die reinste Pest.«

Der Sergeant hopste und hüpfte am Bug herum und

summte Lieder aus der Blackbird Revue. Als sein Blick auf Melchisedek fiel, rief er ihn herbei und ernannte ihn zum Chauffeur des Kripochefs, worauf der ehemalige Soldat einen Black-Bottom zu tanzen anfing. Kvek wollte an seinem Namenstag in nichts zurückstehen und legte einen gepfefferten Kasatschok aufs Parkett mit Schlachtermessern aus der Kombüse im Mund, hinter den Ohren und in beiden Händen.

Ist es gestattet, die fröhliche Szene auf der *Presque Sans Souci* zu verlassen, um einen Moment mit einer Mitwirkenden zu verbringen, die vor Schmerz und Trauer fast verging – keiner anderen als Gwendolyn Poularde? Sie saß auf der Bettstelle ihrer ärmlichen Mansarde, weinte vor sich hin und rang ihre wohlgeformten Hände. Niemand im Louvre wollte ihren flehentlichen Bitten mehr zuhören, ja, die Aufseher hatten sogar gedroht, sie verhaften zu lassen, falls sie noch mal aufkreuzte. Rosa Stier, Simon, Sturlusson, alle ihre Freunde auf dem Montparnasse hatten vergeblich versucht, sie aufzuheitern. Gwendolyn war nur noch ein Häufchen Elend.

Als sie gerade den Tiefpunkt ihrer Pein erreicht hatte, klopfte jemand an ihre Tür.

»Wer ist da?« fragte sie.

»Telegramm«, erwiderte eine Stimme.

Apathisch schleppte sie sich zur Tür und nahm das Telegramm entgegen. ›Zwecklos, es zu öffnen‹, dachte sie. ›Muß aus Chicago sein.‹ Sicher wollte die Arson Galerie wissen, was mit ihrer Ausstellung sei. Sie öffnete das Couvert jedoch und sank fast ohnmächtig auf die Matratze, nicht aus Verzweiflung, sondern vor Freude.

BILDER GROSSARTIG ZEHN GARAGEN VOR ERÖFFNUNG VERKAUFT ALLE KÜNFTIGEN GEMÄLDE SCHICKEN VORAUS DANK LUFTFRACHT WIRD BEZAHLT

ARSON

Hysterisch lachend und weinend rannte sie zur *terrasse* des Café du Dôme.

»Aber selbstverständlich«, sagte Rosa Stier und griff nach ihrem zwölften Pernod. »Du hast doch nicht im Ernst geglaubt, daß dich Homer Evans im Stich läßt.«

Als die *Presque Sans Souci* an den Pfosten der Pont Royal festgemacht hatte, hatte sich eine riesige Menschenmenge eingefunden, so daß die Polizei die ganze Gegend mit einer doppelten Absperrkette zu sichern gezwungen war. Hugo Weiss schritt die Planke zum Kai hinunter und wurde mit so herzlichen Ovationen begrüßt, wie das nur in Paris möglich ist. Dieser Empfang erfreute das Herz des Multimillionärs so sehr, daß er beschloß, den echten Kerzenlicht-Greco von T. Prosper Stables zu fordern und dem Louvre zu schenken.

Als der Präfekt, unauffällig in Handschellen gelegt, zu einem Polizeiwagen gebracht wurde, dachte Hjalmar an seine Freunde auf dem Montparnasse, besonders an die Herren Chalgrin und Delbos. Freilich wußte er nicht, daß M. Chalgrin an seiner Registrierkasse im Dôme stand und mit Inbrunst Harpagons unsterblichen Monolog aus ›Der Geizige‹ deklamierte, 4. Akt, 7. Szene.

CHALGRIN *(ruft hinter der Registrierkasse)*:

»Ach! mein armes Geld, meine armen 125.000 Francs, mein teurer Freund! Man hat mich deiner beraubt; und da du mir entführt bist, habe ich meine Stütze, meinen Trost, meine Freude verloren; alles ist zu Ende für mich, und ich habe auf der Welt nichts mehr zu schaffen: Ohne dich vermag ich unmöglich zu leben. Es ist aus, ich kann nicht mehr; ich sterbe, ich bin tot, ich bin begraben. Ist denn da niemand, der mich auferwecken möchte, indem er mir mein teures Geld zurückgibt...«

Im Coupole fand eine nicht minder zu Herzen gehende Szene statt, da aber M. Delbos keinen Sinn für die Klassiker hatte, verfluchte er Hjalmar und seine eigene Torheit in zeitgenössischem Sprachgebrauch, den er durch stakkatoähnliche Rhythmen und die Anrufung sämtlicher Heiligen zu würzen verstand.

Am Kai rief Hjalmar dem Präfekten zu: »Hey, Sie, warten Sie einen Moment!« Dann rannte er zu dem Auto und riß dem Präfekten um ein Haar die Hose vom Leib, als er sich die beiden Schecks wieder aneignete. Dann brachten er und Kvek unter dem Beifall der Menge das Taxi vom Schiff, und der gesellige Russe gelobte, sich nun ein letztes Mal an das Steuer seines alten Gefährts zu setzen, ehe er es der Firma zurückerstattete. Mit Hjalmar auf dem Rücksitz startete er in Richtung Ecke Boulevard Raspail und Montparnasse. Mit einem Freudenschrei umarmte der Norweger M. Chalgrin und händigte ihm den zerknüllten Scheck aus.

»Alles okay«, sagte er. »Hugo Weiss ist wieder in der Stadt.«

Und er eilte zum Coupole, um auf gleiche Weise M. Delbos zu erfreuen, der völlig ungerechtfertigt gerade dabei war, Hjalmar Hölle und Pest an den Hals zu wünschen.

Die beiden Eigentümer hielten ihre Schecks gegen's Licht und gluckston wie Babies, die aufs Vögelchen beim Photographen starren. Sie drehten und wendeten ihre Schecks, wedelten und schwenkten sie durch die Luft, warfen sie hoch, raschelten und knisterten mit ihnen und röhrten vor Freude. Schließlich rasten sie zu der Bank gegenüber des Dôme, und da Hugo Weiss allen bekannt war und die Nachricht von seiner Rückkehr bereits alle Zweigstellen der Crédit Lyonnais erreicht hatte, überboten sich die Bankangestellten gegenseitig in Eilfertigkeit, und noch ehe dieser glückliche Tag zur Neige ging, hielten die Herren Chalgrin und Delbos das Geld in ihren Händen.

Als der Botschafter an der Reihe war, die Planke hinunterzugehen, hielt es Homer für zweckmäßig, an seiner Seite zu bleiben, um ihn ein wenig abzustützen, und der

Jubel, mit dem der Balanceakt des Botschafters begleitet wurde, drückte das Verständnis der Menschenmenge aus.

Den stärksten Applaus erhielt Sergeant Frémont, als er mit Miriam am Arm das Schiff verließ. Nachdem der Botschafter in sicherer Obhut war, brachte Evans den Sergeanten zur Rue Delambre und machte ihn mit Joe bekannt, was ihm eine ständige Versorgung mit Fine Michel oder Mickey Finns sicherte.

»Sind Sie sicher, daß... em... nicht wieder was schiefgehen wird?« fragte der Sergeant zögernd, da er kurz an den verstorbenen Ambrose Gring denken mußte.

»Ganz sicher, alter Junge«, sagte Evans, und der Sergeant machte sich zufrieden nach Le Havre auf, wo er, als die *Ile de France* einlief, sein Herzblatt Hydrangea sofort inmitten der Passagiere an der Reling ausmachte. Die Idylle, die folgte, und die ständig erfolgreiche Verbrechensbekämpfung des neuen Kripochefs waren derart von Glück gesegnet, daß erzählende Prosa versagen muß.

Die *agents* Bonnet und Schlumberger wurden sofort befördert und einem Außendienst zugeteilt, der sie zu sämtlichen Provinzmuseen Frankreichs führte. Wann immer sie auf ein mit H. Jansen signiertes Gemälde stießen, gaben sie es dem wahren Urheber zurück, und der Ruhm der fünfzig verstreuten Bilder stieg derart, daß Kunsthändler hohe Preise boten. Entsprechend stieg natürlich die Anzahl zerbrochener Gläser im Dôme und im Coupole.

Man stelle sich Hjalmars Erleichterung vor, als er unter der Post, die sich inzwischen angesammelt hatte, zwei Briefe vorfand: Der eine war die Verlobungsanzeige von Maggie und ihrem Verehrer, der andere stammte von der britischen Botschaft und untersagte ihm, dem Mädchen nach England zu folgen.

Melchisedek Knockwoode bot in der Tat einen hübschen Anblick, wie er so die Boulevards entlangstolzierte und Gegenstand der Bewunderung aller weiblichen Augen war.

Seine neue britische Uniform saß ihm wie angegossen und schon bald wußte er, das Offiziersstöckchen mit Geschick zu handhaben.

Dinde hatte, einem Vorschlag Evans' gemäß, die Galerie Heiss und Lourde mitsamt ihrem Inhalt übernommen, und niemand schien einen Unterschied zu bemerken. Adolphe wurde Weiss' Kammerdiener.

Der wackere Dr. Hyacinthe Toudoux wurde reich und berühmt durch sein Meisterwerk *Observations divers sur quelques ivrognes d'Amérique du Nord* mit Fallstudien über die Hangovers der Montparnassegruppe, die in der *préfecture* in seiner Obhut gewesen war. Außerdem gewann er ein Duell im Bois de Boulogne gegen einen eifersüchtigen Arztrivalen, der ihn beschuldigt hatte, 1910 absichtlich ein wichtiges Fechtturnier verloren zu haben.

32. Kapitel

DIE KNABENHAFTE SILHOUETTE WEICHT DER GEWÖLBTEN LINIE

Das letzte Kapitel ist kurz und in Form eines Epilogs gehalten. Nachdem seit all den Abenteuern genug Zeit verstrichen war, um sich zu erholen und aufzufrischen, stand Miriam Leonard an einem geöffneten Fenster, blickte zu den Sternen und ließ ihre Fingerspitzen sanft über die Falten einer kleinen amerikanischen Flagge gleiten, die am Flügel eines gewissen Fensters angebracht war.

Sie hatte ein Gewand getragen, das anmutig die Wiederkehr der gewölbten Linie betont hatte, ohne von Miedern und ähnlich seltsamen und komplizierten Unterkleidern Gebrauch zu machen, die in diesem Sommer so begehrt waren. Ihr elegantes Kleid hatte einen Damenslip aus leichtem Jersey verhüllt. Dieser war, genaugenommen, nur notwendig gewesen, um ihre Seidenstrümpfe zu befestigen, die wiederum farblich genau auf ihre Wildlederhandschuhe abgestimmt waren.

Ihr Kleid, das schlaff über eine Stuhllehne gebreitet lag, war von gedämpftem Rotbraun und bestand aus einem Glockenrock und einem passenden Blusenteil mit langen Ärmeln, die in weichen Falten über enge Manschetten fielen. Aus der mit reichen Stickereien verzierten Hüfttasche war ihr Revolver in einen von Evans' Schuhen geglitten.

Neben dem breiten Bett, in dem Homer selten tief schlief, stand ein Paar Pantoffeln aus javanischer Eidechse. Am Haken hing ihr hoher, schmalkrempiger Strohhut, der mit einer gerippten Borte von vier verschiedenen pferdeartigen Farben umwickelt war und sich keck an einen gewissen Panamahut schmiegte.

Eine leichte, nächtliche Brise kühlte ihre festen, jungen Glieder, und glücklich warf sie ihren Kopf zurück, um den Blick zur Milchstraße zu wenden.

»Jetzt weiß ich genau«, flüsterte sie, »warum ich nach Paris gekommen bin.«

DAS ENDE
von allem,
außer Problem ›c‹ .

ELLIOT PAUL, (1891-1958) ein berühmter amerikanischer Journalist, geboren und aufgewachsen in Massachusetts, Boogie-Woogie-Pianist, Drehbuchautor, gerühmt für seine Bücher *The Life and Death of a Spanish Town* und *The Last Time I Saw Paris*. Weitere Werke in Vorbereitung.